교사,
수업에서
나를 만나다

교사, 수업에서 나를 만나다

2012년 8월 5일 1판 1쇄
2023년 6월 1일 1판 46쇄

지은이 · 김태현
펴낸이 · 한성준, 현승호
펴낸곳 · 좋은교사운동 출판부

등록 · 제2000-34호
주소 · 서울특별시 관악구 남부순환로218길 36, 4층
전화 · 02-876-4078
팩스 · 02-879-2496
홈페이지 · www.goodteacher.org
이메일 · admin@goodteacher.org
디자인 · 디자인집 02-521-1474

ⓒ 김태현, 2012
ISBN 978-89-91617-05-6 03370
값 18,000원

· 이 책의 내용을 쓰고자 할 때는 저작권자와 출판사의 허락을 받아야 합니다.
· 잘못된 책은 바꾸어 드립니다.

교사,
수업에서
나를 만나다

'수업 성찰'을 통해 교사의 내면을 세우다

좋은교사

머리말
수업의 '그릇'이 아닌 '그륵'을 말한다

　나는 2010년에 좋은교사 '행복한수업만들기' 모임을 하며 깨닫게 된 여러 생각을 모아 『내가, 사랑하는 수업』이라는 책을 펴냈다. 교만한 말이겠지만, 나는 이 책을 통해 교사들이 수업에서 느끼는 문제가 어느 정도 해결될 수 있으리라고 생각했다. 이 책에는 수업을 의미 있게 디자인하는 방법이 제법 상세하게 기술되어 있기 때문이다. 그래서 수업 코칭을 할 때에도 책에 적은 것처럼 선생님들이 수업 내용을 의미 있게 기획하고 설계하는 데 초점을 두었다. 선생님들께 적절한 자료를 드리고 학생들이 잘 참여할 수 있는 수업 방법을 알려 드리면서 선생님들의 수업은 조금씩 바뀌어 갔다. 수업 코칭 이후 예전과는 다른 수업이 진행되었고, 학생들도 변화한 수업에 만족스러워했다. 그런데 얼마 지나지 않아 문제점이 드러나기 시작했다. 코칭을 받은 선생님들이 이후에도 계속 전화를 걸어 '이 수업은 이런 내용인데 어떻게 하면 좋겠냐'는 질문을 해 왔던 것이다. 코칭이 끝난 이후에는 스스로 수업을 설계하고 준비해야 하는데, 계속해서 누군가의 도움을 받아 수업을 준비하고 싶어 했다. 그러다 보니 수업 코칭을 받았음에도 혼자 수업을 일구어 갈 수 있는 역량을 갖추지 못한 채 타인에게 계속 의지하게 되고, 결국 예전과 똑같은 수업으로 돌아와 버리는 경우를 많이 발견할 수 있었다.

　이런 경험을 하면서 나는, 수업이 본질적으로 개선되려면 교사 스스로 수업의 문제를 해결하려는 시도가 있어야겠다는 생각을 했다. 그래서 이 사실을 깨달은 이후에는 선생님들께 무언가를 많이 알려 드리기보다는 안내자의 역할에만 충실하려 했고, 선생님들의 생각과 의견을 많이 들으려고 노력했다. 그랬더니 즉각적인 수업 변화는 없었지만, 어떤 지점에서 수업이 무너지고 선생님들이 힘들어하는지를 알게 되었다. 결국 모든 문제는 '마음'에 달린 것이었다. 수업에서 자신감을 상실했기에 선생님들은 수업을 힘들어하고 학생들과 의미 있는 소통을 해내지 못하고 있었다. 수많은 수업 기술을 알고 있어도 마음에서 자신감이 생기지 않으면 수업은 좀처럼 바뀌지 않았다. 나는 이 문제를 이야기하기 위해 좋은교사 '수업코칭연구소'를 만들고 여러 교수님들, 선생님들과 교사의 내면을 세우기 위한 연구를 하기 시작했다.

　일 년 정도 함께 연구하고 얻은 결론은 '교사 스스로 수업을 개선하기 위해서는 동료 교사와 수업을 나눌 수 있는 공동체를 만들고, 이곳에서 동료 교사와 수업을 성찰하면서 수업을 잘할 수 있는 내면의 힘을 길러야 한다.'라는 것이었다. 그래서 이에 대한 내용을 담아 책을 쓰기로 마음먹었고, 마침 작년에 휴직을 하고 있던 터라 이 기간을 이용해 11월부터 원고를 쓰기 시작했다.

　그러나 모든 책이 그러하겠지만, 원고를 쓰고 정리하는 과정이 쉽지만은 않았다. 처음 집필한 원고를 여러 사람들과 돌려 읽는 과정에서 책의 정체성이 모호하다거나 '수업 성찰'의 화두가 강렬하지 않다거나 연구서처럼 느껴진다거나 하는 등의 비판적인 의견도 제법 듣게 되었다. 이후 지리한 원고 수정의 과정을 거쳐야 했는데, 시간은 자꾸만 흘러 복직을 해야 할 3월이 다가오고 있었다. 복직 후에는 원고에 신경을 쓰기가 어려울 것이기에 출판을 포기해야 하나 싶은 생각도 들었다. 그렇게 복잡한 마음으로 하루하루 보내고 있을 때, 한 지인께서 책 출판에 너무 조바심을 내지 말라고, 오히려 복직을 하고 학교 생활을 하는 것이 원고 집필에 도움이 될 거라고 말씀하시면서 시 한 편을 보내 주셨다.

어머니는 그륵이라 쓰고 읽으신다
그륵이 아니라 그릇이 바른 말이지만
어머니에게 그릇은 그륵이다
물을 담아 오신 어머니의 그륵을 앞에 두고
그륵, 그륵 중얼거려 보면
그륵에 담긴 물이 편안한 수평을 찾고
어머니의 그륵에 담겨졌던 모든 것들이
사람의 체온처럼 따뜻했다는 것을 깨닫는다
나는 학교에서 그릇이라 배웠지만
어머니는 인생을 통해 그륵이라 배웠다
그래서 내가 담는 한 그릇의 물과
어머니가 담는 한 그륵의 물은 다르다
말 하나가 살아남아 빛나기 위해서는

말과 하나가 되는 사랑이 있어야 하는데
어머니는 어머니의 삶을 통해 말을 만드셨고
나는 사전을 통해 쉽게 말을 찾았다
무릇 시인이라면 하찮은 것들의 이름이라도
뜨겁게 살아 있도록 불러 주어야 하는데
두툼한 개정판 국어사전을 자랑처럼 옆에 두고
서정시를 쓰는 내가 부끄러워진다

- 「어머니의 그륵」, 정일근

 이 시를 읽고서 나는 얼굴이 화끈 달아올랐다. 시인의 말대로 그동안 나는 두툼한 국어사전을 옆에 두고 책을 쓰려고 했던 것이다. 지금 교사들에게 필요한 것은 '그릇의 이야기'가 아니라 '그륵의 이야기'인데 내가 지나치게 멋을 부려서 글을 쓰려 했다는 생각이 들었다. 그래서 나는 교사의 진솔한 삶이 담긴 책을 쓰기로 마음을 고쳐먹고, 초고에서 교사의 삶이 담기지 않은 '그릇'의 이야기들은 모두 지워 버렸다. 그리고 복직 후에 수업을 하면서 느꼈던 교사의 '살아 있는' 감정, 교사의 '땀이 스민' 언어, 교사의 '눈물이 있는' 애환을 담아 보고자 노력했다. 그리고 그 결과물을 부족하나마 이렇게 한 권의 책으로 엮어 여러 선생님들 앞에 내어놓게 되었다.

 이 책은 이제 교사 10년차가 되어 가는 평교사가 쓴 책이다. 학문적 체계가 잘 정립된 이론서도 아니고, 탁월한 지혜가 담긴 잠언서도 아니다. 그냥 평범한 교사의 책이다. 수업 속에서 끝없이 실패하고 무너지는, 교사들의 '그륵'을 담은 책이다.

이 책을 통해 뭔가 큰 것을 이루고 싶다는 생각을 하지는 않는다. 다만 여전히 수업 속에서 자신감이 없는 교사들이 이 책을 읽으며 작은 희망의 씨앗을 보기를 소망한다. 그리고 '그래, 나는 교사구나!'라는 작은 고백이 가슴속에서부터 터져 나와 수업에 대한 새로운 도전을 시작할 수 있기를 기도한다.

2012년 7월
영종도에서 김태현

추천의 글

수업 성찰의 새로운 지평을 여는 책

　한국은 다양한 수업 기법과 그에 대한 연구가 발달한 나라이다. 이것은 거꾸로 생각하면 한국의 학교가 그만큼 수업을 제대로 진행하기 힘든 여건에 있다는 얘기가 된다. 다인수 학급에, 아이들이 감당하기 힘들만큼 많고 어려운 교육과정, 수업에 대한 관료적 통제, 공공적인 질서에 잘 훈련되지 않은 아이들, 사교육과 선행 학습에 지쳐 있는 아이들, 그리고 아이들과 교사를 옥죄어 오는 입시 부담 등의 상황을 극복하려니 교사는 끊임없이 몸부림을 쳐야 한다. 그래서 이러한 교실 상황에서 나름대로 노력하고 살아남은 교사들의 경우 세계 어디에 내놓아도 뒤지지 않을 정도로 뛰어난 수업 기법을 가지고 있다.

　반면 교육 선진국이라고 하는 북유럽 국가들의 교실 수업을 보면 너무도 밋밋하다. 아이들에게 학습지 한 장 달랑 주거나 지금은 우리 학교에서는 쓰지도 않는 OHP를 사용해 설명을 한다. 조별 수업도 우리와 같이 체계적인 규칙을 활용해 세련되게 하지 않는다. 프로젝트 수업의 경우 우리 눈에는 너무 산만하고 느슨해 보인다. 그렇지만 가만히 살펴보면 이 나라 교사들은 아이들 개개인과 소통하면서 아이 하나하나가 자기에게 맞는 방식으로 학습을 해 나가도록 매우 세밀하게 돕는 것을 확인할 수 있다. 그리고 무엇보다 교사와 아이들의 관계가 물 흐르듯 잘 연결되어 있음을 느끼게 된다.

최근 우리 교육 가운데서도 수업 기법에만 몰두하는 그동안의 관성에 대한 반성이 여기저기서 일어나고 있다. 그래서 배움의 공동체, 아이의 눈으로 수업 보기, 수업 비평 등의 논의와 실천이 이어지고 있다. 아이들을 잘 집중시켜 효율적인 가르침을 할 수 있는 수업 방법만을 찾던 기존의 흐름을 넘어, 실제 그 수업에 참여한 아이 한 명 한 명에게서 어떠한 배움이 일어나는지, 혹은 수업 가운데서 교사와 학생 간에 어떠한 상호 작용이 일어나는지를 살피게 되면서 수업을 보는 새로운 지평들이 열리고 있는 것이다.

이 책은 이러한 흐름들과 맥을 같이하면서 조금 더 깊숙이 파고들어 간다. 수업을 행하는 교사 내면의 문제를 건드리고, 수업 가운데서 이루어지는 교사와 학생의 관계를 주목한다. 나아가 교사가 어떻게 자신의 수업을 성찰하며, 또 동료들과의 수업 나눔을 통해 어떻게 수업을 성찰할지를 이야기한다. 그리하여 결국 수업을 통해 아이들뿐 아니라 교사 자신이 어떻게 성장할 수 있을 것인지를 이야기해 준다.

이러한 교사의 내면과 수업 중 관계를 성찰하는 것은, 교사들이 그동안 어떻게든 수업을 잘 이끌어 보려고 다양한 수업 기법을 찾던 노력들을 쓸데없는 행위라고 무시하지 않는다. 다만 그러한 몸부림과 노력들 가운데 빠진 부분은 무엇이며, 그러한 수업의 성공 이면에 있는 그늘은 무엇이고, 열심히 수업에 쏟아붓고 노력했지만 무언가 공허하고 지쳐 가게 하던 그 실체가 무엇인지를 드러내 주는 것이다. 그래서 교사로 하여금 자연스럽게 외부를 향하던 불평을 멈추고 자신을 돌아보면서 진정한 수업의 본질을 향해 방향을 전환하게 하며, 나아가 수업을 통한 아이들과의 진정한 만남을 향해 한 발을 내딛게 해 준다.

이 책은 한국의 교실 상황과 한국의 교사들이 겪고 있는 어려움에 기반을 두고 있다. 저자가 수많은 선생님의 수업을 보고 또 그 선생님들과 이야기를 나누면서, 또한 직접 교실에서 아이들과 수업을 하는 자신을 돌아보면서 얻은 통찰을 적은 글이다. 그만큼 교사들에게 피부로 와 닿는다. 정확하게 내 문제를 건드리고 있다는 느낌을 받게 된다. 그리고 그렇다면 지금 나는 무엇을 해야 하는지를 생각하게 해 준다.

이 책이 오늘도 힘든 교실 수업 가운데서 더 좋은 수업을 위해 온 힘을 쏟아 몸부림치고 있지만, 무언지 모르는 한계에 부딪혀 고민하는 선생님들에게 단비와 같은 소식이 되어 주리라 생각한다.

2012년 7월
정병오(좋은교사운동 대표)

추천의 글

저자 김태현은 활달하고 쾌활한 성품에 그만의 탁월함으로 수업 전문가로서의 독보적 위치를 가진 존재다. 그래서 누구도 좀처럼 그를 흉내 내지 못하고, 같은 이유로 그가 수업에 힘겨워하는 일반 교사들을 이해하고 위로하는 역할을 하는 것 또한 조금 낯설지 않을까 생각했다. 그러나 그의 책을 보고 깜짝 놀랐다. 수업에서 흔들리는 교사들을 위로하는 주옥같은 지혜를 보면서, 그의 탁월함은 자기 내면의 흔들림을 직면한 결과였구나, 그래서 그가 제시하는 지혜를 따르는 교사들마다 또 다른 김태현으로 거듭날 수 있겠구나 하는 반가움이 찾아왔다. 일독을 권한다.

- 신을진 (숭실사이버대학교 상담심리학과 교수, 〈선생님이 달라졌어요〉 수업 코칭 전문가)

다큐멘터리를 제작하면서 수많은 '학교의 위기'를 목격했다. 학교라는 공간에서 숨 쉬며 살아가는 아이들에게 미안할 따름이다. 어른들의 잘못이 크지만 먼저 '내 탓'이라 인정하지도 않는다. 스스로의 문제를 먼저 인정하고 내면의 성찰을 통해 성장하고자 노력하는 선생님의 모습은 그래서, 더욱 대단한 감동이 아닐 수 없다. 『교사, 수업에서 나를 만나다』가 그 어떤 교육서보다 유익한 것은 이 때문이다.

- 정성욱 (PD, EBS 다큐 프라임 〈학교란 무엇인가〉, 〈선생님이 달라졌어요〉 제작)

수업은 날마다 올라야 하는 산이다. 경력이 많으나 적으나 교사에게 수업은 쉽지 않다. 무엇인가를 깨달았다고 생각하는 순간 또 다른 어려움이 밀려들어 오고, 보인 듯하지만 여전히 보이지 않는 존재가 바로 수업이다. 우리에게는 그것을 이겨 낼 힘이 필요한데, 김태현 선생님은 이를 '수업 성찰'이라고 명료하게 말한다. 경력 10년도 채 안 된 교사가 진단하는 내용에 무릎을 탁 치면서 그게 바로 내 이야기구나 하는 감탄사가 절로 터져 나온다. 뒤이어 저자는 무엇을 성찰해야 하는지를 이야기하는데, 신념, 관계, 대화, 내용으로 이어지는 수업 성찰의 흐름은 누구나 공감할 수 있는 보편적인 것으로 김태현 선생님의 통찰력이 놀랍게 느껴진다. 그것은 저자가 누구보다 수업을 많이 보았고, 수업 나눔을 하면서 발로 뛰고 몸으로 겪어 낸 수업에 대한 안목의 높이와 넓이 덕분일 것이다. 이 책을 통해, 수업에 대한 통찰적 안목을 가진 실천가이자 연구자로서 김태현 선생님을 만나게 되어 매우 기쁘다.

— 이규철 (성문고등학교 교사, 좋은교사 수업코칭연구소장)

김태현. 그는 수업을 잘하는 유능한 교사임에 틀림없다. 유머, 문화적 감각, 낭랑한 목소리, 쇼맨십, 그리고 교육 철학까지 겸비했다. 저자는 내 후배이지만 끊임없이 나를 자극하는 선배와 같은 존재이다. 속은 쓰리지만 인정하지 않을 수 없다. 저자는 자기 혼자 수업을 잘해서 유능한 교사로 인정받는 삶을 지향하지 않는다. 자신을 넘어 동교과, 동학년, 우리 학교, 그리고 대한민국의 모든 교사들이 함께 수업을 잘하기를 소망한다. 저자는 수업을 하는 교사들에게 질문을 던진다. 그리고 그 답을 자신의 실천을 통해 몸으로 보여 준다. 물론 그가 제시한 답이 최선의 정답인지는 더 고민해야 한다. 그 고민은 결국 독자의 몫이며, 동시대를 살아가는 교사들의 몫이다. 하지만, 이 책에는 힘이 있다. 왜일까? 저자가 던지는 질문에는 성찰이 있고, 그 성찰은 날마다 우리가 경험하는 교실에서의 실패와 좌절, 깨짐의 상황에서 출발하기 때문이다. 그 성찰은 곧 희망에 대한 공감으로 이어진다. 이 책의 가장 큰 장점은 쉬운 문체로 쓰여져 있고 수업 실천 사례를 제시하고 있다는 점이다. 그 어떤 수업에 관한 서적보다 술술 읽힌다.

- 김성천 (수원정보과학고등학교 교사, 『혁신학교란 무엇인가』 저자)

2011학년도 1학기 기말고사가 끝난 시점, 나는 김태현 선생님께서 수업 코칭을 제안했을 때 부끄러움을 무릅쓰고 내 수업을 공개하기로 했다. 커다란 용기를 내어 하루 동안 수업을 공개하고 내 수업에 대해 김태현 선생님과 나누는 가운데, 진즉 이런 일들이 있었더라면 하는 아쉬움이 느껴졌고 내 수업에 대해 많은 것들을 보고 느낄 수 있었다. 특히 '수업 시작 5분이 중요하다'는 것과 '허용과 경계를 어떻게 세울까'에 대해 함께 고민했던 일은 내게 너무나 중요한 포인트가 되었다. 이 책은 여전히 수업을 힘들어하면서도 내 수업의 문제점을 드러내고 싶지 않아 망설이고 있는 교사들에게 새로운 도전과 가르침에 대한 놀라운 변화의 계기를 마련해 줄 것이다. 서로의 수업을 공개하고 함께 나누는 '수업 친구 만들기' 운동으로 교육계에 새로운 바람을 불어넣을 수 있는 소중한 지침서가 될 것임을 확신한다.

- 우미아 (임곡중학교 교사)

교사는 수업으로 말하는 존재라고들 합니다. 새내기 선생님으로 수업을 잘하고 싶은 의욕은 넘쳤지만, 방향을 잡기 어려울 때가 많았지요. 아이들도 제 뜻대로 되지 않았고요. 김태현 선생님과의 수업 나눔에서, 무엇보다 큰 힘이 된 것은 '공감'이었습니다. 제가 하고 싶은 수업이 무엇인지, 어떤 어려움이 있는지 등을 나누고 이야기하면서 점점 힘이 생겨나는 스스로를 발견할 수 있었습니다. 많은 선생님들이 수업 성찰을 통해 진솔한 '수업 친구'들을 만나시기를 기원합니다.

- 정이든 (문현중학교 교사)

인문계 고등학교 교사로 늘 가슴이 뛰는 수업을 꿈꾸지만, 현실에서는 '입시와 진도'에 허덕이며 살아가는 내게 김태현 선생님과의 수업 나눔은 큰 변화를 가져다 준 시간이었다. 수업 속에서 흔들리는 내면의 모습을 발견하게 되었고, 교사로서의 아픔을 공감해 주고 격려해 주는 친구를 만나 어떤 말로도 표현할 수 없는 힘과 용기를 얻었다. 지금도 여전히 수업이 어렵고 힘들지만 수업을 성찰하는 힘이 생긴 후 내가 바라보는 나의 수업은 많이 달라졌다. 이 책을 통해 많은 선생님들이 수업을 성찰할 수 있게 되고, 수업을 통한 감격과 기쁨을 함께 누릴 수 있었으면 좋겠다.

- 류한나 (백석고등학교 교사)

학교 혁신에 대한 소망이 있었다. 동료애와 수업 혁신이 가장 큰 과제였다. 하지만 학교 내에서 선생님들과 동료애를 구축할 만큼 깊은 관계를 맺는 것도, 수업 혁신에 대한 방향을 잡는 일도 쉽지가 않았다. 이때 김태현 선생님에게 손을 내밀었다. 김태현 선생님과 수업 친구가 되고 나서 동료 교사들과 함께 수업 친구 모임을 만들어 운영해 나갔다. 수업 친구와 함께 수업을 성찰하고 교사로서의 상처도 나누는 수업 나눔을 통해서, 수업 혁신은 물론 동료애까지 더불어 쌓아 갈 수 있었다. 함께 참여한 교사 중 한 명은 수업 친구 모임에 교사 힐링 캠프라는 별칭을 지어 주기도 했다. 수업 친구 모임을 통해서 학교는 새로워져 갔고, 2012년에는 혁신학교로 지정 받아 학교 혁신의 소망을 이루어 가고 있다. 학교 혁신의 핵심은 수업 혁신이다. 수업 혁신은 결과가 아니고 과정이다. 끊임없이 '나'와 '나의 수업'을 돌아보고 '서로의 수업'을 함께 나누는 과정이 소중하다. 이 책을 통해 많은 선생님들도 수업 성찰을 시작하고, 서로 수업을 나눌 수 있는 수업 친구와 함께 교사 힐링을 경험하길 기대해 본다.

- 최한성 (이리부송초등학교 교사)

머리말 · 4
추천의 글 · 9
여는 글 – 수업 성찰을 시작하며 · 18

01 수업을 보며 성찰하기

수업 속에서 나를 보다 · 30
수업 보기 1 – 비평적인 관점으로 수업 보기 · 36
수업 보기 2 – 학생의 배움을 중심으로 수업 보기 · 42
수업 보기 3 – 교사의 내면을 중심으로 수업 보기 · 51

02 수업 속 신념을 살피며 성찰하기

신념 보기 1 – 내 수업은 어디로 향하고 있는가? · 68
신념 보기 2 – 수업 속에서 흔들리지 않는 강한 신념이 있는가? · 78
신념 보기 3 – 수업이 학생들의 삶을 변화시킨다는 신념이 있는가? · 83
신념 보기 4 – 배움이 있는 수업이 입시에도 도움이 된다는 신념이 있는가? · 90
신념 보기 5 – 배움이 있는 수업으로 학교의 가치를 입증하려는 신념이 있는가? · 94

03 수업 속 관계를 살피며 성찰하기

관계 보기 1 – 수업 속에서 학생들을 일관된 철학으로 대하고 있는가? · 105
관계 보기 2 – 수업 속에서 경계를 세우기 위한 자신감이 있는가? · 113
관계 보기 3 – 수업 속에서 경계를 세우기 위한 공동체가 있는가? · 122
관계 보기 4 – 경계를 세우기 위해 학생들을 지나치게 통제하지는 않는가? · 132
관계 보기 5 – 수업 속에서 존중의 관계를 만드는 데 두려움은 없는가? · 136

04 수업 속 대화를 살피며 성찰하기

대화 보기 1 – 수업 속에서 대화를 해야겠다는 의지가 있는가? · 148
대화 보기 2 – 학생들이 대화에 참여할 여백이 있는가? · 151
대화 보기 3 – 학생들의 말을 기다려 주고, 들어 주고, 공감해 주고 있는가? · 156
대화 보기 4 – 수업 속에서 학생들의 생각이 서로 잘 연결되고 있는가? · 164

차례

05 수업 속 내용을 살피며 성찰하기

내용 보기 1 – 교과서를 벗어나 수업을 재구성할 용기가 있는가? · 174
내용 보기 2 – 수업 속에서 학생들이 의미를 발견하고 있는가? · 179
내용 보기 3 – 수업 속에서 학생들이 의문을 가지고 있는가? · 187
내용 보기 4 – 수업 속에서 창의가 생기고 있는가? · 193
내용 보기 5 – 수업 속에서 삶을 성찰하고 있는가? · 204
내용 보기 6 – 수업 속에 위계가 있는가? · 211

06 수업 친구와 수업 성찰하기

수업 변화를 위한 실천의 여정 (수업 비평, 아이의 눈으로 수업 보기, 배움의 공동체) · 226
교사의 내면을 세우는 '수업 친구 만들기' 운동 · 235
'수업 친구'는 어떻게 만드는가? · 240
'수업 친구 만들기'의 '수업 나눔' · 244
성찰적 질문으로 '수업 나눔' 하기 · 255
컨설팅의 방법으로 '수업 나눔' 하기 · 265

07 수다 떨며 수업 성찰하기

교사에게 실제적인 도움을 주는 수업 성찰은 어떻게 해야 하는가? · 279 | 수업에서 인쇄물을 어떻게 활용하는 것이 좋은가? · 290 | 수행 평가와 내신 평가는 어떻게 하는 것이 좋은가? · 297 | 배움에서 소외되는 학생을 어떻게 배움으로 초대할 수 있는가? · 305 | 수업에서 교사의 '자기다움'은 어떻게 찾을 수 있는가? · 312 | 수업에서 교사는 어떻게 성장할 수 있는가? · 318 | 수업 변화를 위해서 교육청, 연수원, 학교 관리자, 교사가 해야 할 일은 무엇인가? · 332

감사의 말 · 338   주석 · 345

여는 글
수업 성찰을 시작하며

　오늘도 학교에서 교사들은 힘겨운 하루를 보내고 있다. 행정 문서에 치이고 학생들과 씨름하며 하루를 보내고 집에 돌아오면 그대로 쓰러지고 마는 교사들. 다음 날 학교에 가면 또다시 정신없는 하루가 반복된다. 마음의 여유를 가지고 조용히 교사 생활을 반성해 보고 싶지만, 학교에서는 좀처럼 그런 여유를 꿈꿀 수가 없다. 방학 때라도 독한 마음을 품고 이런저런 연수도 들으면서 수업 능력을 향상시키고 싶은데, 막상 방학이 되면 또 다른 일들 때문에 연수는 뒷전이 되곤 한다.
　우리는 교사가 되기 위해서 수많은 난관을 헤치고 여기까지 왔다. 그러나 이상하리만큼 수업 능력은 발전하지 않고 날이 갈수록 감은 떨어져 간다. 이러려고 교사가 된 것은 아닌데, 어느덧 우리는 수업 들어가기가 귀찮고 가만히 앉아서 행정 업무나 하고 싶은 직장인이 되어 있다. 가끔은 교사로서의 소명을 새로이 깨닫고 힘차게 수업을 해 보기도 하지만 이내 지쳐서 제자리로 돌아오고 만다. 이런 고민과 답답함을 동료 선생님들과 나누며 답을 찾아보고 싶어도, 학교 안에서 내면의 대화를 나누기란 쉽지가 않다. 동료 교사들은 제각기 자기만의 힘겨움에 빠져 있거나, 혹은 안정된 직장인으로서의 처지에 만족해한다. 학교는 학생들에게만 신경을 쓸 뿐 교사들에게 지금 어떤 고민과 아픔이 있는지에는 관심을 갖지 않는다. 학교 관리자는 시간을 내서 전심으로 교사의 이야기를 들어 주기는커녕, 모든 일에 규정을 따지고 문서와 사진으로 교육 행위를 억지로 꾸미려 할 뿐이다. 그 속에서 교사들은 신음하고 있다. 현실의 벽 앞에서 어쩔 수 없지 않냐며 스스로를 위로하고, 꿈을 상실한 채 학교에서 힘겹게 근무를 하고 있다.

이렇듯 교사들은 현실 속에서 지쳐 가고 내면은 황폐해져 가는데, 언제부턴가 이곳저곳에서 수업 평가라는 말이 들리기 시작했다. 교사들은 이미 생활 지도와 수업 준비, 행정 업무로 충분히 바쁘고 힘들건만, '교사들이 이제 수업을 공개해야 한다'면서 학부모, 학생, 동료 교사로부터 수업 평가를 받으라고 하는 것이다. 게다가 중고등학교 교사들은 예전과 다르게 자신의 이름을 걸고 방과 후 보충 강의를 개설하여 또 다른 수업 평가를 받는다. 이때마다 교사들은 온 신경이 곤두설 수밖에 없다. 행여나 내가 개설한 수업이 폐강되면 어쩌나 걱정이 된다. 학생들이 늘 올바른 선택을 하는 것은 아니지만, 수강 결과를 가지고 우리는 조심스럽게 '누구 수업이 폐강되었네, 누구 수업은 단번에 마감되었네.' 하는 이야기를 하며 서로의 수업을 간접적으로 평가하기도 한다. 바야흐로 평가와 경쟁의 시대에 교사들은 서 있다.

그런데 가만히 생각해 보자. 사실 대부분의 교사들은 수업에 대해 이렇게 평가하고 경쟁하는 분위기를 만들지 않아도 근본적으로 수업을 잘하고 싶어 한다. 수업에 죽고 수업에 사는 존재가 교사이기 때문이다. 교사가 된 이상 수업은 숙명과도 같은 것이어서, 수업 고민에 교사들은 늘 몸이 바싹바싹 마른다. 몸이 아무리 피곤해도 수업이 잘되는 날이면 그날은 왠지 모르게 기분이 좋고, 수업이 잘 안 되는 날이면 돌덩이라도 들어 있는 듯 마음이 무거워진다. 무기력한 학생들의 모습이 수업 시간에 계속 이어질 때면 자괴감마저 느껴지기도 한다. 이렇듯 수업은 교사의 삶에 절대적인 위치를 차지하기에, 대부분의 교사들은 늘 좋은 수업에 대한 목마름을 가지고 있다.

그러한 목마름의 근원을 가만히 따라가다 보면, 우리는 교사로서의 사명감이라는 묵직한 실체를 만나게 된다. 교사는 다른 직업군이 가지지 않는 위대한 특권을 지니는 사람들이다. 그것은 제자들이 의미 있는 한 사람으로 변화하고 성장해 가는 것을 지켜보는 특권이다. 투박한 원석과 같은 아이들이 세상을 빛내는 다이아몬드가 되는 것을 지켜보는 특권, 겨자씨 같은 학생들이 싹을 틔워 서서히 열매 맺는 것을 보는 특권. 그리하여 결국은 세상을 바꾸어 갈 수도 있는 존재가 바로 교사이기에 우리 내면에서는 자꾸만 '교사로서의 사명감을 가지고 수업을 잘해 내야 한다'는 외침이 들린다.

그러나 현실은 어떠한가. 이러한 교사들의 태도나 사명감은 좀처럼 인정해 주려 하지 않고, 교사들이 수업 개선에 의욕이 없다고 비난하며 무한 경쟁을 통해 수업을 바꾸라고 할 뿐이다. 마치 교사만 달라지면 교육의 문제가 전부 해결될 것처럼 모든 화살을 교사에게로 돌린다. 이 속에서 우리 교사들은 괴로울 수밖에 없다. 교육 환경은 조금도 나아지지 않은 채 모든 짐을 교사에게만 던져 놓는 지금의 현실!

수업이 중요한 화두가 되고 수업 공개의 흐름이 일어나는 것은 분명 긍정적인 현상이다. 그러나 그것이 진정한 수업 개선보다는 경쟁과 평가에 방점이 찍히는 것이라면, 아무런 준비도 없이 교사들을 그저 몰아세우는 데 그치는 것이라면, 이는 결코 의미 있는 결과를 만들어 내지 못할 것이다. 교사들로 하여금 수업을 개선할 수 있는 동력을 갖게 하기는커녕, 오히려 수업에 대한 의욕만 꺾어 버리고 그나마 가지고 있는 교사들의 사명감과 열정마저 사그라지게 할 공산이 크다. 더구나 그 평가라는 것이 결국 순위 매기기를 통해 다른 교사들을 누르고 내가 앞서 나가야 하는 것이라면, 학교는 머지않아 교육의 장이 아닌 정글이 되어 버릴지도 모른다.

이제 우리는 수업 개선의 열쇠를 경쟁과 평가가 아닌 다른 곳에서 찾아야 한다. 일그러진 경쟁과 평가 속에서는 진정한 수업 개선의 길을 모색할 수 없기 때문이다.

수년 동안 많은 교사들의 수업을 함께 나누면서 느낀 것은, 교사들의 수업이 흔들리는 이유가 '학생들에 대한 두려움', '교직에 대한 불만', '교사로서의 소명 의식 부족', '교사 자신에 대한 자존감 결여' 등 내면적 요인에서부터 시작된다는 것이었다. 즉 수업을 진행하는 능력이 부족해서라기보다 수업 속 교사의 내면을 깊게 돌아보지 않았기 때문에 수업이 잘되지 않았던 것이다. 하지만 많은 교사들은 이런 사실을 깨닫지 못한 채 수업을 개선하기 위해 특별한 교수 방법과 화려한 교수 자료를 찾아 헤매며 수업의 '겉'을 꾸미기 위해 동분서주했다. 이런 노력들은 수업을 개선하는 데 어느 정도 도움을 줄 수 있지만, 수업을 하는 교사의 내면까지 바꿔 주지는 못하기에 수업은 이내 활력을 잃고 제자리로 돌아올 수밖에 없다.

수업이란 한시도 같은 상황이 없는 가변적인 존재이다. 1반에서 수업이 잘되었다고 해서 2반에서도 그러리라는 법은 없다. 수업이 가지는 변수가 너무도 다양하기 때문에 수업은 어떤 이론으로 딱 떨어지게 설명하기가 어렵다. 수많은 시행착오 속에서 교사 자신만의 경험을 잘 쌓아 갈 때 비로소 좋은 수업이 만들어지기 마련이다. 그런데 교사들은 바쁘게 돌아가는 수업 속에서 기계적으로 수많은 선택과 결정을 하고, 그 행동에 따른 의미를 제대로 살피지도 못한 채 정신없이 또 다른 수업을 치러 낸다. 이런 과정이 반복되다 보면 교사는 어디서 어떤 문제 때문에 내 수업이 삐걱거리는지 전혀 알지 못한 채, 낙담만 하다가 지쳐 쓰러지고 만다.

이런 우리에게 필요한 것은, 바로 우리의 수업을 가만히 들여다보며 성찰하는 작업이다. 사실 성찰은 수업에서만 이루어지는 것이 아니다. 우리 삶의 모든 것은 성찰의 대상이어야 한다. 그러나 너무도 당연한 이것이 바쁜 현대인에게는 부차적인 문제가 되고 만다. 당장 눈앞에 있는 일을 처리하려다 보면 정작 자신의 마음을 살필 시간이 없기 때문이다. 학교 현장도 마찬가지다. 정신없이 돌아가는 학교 생활 속에서 나를 돌아보고 나의 수업을 살펴볼 여유를 찾기란 쉽지가 않다. 내 수업이 어디서 문제가 생기는지, 나는 지금 왜 힘겨운지를 돌아보지 않은 채 하루하루 버텨 가고 있는 것이 우리의 현실이다.

그러므로 이제는 '수업 성찰'[1]이 절실히 필요한 때이다. 교사들은 무의미한 수업만을 정신없이 계속할 것이 아니라, 잠시 멈춰 서서 수업 속 자신의 모습과 학생의 상황을 깊게 살필 수 있어야 한다. 그리고 '수업이 교사의 신념대로 잘 구현되고 있는지', '수업에서 학생들과의 관계는 잘 맺고 있는지', '수업에서의 대화는 잘 이루어지고 있는지', '학생들은 의미 있는 배움을 얻고 있는지' 등 교사 스스로 자신의 수업에 여러 질문을 던지며 '내 마음이 어디서 흔들리고 있는지', '내가 무엇을 두려워하고 있는지'를 천천히 찾아보아야 한다. 그럴 때 비로소 안개 속에 갇혀 있던 내 수업이 보이기 시작할 것이다. 특히 이러한 수업 성찰을 혼자가 아닌 동료 교사와 함께하며 서로의 수업을 나누고 내면을 나눌 때, 우리는 그간 지치고 힘들었던 마음을 위로받으면서 내 수업의 길을 찬찬히 찾아갈 수 있게 될 것이다.

> 저게 저절로 붉어질 리는 없다
> 저 안에 태풍 몇 개
> 저 안에 천둥 몇 개
> 저 안에 벼락 몇 개
>
> 저게 저 혼자 둥글어질 리는 없다
> 저 안에 무서리 내리는 몇 밤
> 저 안에 땡볕 두어 달
> 저 안에 초승달 몇 날
>
> ─「대추 한 알」, 장석주

대추 한 알의 변화가 그러하듯, 수업 역시 그냥 달라지는 것이 아니다. 수많은 고민, 좌절, 아픔 그리고 도전 끝에 우리의 수업은 변화할 것이다. 결국 수업 개선의 답은 교사 스스로가 이 힘난한 여정을 끝까지 가게 하는 데 있다. 이를 위해 교사는 동료 교사의 손을 잡고 아픔을 같이 나눠야 한다. 그리고 교사로서의 정체성을 다시금 회복하고 수업에 대한 새로운 꿈을 꾸어야 할 것이다. 이것이 바로 이 책에서 말하고자 하는 '수업 성찰'이다. 다른 누군가에 의해서가 아니라 내 스스로 수업의 변화를 모색하고, 더 나아가 우리 교육의 변화를 이루어 낼 수 있는 작은 씨앗으로서의 수업 성찰!

이제 이 수업 성찰을 여러 선생님들과 함께 시작해 보려고 한다. 동료 교사와 함께 수업을 제대로 들여다보고, 수업 속 '신념', '관계', '대화', '내용' 등을 살피며, 늘 속으로만 애태웠던 감정들을 이제는 밖으로 꺼내 놓으려 한다. 조금은 설레는 마음으로, 함께 수업 성찰을 시작해 보자!

성찰하기

1. 이 책을 읽게 된 동기는 무엇인가? 이 책을 통해서 얻고자 하는 바는 어떤 것인가?

2. 수업을 성찰한 경험이 있는가? '수업 성찰'이라는 말이 어떻게 다가오는가?

3. '수업 장학', '수업 컨설팅', '수업 멘토링', '수업 코칭' 중 하나를 받아 본 경험이 있는가? 이것을 통해 수업에 변화가 있었는가?

수업 개선 프로그램에 대한 이해

학교 현장에는 수업 개선을 지원하는 여러 프로그램이 있다. '수업 장학', '수업 컨설팅', '수업 멘토링', '수업 코칭' 등이 그것인데, 일단 이 프로그램들의 특징과 차이를 인식하는 것이 앞으로 진행되는 수업 성찰에 대해 이해하는 첫걸음이 될 것이다.

먼저 수업 장학[2]은 장학사에 의해 수업 분석 및 평가가 이루어지는 프로그램이다. 교사의 고민이나 문제를 해결해 주기보다는 장학사가 가지고 있는 기준에 의해서 교사의 수업은 정확한 판단과 처방을 받게 된다. 이 과정을 통해 교사의 수업에 대한 객관적인 평가는 이루어지지만, 교사 스스로 수업을 개선할 수 있는 용기를 얻지는 못하고 장학사의 일방적인 생각만이 교사에게 전달된다. 물론 장학사의 역량이 뛰어나다면 수업 개선에 큰 효과를 발휘할 수 있으나, 대개의 장학사들은 행정 능력은 뛰어나지만 수업 장학 능력에 전문성을 제대로 갖추고 있지는 못하다. 장학사들이 자신의 경험을 바탕으로 수업 장학을 진행하다 보니 수업 개선의 효과는 그리 크지 못한 편이다.

반면 수업 컨설팅[3]은 수업을 개선하고자 하는 교사가 전문 수업 컨설턴트에게 자신의 수업 문제점을 의뢰하고, 이를 컨설턴트가 해결해 주는 방식을 취한다. 수업 컨설팅은 수업 장학보다는 조금 더 효과적일 수 있다. 수업을 개선하고자 하는 교사가 자발적으로 수업 컨설팅을 의뢰하기 때문이다. 그러나 수업 컨설팅 역시 컨설턴트를 통한 수업 개선으로, 교사는 자기 개성과는 무관하게 수업 컨설턴트가 제시해 주는 여러 가지 분석과 평가에 의해서 수업을 바꾸려고 한다. 이 과정 속에서 교사는 표준화된 기준에 자신의 수업을 맞추게 되고, 수업을 하는 교사의 외적 행위와 수업 내용, 방법에만 관심을 갖게 되어 수업의 겉만 바꾸게 될 가능성이 높다.

수업 멘토링[4]은 수업 멘토와 멘티의 관계가 수업 장학과 컨설팅보다는 조금 더 친밀한 관계를 형성하게 된다. 대개 수업 멘토가 수업 경험이 많은 숙련된 교사로서 멘티 교사의 마음을 잘 이해해 주기 때문이다. 수업의 겉을 보기보다는 선배 교사로서 후배 교사의 이야기를 들어 주는 분위기가 형성되어 멘티 교사의 마음까지 위로해 줄 수 있고, 앞선 수업 장학이나 수업 컨설팅에 비해서 수업 개선의 효과가 클 수 있다. 그러나 수업 멘토링은 멘티가 멘토의 이야기를 들음으로써 멘토의 방향대로 자신을 맞춰 가려는 경향을 갖게 되어, 이 속에서 멘티 교사는 또다시 수업에서 의존적인 성향을 지닐 수밖에 없다. 또힌 힉교 현장에서 수업을 상담해 주는 멘토 교사가 그리 많지 않아, 현장 교사의 어려움을 일일이 돌아보기 어렵다는 한계점을 지닌다.

수업 코칭[5]은 코칭 전문가의 체계화된 프로그램에 따라 수업 개선을 진행하는 것이다. 코치는 안내자의 역할을 할 뿐 실질적인 답은 코칭을 받는 교사가 찾게 한다. 이 과정을 통해 교사는 자신의 수업을 스스로 반성하면서 수업 개선의 주체가 된다. 하지만 수업 코칭 역시 수업 코치라는 전문가가 없으면 수업 개선이 이뤄질 수 없는 한계가 있다. 그리고 아직까지 현장에는 수업 코칭 전문가가 턱없이 부족한 것이 현실이다.

이 책에서 이야기하려는 수업 성찰은 코칭과 같은 성격을 가지고 있지만, 코칭처럼 탁월한 전문가에 의해서가 아니라 동료 교사와 함께 수평적 분위기 속에서 수업을 성찰하는 것이다. 물론 수업 코칭에 비해 체계화된 프로그램도 없고, 탁월한 전문가에 의한 것이 아니기에 수업 개선의 효과가 더디게 나타날 수 있다. 그러나 동료성을 기반으로 하기 때문에 학교 현장에서 가장 손쉽게 시도할 수 있고, 학교 개혁을 이룰 수 있는 시발점이 된다.

이상의 논의들을 표로 정리하면 다음과 같다.

	수업 장학	수업 컨설팅	수업 멘토링	수업 코칭	수업 성찰
목적	교사의 수업 능력을 객관적으로 평가하고 분석하기 위함.	컨설팅을 의뢰한 교사의 문제를 해결해 주기 위함.	수업 멘토가 가지고 있는 역량을 수업 멘티에게 전수해 주기 위함.	교사가 스스로 수업을 돌아보고 수업에서의 문제를 해결하기 위함.	교사가 스스로 수업을 돌아보고 수업에서의 문제를 해결하기 위함.
방법	장학사의 일방적 분석 및 처방이 수업 장학을 받는 교사에게 전달됨.	컨설턴트가 의뢰받은 문제를 중심으로 의뢰인 교사에게 조언함.	멘토의 경험적 지식이 상담적 대화를 통해 멘티 교사에게 전수됨.	코칭 전문가의 체계화된 안내를 통해 코칭 받는 교사가 스스로 수업을 개선하게 함.	동료 교사 간에 성찰적 질문을 통해 자신의 수업을 돌아보고 내면적인 대화를 깊이 나누면서 스스로 수업을 개선하게 함.
관계	평가자-평가받는자 : 강한 수직적 관계	컨설턴트-의뢰자 : 약한 수직적 관계	멘토-멘티 : 약한 수평적 관계	코칭-코치이 : 약한 수직적 관계	친구-친구 : 강한 수평적 관계
장점/단점	교사의 수업 역량을 객관적, 효율적으로 측정할 수 있음. / 획일화된 기준으로만 수업을 평가하여 교사의 개성을 없애 버림. 수업하는 교사의 문제점을 개선하기보다는 의욕을 꺾어 버리는 경우가 많음.	수업 컨설턴트의 체계적인 분석으로 수업을 하려는 교사의 문제를 잘 도와줄 수 있음. / 교사의 내면 문제까지를 돕지 못해 피상적인 해결책을 제시할 가능성이 높음. 수업 개선에 있어서 교사를 의존적인 존재로 만듦.	비교적 편안한 분위기에서 멘토의 이야기를 듣게 되어 구체적이고 실질적인 대안을 얻을 수 있음. / 멘티가 지나치게 멘토를 의지하게 되어 수업 개선에 있어서 교사를 의존적인 존재로 만듦. 숙련된 멘토 교사가 적음.	체계화된 프로그램으로 수업 속에서 겪는 어려움과 아픔들을 이야기하면서 스스로 수업을 성찰할 수 있는 기회를 갖게 됨. / 코칭 전문가가 없으면 수업 코칭이 이뤄질 수 없음. 수업 코칭 전문가가 많이 부족한 상황임.	학교 현장에서 가장 손쉽게 수업을 개선할 수 있는 접근임. 동료성을 바탕으로 하기 때문에 수업뿐만 아니라 학교 전반의 문제를 해결할 수 있음. / 장시간의 만남이 이뤄져야 수업 개선의 효과를 볼 수 있음. 자칫하면 성찰 모임이 아니라 사교 모임으로 전락할 수 있음.

수업을 보며 성찰하기

....

수업의 변화, 그것은 우리의 수업을 정확히 보고 성찰하는 것에서부터 시작한다. 우리는 지금까지 수업을 볼 때 교사의 수업 능력을 측정하고 분석하는 수업 보기만을 행해 왔다. 이제 그 틀에서 벗어나, 새로운 관점에서 수업을 바라볼 수 있어야 한다. 비평적인 관점에서, 배움을 중심으로, 교사의 내면 중심으로 서로의 수업을 관찰하고 나눌 때, 우리는 비로소 수업을 새롭게 성찰할 수 있는 안목을 가지게 될 것이다.

수업 속에서
나를 보다

　수업을 하다가 나는 가끔 자아도취에 빠질 때가 있다. 내가 보기에도 수업을 너무 잘하고 있다는 느낌이 드는 것이다. 수업 준비도 제대로 하지 않았는데, 이렇게 탁월한 예를 들어 너무도 적절히 개념을 설명하고 있다니! 어떻게 이런 생각을 다 했으며 말은 또 이렇게 잘할까 하는 생각에, 스스로가 놀랍고 대견하게 느껴지기까지 한다. 이런 자아도취 증세가 나타나기 시작하면 나는 자신도 모르게 더 멋있는 말로 수업을 진행하려 애쓰게 된다. 목소리도 높아지고 점점 과장된 몸짓이 나오는 것이다. 모든 학생들에게 '나? 수업 잘하는 교사!'임을 각인이라도 시키려는 듯 목에 핏대를 올리고 침을 튀기며 수업을 이끌어 간다. 그런데 이런 수업을 촬영해 나중에 살펴보면 결코 그 수업이 '좋은' 수업이 아니었음을 절감하고 만다. 나는 수업에서 혼자 원맨쇼를 하고 있었을 뿐, 학생들과 차분한 대화를 나누며 그들의 생각을 의미 있게 발전시키는, 배움이 있는 수업을 하고 있지 않았던 것이다.

　그렇다! 나는 약간의 착각을 하고 있었다. '내가 열심히 가르치면 학생들의 배움도 같이 올 것'이라고 생각했던 것이다. 이는 비단 나만의 생각이 아니다. 대다수의 교사들은 자신의 수업이 탁월하지 않아도 열심히 가르치기만 하면 학생들에게 의미 있는 배움이 있을 거라고 생각한다. 그러나 실제로 수업을 할 때 학생의 모습을 관찰해 보면 우리의 기대와는 전혀 다른 양상을 발견할 때가 많다. 교사는 열심히 무엇인가를 말하고 있지만 학생들의 고개는 아래로 떨어지고 눈빛은 멍해진다. 수업에 몰입하지 못하고 배움에서 이탈하는 현상이 종종 일어난다. 교사들은 늘 자신이 평균보다는 조금 나은 수업을 하고 있다고 생각하지만, 학생의 관점에서 수업을 보면 그렇지 않은 경우가 대부분이다.

선생님들의 수업을 코칭하면서 놀랐던 점은 의외로 많은 선생님들이 자신의 수업에 대해 잘 모른다는 것이었다. 본인의 수업 속에서 어떤 현상이 벌어지고 있는지를 정확하게 본 적이 없기 때문이다. 수업을 바꾸기 위해서는 현 상태를 정확하게 진단해야 하는데 교사들에게는 이런 경험이 별로 없다. 수업 실기 대회에 참여하거나 연구 수업을 할 때 본인의 수업을 촬영하지만, 일단 그 수업은 일상적인 수업과는 다른 수업이다. 몇 달 전부터 온갖 노력을 기울인 수업과 평소의 내 수업은 같을 수가 없다.

몇 년 전부터 이혁규 교수의 '수업 비평',[6] 서근원 교수의 '아이의 눈으로 수업 보기',[7] 사토 마나부 교수의 '배움의 공동체',[8] 좋은교사[9]의 '수업 친구 만들기'[10] 등 여러 방향으로 수업을 보는 운동이 일어났지만, 아직까지 대다수 교사들은 자신의 수업을 제대로 보지 못하고 있다.

    산모퉁이를 돌아 논가 외딴 우물을 홀로 찾아가선 가만히 들여다봅니다.

    우물 속에는 달이 밝고 구름이 흐르고 하늘이 펼치고 파아란 바람이 불고 가을이 있습니다.

그리고 한 사나이가 있습니다.
어쩐지 그 사나이가 미워져 돌아갑니다.

돌아가다 생각하니 그 사나이가 가엾어집니다.
도로 가 들여다보니 사나이는 그대로 있습니다.

다시 그 사나이가 미워져 돌아갑니다.
돌아가다 생각하니 그 사나이가 그리워집니다.

우물 속에는 달이 밝고 구름이 흐르고 하늘이 펼치고 파아란 바람이 불고 가을이 있고 추억처럼 사나이가 있습니다.

-「자화상」, 윤동주

내가 내 수업을 본다. 이 작업이 별것 아닌 것 같지만, 사실 교사들에게 있어서는 손이 오그라드는 참으로 부끄러운 행위이다. 자신의 수업을 실제로 관찰해 보면, 시에서처럼 시적 화자가 우물 속에서 자신의 모습을 성찰하면서 느끼는 미움, 연민, 그리움 등 복합적인 심정을 교사들도 고스란히 느끼게 된다. 자신의 수업을 처음 보는 교사는 수업 장면을 10분 이상 못 보겠다는 사람들이 많다. 그만큼 수업을 본다는 것은 자신을 발가벗기는 느낌을 갖게 하는 일이다. 그러나 그럼에도 우리는 수업을 봐야 한다. 내가 현재 어떤 모습으로 수업을 하고 있는지, 학생들과 어떤 관계를 맺고 있는지를 정확하게 살펴야 한다. 이 작은 시작으로부터 우리는 비로소 자신의 수업을 성찰할 수 있게 된다.

우리는 지금까지 수업을 제대로 본 적이 없다. 내 수업을 촬영한 적도 별로 없고, 누군가에게 내 수업의 일상적인 모습을 공개한 적도 없다. 그동안 우리에게 수업을 본다는 것은 '성찰'의 개념이 아니라 '평가'의 개념이있기 때문이다. 대개 외부인으로부터 수업 능력을 평가받을 때 우리는 아래와 같은 체크리스트[11]의 내용을 기준으로 삼곤 한다.

관찰 영역	항목	관찰 내용 분석	평점				
			5	4	3	2	1
학습 계획	1	교과의 특질에 맞게 지도안이 작성되었는가?					
	2	단원의 목표 파악이 구조적으로 잘 되었는가?					
	3	교재 연구가 충실하고 본시의 주안점이 뚜렷한가?					
	4	본시의 학습량이 적절하게 계획되었는가?					
교사의 지도력	5	학습 문제 제시가 학습 동기를 유발할 수 있는가?					
	6	학생 중심의 자율적 학습으로 유도하였는가?					
	7	학생의 흥미가 배려되고 있는가?					
	8	학생의 개인차가 잘 고려되고 있는가?					
	9	교사의 태도, 용어, 발문이 바람직한가?					
	10	학습의 집단화, 개별화를 조화 있게 도모하였는가?					
학생 활동	11	학습 의욕과 참여도는 높았는가?					
	12	활동력과 토의 및 발표력은 어떠하였는가?					
	13	학습장 사용이 잘 되고 있는가?					
판서	14	판서 내용의 타당도는 높은가?					
	15	판서의 양은 적절하고 구조화되었는가?					
	16	양과 질은 적절하고 적시에 제시되었는가?					
자료 활동	17	학생들이 자료를 효과적으로 활용하였는가?					
	18	학습 환경 조성을 잘하였는가?					
학습 결과	19	형성 평가의 내용이 본시 목표 확인에 합당한가?					
	20	본시 학습 목표의 도달도는 어떠하였는가?					

우리가 이런 체크리스트를 가지고 수업을 본다는 것은, '이 표에 기록한 항목대로 수업을 하면 그것이 좋은 수업'이라는 전제에 암묵적으로 공감하고 있음을 뜻한다. 그래서 평가자들이 체크한 대로 내 수업을 분석하

고, 점수가 낮은 부분이 있으면 그 지점에 대한 연구를 잘해서 고치겠다고 스스로 다짐하곤 한다. 그런데 그렇게 한다고 해서 정말 수업이 바뀌는가? 그렇지 않다. 수업은 어떤 한 부분의 수치를 정확하게 조절한다고 해서 바뀌는 것이 아니다. '교사와 학생', '학생과 학생', '학생과 교과 지식'의 관계 속에서 수많은 변수들이 발생하는 것이 수업이기에, 어떤 한 지점만을 바꿔서 수업 전체를 변화시키는 것은 불가능하다.

또한 일정한 평가 기준에 의한 수업 보기는 좋은 수업에 대한 우리의 관점을 획일화시킨다. 그래서 많은 교사들이 수업을 준비할 때면 수업 내용을 파워포인트로 화려하게 제시하고, 동영상을 활용하고, 학생들이 모둠 활동을 하도록 수업을 구성한다. 그런데 이렇게 한다고 해서 우리가 정말 좋은 수업을 하게 되는가? 기준에 맞게 수업의 외형만을 바꾼다고 해서 교사와 학생 모두가 만족하는 수업이 지속적으로 만들어지는가?

수업 실기 대회에서 수상한 수업들이 대개 위와 같은 체크리스트에서 만점을 받은 수업이다. 그러나 실제로 이 수업들의 영상을 살펴보면, 수업 속 학생들은 활기가 없다. 딱딱 정해진 코스대로 움직일 뿐 학생들이 자연스럽게 행동하는 모습을 보기 힘들다. 교사는 무엇인가를 보여 주는 데 여념이 없고, 학생들은 질서정연하게 손을 들고 발표한다. 예상한 대로 흘러가는 수업, 이런 수업 속에서 우리는 더 이상 볼 것이 없다.

일정한 평가 기준에 의해 수업을 보는 문화는 일상적인 수업을 타인에게 보여 주는 것을 부담스럽게 만든다. 체크리스트에서 만점을 받는 수업만이 최고인 듯 모든 수업이 그렇게 해야 한다고 교사들에게 요구하기 때문이다. 이런 식으로 수업을 보게 되면 우리는 수업을 볼 때 자꾸만 '지적'을 하게 된다. "왜 저렇게 했나요?", "이런 점이 부족합니다.", "저라면 이렇게 했을 것입니다." 등 수업을 '성찰'의 대상이 아니라 '측정'의 대상으로 바라봄으로써 수업을 공개한 교사의 마음을 더욱 힘들게 만들어 버린다.

연구 수업을 하고 나서 우리는 어떤 느낌을 받는가? '앞으로 수업을 잘할 수 있겠다'는 자신감을 얻는가, 아니면 '나는 수업을 잘할 수 있는 교사가 아니야.'라는 자괴감에 빠지는가? 대다수 교사는 후자의 느낌을 받는다. 그래서 우리는 남에게 수업 보여 주기를 두려워하는 것이고, 스스로 수업 능력이 부족하다고 자책한다. 잘못된 수업 보기가 교사의 성장을 가로막고 있는 것이다. 이번 장에서는 기존의 수업 보기에서 벗어난 대안적 수업 보기를 이야기하고자 한다. 이를 통해 자신의 수업 혹은 동료 교사의 수업을 성찰할 수 있는 눈을 가지게 될 것이다.[12]

성찰하기

1. 연구 수업을 하고 나서 수업에 개선된 점이 있었는가? 혹시 없었다면 그 이유는 무엇이라고 생각하는가?

2. 현재 수업 개선을 위해 어떤 노력을 하고 있는가? 그 활동이 실제로 수업 능력을 향상시키고 있는가?

3. 자신의 수업을 스스로 촬영하고 본 적이 있는가? 없다면 앞으로 자신의 수업을 촬영해 볼 생각이 있는가? 수업을 촬영하게 된다면 어떤 어려움이 있을 것으로 예상되는가?

수업 보기 1
비평적인 관점으로 수업 보기

    수업은 체크리스트 하나만으로 측정할 수 없는 그 이상의 것이다. 수업은 예술적인 성격을 지니고 있기 때문이다. 수업을 준비할 때 교사는 여러 가지를 고려한다. 학습 환경, 학생의 지적 수준, 교과 지식의 매력도, 교사의 몸 상태 등등을 생각하면서 한 차시 수업을 진행한다. 이런 과정 속에서 교사는 수없이 상황을 판단하여 교육적 선택을 한다. 그리고 교사의 교육 철학, 삶의 습관, 성격 등으로 인해서 또다시 수업은 수많은 변수를 갖게 된다. 같은 내용을 수업하더라도 실제 수업 모습은 여러 가지 빛깔로 변주되기 마련인 것이다. 그러나 우리는 이런 교사의 선택을 깊게 생각하지 않고, 획일화된 틀로 교사의 수업을 평가하려고 할 때가 많다.

    수업을 좀 더 깊게 성찰하고자 한다면, 우리는 공학적인 시선을 벗어던지고 교사가 어떻게 수업을 연출하느냐를 볼 수 있어야 한다. 수업 장학, 수업 실기 대회 때 통용되는 '보여 주기' 수업에 얽매이지 말고, 예술적인 차원에서 수업을 봐야 한다. 예술가는 자신의 신념을 자신의 작품에 형상화한다. 비평가들은 비평을 통해 그것이 어떻게 구현되었고, 그 속에 어떤 의미가 있는지를 살핀다. 수업도 마찬가지다. 일정한 틀로 교사의 수업을 재단할 것이 아니라 교사가 어떤 의도와 목적을 가지고 수업을 연출하고 있는지를 볼 수 있어야 한다. 그리고 그 속에 있는 교육적 의미들을 찾아야 할 것이다. 교사 스스로도 자신의 수업을 볼 때, 자신이 의도한 배움이 무엇이고 그 배움을 만들기 위해서 어떤 교육적 행위를 했는지를 살펴야 한다. 이렇듯 수업을 예술적인 차원에서 음미하는 것이 '비평적인 관점으로 수업 보기'이다.

모네가 그림을 그릴 때 세미한 빛을 표현하기 위해 붓을 살짝 터치하듯 그린 것처럼, 교사들도 배움을 온전히 만들기 위해 사용하는 자기만의 유무형의 장치, 몰입의 기제들을 가지고 있다. 수업 관찰자는 그것을 찾아보고 그것이 잘 형상화되고 있는지를 살펴야 하는 것이다. 피카소의 그림을 볼 때 우리는 체크리스트를 들고 그림을 감상하지 않는다. 대신 '그림 속에 왜 이런 형태가 만들어졌는지', '왜 이런 색깔을 사용했는지'를 끊임없이 질문하면서 본다. 수업도 마찬가지다. '수업을 잘했는지 못했는지'를 보는 것이 아니라 수업 상황에서 '교사가 왜 저런 선택을 해야만 했는지', '교사는 어떤 생각으로 수업을 진행하고 있는지'를 봐야 한다.

수업은 예술이다. 교사라는 예술가에 의해서 다양한 방법으로 표현되고 창작되는 것이 수업이다. 그렇기에 수업은 점수로 설명될 수 있는 것이 아니다. 그런데 우리는 스스로 수업을 측정 가능한 것으로 생각하고, 단순한 점수 계산으로 수업을 보려 한다. 수업을 이렇게 본다는 것은, 수업 내용이 같으면 여러 교사가 수업을 하더라도 같은 결과가 나와야 한다는 것을 말한다. 이것이 공학적인 수업 보기이다. 하지만 실제 수업은 그렇지 않다. 교사의 상황, 신념, 철학, 기질에 따라 정말 다양한 형태로 수업은 전개된다. 우리는 그런 다양성을 인정하면서 수업을 살펴봐야 한다.

최근에 같은 내용을 가지고 다르게 수업을 진행하는 두 선생님의 수업을 보았다. 초등학교 6학년 사회 수업이었는데, 주된 학습 내용은 '세계화'에 대한 것이었다. '세계화'라는 개념은 초등학교 6학년에게 가르치기에 굉장히 버거운 주제다. 그래서 두 선생님 모두 교과서 내용을 그대로 전달하지 않고 재구성하여 수업을 했다. A선생님은 세계화에 대한 영상 자료를 보여 주고, 세계화로 말미암은 한국 사회의 명과 암을 살폈다. 특히 '한미 FTA'를 주제로 수업 시간에 직접 토론까지 진행했다. 반면 B선생님의 수업은 A선생님 수업과는 다른 방향으로 이루어졌다. 선생님은 '세계화'에 대한 학생들의 인식 수준을 알아보기 위해 '세계화'를 가지고 학생들과 함께 마인드 맵핑을 했다. 그리고 그것을 바탕으로 '세계화'에 맞춰 한국의 자랑인 '김치', '태권도', '인삼' 등을 개발하는 방법에 대해서 모둠별로 토의하게 했다. 두 교사 모두 교과서에 있는 내용을 재구성해서 가르쳤는데, 그 방향은 전혀 다르게 흘러갔다. 이렇듯 각기 다른 교육적 선택은 교사가 가지고 있는 신념에 의한 것이다. A선생님은 "학생들이 세계화에 대한 막연한 환상을 가지고 있어서, 그것에 대한 경계심을 주고 싶었다"며 수업을 토론 수업으로 디자인했다고 말했고, B선생님은 "세계화를 언론에서 다루는 것처럼 어른 수준에서 무겁게 다루다 보면 학생들이 이를 자기 문제로 가져오기가 힘들 것이기에, 학생 수준에서 관광 상품에 대한 토의로 수업을 진행했다"고 이야기했다.

결국 '학생들에게 무엇을 경험하게 할 것인가', '학생들은 교과 지식을 어떻게 생각하고 있는가' 하는 질문에 각기 다른 해석을 내리면서, 두 교사의 수업은 전혀 다른 방향으로 흘러가게 되었다. 이때 '어떤 수업이 더 잘되었느냐'를 따지는 것은 중요하지 않다. '교사가 어떤 목적으로 수업을 했고, 그 목적대로 수업이 구현되고 있느냐'를 봐야 한다.

수업을 비평적으로 본다는 것은 이와 같이 교사의 교육적 선택이 수업 속에서 어떤 의미가 있는지를 살펴보는 것이다. 이것은 비단 교육 내용에만 국한되지 않는다. 수업 속에 교육적 목적을 가진 행위들은 무수히 많다. 발문, 자리 배치, 인쇄물 구성, 수업 디자인 등 교사는 수많은 상황 속에서 일정한 의도를 가지고 수업에 임한다. 그러므로 수업을 볼 때 우리는 교사가 어떤 의도를 가지고 학생들을 몰입시켜 나가는지를 살펴보며 여러 이야기를 나눌 수 있다.

예술 작품을 보면서 우리는 수많은 이야기를 한다. 〈모나리자〉 그림을 볼 때면 '모나리자 미소의 온화함이 어디서 왔는지', '모나리자의 모델은 누구였는지', '모나리자 뒤 배경은 어떻게 그려졌는지', '모나리자의 눈썹은 왜 없는지' 등 수많은 이야깃거리를 이끌어 낸다. 이것은 명작들의 요소요소마다에 예술

가의 의도가 들어 있기 때문이다. 수업도 마찬가지다. 명작 수업[13]의 곳곳에는 교사가 주의를 기울여 의도한 바가 있다. 그런데 우리는 수업 속에서 이런 교사의 의도에 대해서는 좀처럼 이야기하지 않는다. 그저 쉽고 간편하게 '수업을 잘했다, 못했다'를 평가하려고 한다. 이것은 수업을 한 당사자도 마찬가지다. 수업의 피상적인 분위기가 어땠는지에만 관심

을 가질 뿐, 수업 속 내 행동의 의미를 깊게 생각하지 않는다.

> 화가는
> 바람을 그리기 위해
> 바람을 그리지 않고
> 바람에 뒤적거리는 수선화를 그렸다
> 바람에는 붓도 닿지 않았다
> 그러는 사이,
> 어떤 사람들은
> 그곳에서 바람은 보지 않고
> 수선화만 보고 갔다
> 화가가 나서서
> 탓할 일이 아니었다
>
> —「화가」, 윤희상

우리는 이제껏 수업 속에서 '바람'을 그렸지만 아무도 그 '바람'을 봐주지 않았다. 수업을 한 교사의 의도와 목적을 제대로 보지 않고, 겉으로 드러나는 '수선화'만을 가지고 사람들은 수업을 평가하려 들었기 때문이다. 이제부터라도 우리는 비평적인 관점으로 수업을 성찰할 수 있어야 한다. 수업을 한 교사는 '내가 저때 왜 저런 선택을 해야만 했는지'를 깊이 성찰해 보아야 한다. 그리고 그것이 자신이 의도한 목적과 맞닿아 있는지를 끊임없이 되새겨야 한다. 행동 하나하나에 담긴 의미들을 살펴보면서, 이것이 교육적으로 옳은 선택이었는지를 스스로 물어야 한다. 다른 교사의 수업을 볼 때는, 함부로 수업을 평가하기보다는 '교사가 의도하고 있는 배움이 무엇이었는지'를 살펴야 한다. 이를 위해서는 수업을 한 교사의 행동 하나하나에 '왜?'라는 의문을 품으면서 교사의 의도를 최대한 파악하고, 수업이 끝난 후에는 '왜 이런 선택을 했는지' 직접적인 질문을 통해 수업자의 의도를 들어야 한다. 이렇듯 '평가'와 '측정'이 아닌 '심미'의 관점에서 우리의 수업을 들여다보면, 수업에 대한 새로운 눈이 열리고 수업 전문가로서의 안목을 가질 수 있게 될 것이다.

성찰하기

1. 보여 주기 식 수업을 한 적은 없는가? 보여 주기 식 수업에서는 어떤 점에 주로 관심을 기울이게 되는가?

2. '가르침은 예술이다.'라는 말에 대해서 어떻게 생각하는가? 수업이 예술적 요소를 가진다고 생각하는가?

3. 수업을 비평적으로 본다는 것에 대해서 어떻게 생각하는가? 내 수업을 명작을 감상하듯 하나씩 교육적 의미를 짚어 가며 본다고 할 때, 어떻게 수업을 봐야 하겠는가?

수업 보기 2
학생의 배움을 중심으로 수업 보기

'비평적인 관점으로 수업 보기'는 수업을 측정의 대상에서 비평의 대상, 심미의 대상으로 격상시켜 준다. 비평의 눈으로 수업을 보면, 수업 속에 일어난 여러 교육적 행위를 더 깊게 살펴보는 안목을 기를 수 있다. 하지만 비평의 눈으로 수업을 본다고 해서 수업이 반드시 개선되는 것은 아니다. 수업을 보고 비평하는 데만 머물 뿐 실제 수업에서의 변화까지 이끌어 내지는 못할 수도 있다. 이런 점에서 우리가 수업을 볼 때 염두에 두어야 할 시선이 한 가지 더 있는데, 그것은 바로 학생들의 배움을 중심으로 수업을 봐야 한다는 것이다.

우리는 아주 가끔 자신의 수업을 촬영한다. 교탁에 서서 설명을 하고 판서를 하고 아이들에게 질문을 던지는 교사의 모습을 동영상으로 촬영한다. 하지만 그러한 수업 장면으로는 제대로 된 수업 성찰을 할 수가 없다. 그 속에 교사는 있지만 학생은 없기 때문이다. 수업 상황을 제대로 이해하기 위해서는 교사의 모습보다는 학생의 모습을 담아야 한다. 촬영을 할 때 교실 뒤에 카메라를 놓지 말고, 교사가 있는 앞쪽에 카메라를 설치해 수업 속에서 변화하는 학생들의 얼굴 표정을 담아야 한다. 이렇게 하면 학생들의 얼굴을 생생하게 살펴볼 수 있고, 학생들이 언제 어떻게 수업에 몰입하는지를 확실하게 관찰할 수 있다.

수업 시간에는 잘 보이지 않는 구석에 있는 학생들은 대개 멍한 눈빛으로 고개는 아래를 향해 떨군 채 딴짓을 하기 일쑤다. 학생의 관점에서 수업을 보게 되면 이런 학생들의 모습이 적나라하게 드러난다. 학생들의 얼굴을 통해 자신의 진짜 수업 장면을 보고 나면 교사들은 당혹스러워한다. 자신이 몰랐던 수업의 상황들이 눈에 들어오기 때문이다. 아이들이 내 수업에 집중하고 있다고 생각했는데, 예상외로 많은 학생들이 자신을 보지 않고 이른바 '멍때리기'를 하고 있음을 깨닫게 된다.

대다수 교사들은 수십 년의 경력을 자랑하면서도, 자신의 가르침 속에서 학생들의 모습을 본 적이 거의 없다. 자신의 모습이 학생들에게 어떻게 비춰질까에 대해서는 고민하지만, 학생들의 머릿속에 어떤 배움이 일어났는지를 생각한 적은 별로 없다. 이런 상황에서 수업 변화가 일어나기란 어려운 일이다. 교사가 자신의 수업 상황을 제대로 모르는데 어떤 변화가 가능하겠는가? 변화는 늘 현실의 아픔을 고통스럽게 직면하는 것에서부터 시작한다. 그런데 교사인 우리는 자신의 수업을 학생의 관점에서 제대로 대면하지도 않은 채, 특별한 수업 기술만을 습득하여 수업을 개선하려고 한다.

몇 달 전에 초등학교 3학년을 가르치는 최 선생님의 수업을 보았다. 그 시간은 소설 수업이었는데, 선생님은 대화를 중심으로 학생들과 배움이 있는 수업을 조용히 이끌어 가고 있었다. 선생님은 오래전부터 학생들에게 짝과 대화하고 듣는 훈련을 하게 해 대화가 풍성하게 이루어지는 수업을 진행해 왔다고 한다. 화려한 모둠 활동과 시선을 끄는 동영상 자료는 없었지만, 대부분의 학생들은 배움에서 소외되지 않고 선생님의 수업에 몰입하고 있었다. 수업 초반에 선생님은 소설 속 인물에 대해서 짝과 토의하는 시간을 가졌다. 학습 목표가 '소설을 읽고 서로의 생각을 잘 듣고 비교하기'였기 때문이다. 그런데 수업 후반부에 갑자기 선생님은 학생들에게 소설 속 한 인물이 되어서 질문을 해 보자고 했다. 그래서 소설 속 A가 될 사람을 앞으로 이끌어 냈고, 학생들에게 이 학생이 A이니 상상해서 질문을 해 보라고 했다.

겉으로 볼 때 이 수업 장면은 굉장히 인상적이었다. 소설 속 인물을 한 학생으로 설정하고 그 학생에게 질문을 던지는 것은, 학생들로 하여금 창의력을 발휘하면서 소설을 더 깊게 이해할 수 있도록 도와주기 때문이다. 그러나 수업 흐름상 이 장면은 약간 엉뚱한 면이 있었다. 이미 학생들은 짝 토의 시간을 거쳐 소설 속 인물에 대해 깊게 분석을 했고, 이제는 학습 목표에 제시된 대로 학생들의 생각을 나누면서 서로의 다름을 인정하는 시간을 가졌어야 했다. 즉 마지막 수업 활동은 교사가 의도한 배움과는 맞지 않는 활동이었다. 실제로 학생들도 선생님의 의도를 명확하게 파악하지 못한 채 엉뚱한 질문만 던져서 이 활동은 흐지부지 끝나고 말았다. 수업이 끝난 후 나는 이 활동에 부여된 선생님의 의도를 알고 싶어서 '마지막 활동의 의미는 무엇이냐'고 질문해 보았다.

> 아, 사실 그 부분은 제 욕심이 많이 들어간 장면이었어요. 제가 연구부장이다 보니 뭔가 특별한 것을 보여 주어야 한다는 강박이 있었거든요. 사실 그 활동은 불필요했어요. 그런데 학생들과 대화하는 모습만 보여 주려니 선생님들한테 '연구부장 수업 볼 게 없네.' 이런 이야기를 들을 것 같아서, '소설 속 인물에게 대화하기를 해 보자. 이것은 새로운 교수 기법이다.'라고 생각해 수업 흐름과 맞지 않는 연출을 한 것이었죠.

그러다 보니 오히려 학생들은 제 의도를 충분히 깨닫지 못하고 수업이 엉뚱한 방향으로 흘러가게 되었어요. 이렇게 하기보다는 학습 목표대로 서로의 생각이 어떻게 다른지 학생들의 이야기를 더 들어 보고, 입장이 다른 생각을 비교할 때 어떤 과정이 필요한지를 토의하는 것이 더 좋을 뻔했다고 생각해요.

결국 선생님의 마지막 활동은 '교사'의 관점에서는 특별한 교수 방법이라고 인정받을지 모르지만, '학생'의 관점에서는 학생들에게 의미 있는 경험을 만들어 내지 못하는 활동이다.

사실 이런 실수는 많은 교사들이 쉽게 저지르는 것이다. 교사들은 '잘된 수업으로 인정받으려면 세련된 교수 기법, 화려한 미디어 자료를 보여 주어야 한다'는 생각을 가지고 있어서, 학생들의 '배움'을 깊게 고려하지 않기 때문이다. 그래서 실제 수업 상황에서 재미난 게임을 비롯해 흥미 있는 여러 활동들을 하지만, 교사가 예상한 것만큼 학생들의 배움은 깊은 수준으로 만들어지지 않을 수 있다. 이것은 우리가 수업을 '교사'의 관점에서만 보려고 했기 때문이다.

다행히 요즈음 '아이의 눈으로 수업 보기', '배움의 공동체' 등 학생들 속에서 어떤 배움이 일어나고 있는지를 살피려는 움직임이 확산되고 있다.[14] 이것들은 교사가 수업을 볼 때 학생 속에 들어가 그들의 소리를 듣고, 그들이 어디서 배움으로 나아가고 있는지, 혹은 배움이 어디서 주춤거리고 있는지를 유심히 관찰하는 수업 보기의 흐름들이다.

그런데 이렇듯 배움을 중심으로 수업을 보기 위해서는 교사 스스로 배움에 대한 자기만의 정의를 내려 볼 필요가 있다.[15] 사실 배움이라는 단어는 교사의 주관에 따라 애매모호하게 사용되곤 한다. 사람마다 배움에 대한 기준이 각기 다르기 때문에, 그 양상을 명확하게 규정해 놓지 않으면 '배움이 만들어졌다, 만들어지지 않았다'를 가지고 소모적인 논쟁을 벌일 수도 있다.

    나의 경우에는 사고의 수준을 가지고 배움의 양상을 판단한다. 내게 있어 배움이란, 학생들이 사고를 통해 생각이 새롭게 되어 삶이 변화되는 것이라고 생각하기 때문이다. 여기에는 크게 다섯 가지 수준이 있는데, 첫째는 지식이 학생의 머릿속에 정보로 기억되는 '사실적 사고' 수준이다. 여기서 배움의 수준이 조금 더 올라가면 학생들은 정보를 바탕으로 '왜?'라는 질문을 던지고 탐구하는 수준에 이르게 된다. 이것은 '추론적 사고' 수준이다. 그 다음에는 학생들이 질문 던진 것을 자신의 배경지식을 총동원하여 합리적이고 논리적인 판단을 하게 되는데, 이것은 '비판적 사고' 수준이다. 그리고 이런 일련의 과정 속에서 현재 배우고 있는 지식의 영역과 전혀 다른 영역 간에 통합이 일어나 이를 표현하게 되는 '창의적 사고' 수준에 이르게 된다. 마지막으로 학생들이 사고를 통해 얻은 깨달음을 바탕으로 자신의 삶과 사회를 성찰하면서 행동의 변화를 가지려고 하는데, 이는 '성찰적 사고'의 수준이다.[16] 이렇게 학생의 배움을 사고의 수준으로 보게 되면, 우리는 좀 더 명확하게 학생들에게 현재 어떤 수준의 배움이 일어났는지를 살필 수 있다.

    최근에 나는 단편 애니메이션 하나를 보고 그 주제를 찾아보는 수업을 했다. 겉으로 볼 때는 아이들의 태도도 진지하고 토의도 제법 잘 이루어져, 나는 그 수업이 학생들에게 꽤 의미 있는 수업이 되었다고 생각했다. 하지만 나중에 촬영한 수업 장면을 '배움'을 중심으로 살펴보니 나의 생각과는 전혀 다른 모습을 확인할 수 있었다.

학생 1 : 야! 주제가 뭐라고 생각해?
학생 2 : 독거노인! 독거노인에 대한 얘기야. 노인이 할 거 없으니깐 혼자 체스를 하잖아! 자식들이 노인을 돌보지 않아.
학생 3 : 맞아. 노인이 왕따야, 왕따!
학생 1 : 너는 어떻게 생각하는데?
학생 4 : 나도 독거노인.
학생 1 : <u>생각을 좀 더 퍼져 나가게 할 수 없을까?</u>
학생 2 : 아마 다 독거노인이라고 생각할걸?
학생 3 : 노인들의 외로움이지.
학생 2 : 영화를 잘 이해하기 위해서는 현재 시대를 잘 반영해서 살펴봐야 해.
학생 1 : 그래서 뭐?
학생 2 : 맞는 거 같아! 독거노인.
학생 1 : <u>그건 너무 일반화된 얘기잖아! 왜 노인은 혼자 체스를 두고 있는 걸까?</u>
학생 2 : 같이 둘 사람이 없잖아! 노인들이 외롭다는 거야.
학생 1 : 모든 사람이 다 그걸 얘기할 거야. <u>우리는 좀 더 기발한 상상력을 발휘해야 돼.</u>
학생 3 : 현대 도시 노인들은 너무 외로워. 실버타운을 건설해야 돼. 이것이 핵심이야, 실버타운!

학생들의 이 토의 장면을 유심히 보면서 참 부끄러웠다. 나름대로 토의가 잘 된다고 생각했는데, 학생들은 5분 동안 "저 영화는 독거노인의 외로움을 표현한 거야."라는 주장에서 조금도 발전하지 못하고 있었다. 학생1이 나름대로 질문을 던지며 추론적 사고로 넘어가려고 했지만, 교사가 던진 토의 주제가 너무도 쉬운 것이어서인지 모둠원들은 더 이상 깊은 사고로 나아가지 않았다. 이처럼 수업 속에서 학생의 대화를 들으면서 그들의 배움 수준을 보게 되면, 수업 속 어느 지점에서 학생들의 배움이 멈춰 서는지를 정확하게 판단할 수 있다.

이렇듯 교사는 수업 장면을 볼 때 자신의 수업에서 어떤 수준의 배움이 만들어지는지를 관찰하면서, 내 수업이 지나치게 저차원의 배움을 만들어 내고 있지는 않은지를 잘 살펴야 한다. 그리고 학생들이 개별적으로 혹은 협력적으로 어떤 배움을 만들어 내고 있는지, 그리고 그 배움을 어떻게 표현하고 있는지를 확인하면서 교사 혼자 수업 속에서 원맨쇼를 하고 있지는 않은지를 살펴보아야 한다.

때로는 동료 교사를 초대해서, 내 수업 속에서 소외되고 있는 학생은 없는지, 나는 이런 학생들을 잘 발견하고 수업 속 배움으로 들어오게 하는지를 살피게 해야 한다. 좋은 수업은 배움의 수준도 깊어야 하지만, 모든 학생이 수업 속 배움에 동참할 수 있는 수업이어야 하기 때문이다. 특히 문제 학생들, 예를 들어 떠들거나 자고 있는 학생들을 배움으로 이끌어 오는지, 그렇지 않으면 방치를 하는지를 살피게 해서, 평소 수업에 대해 교사가 어떤 열정을 갖고 있는지를 확인하게 한다.

결국 배움을 중심으로 수업을 본다는 것은, 그동안 수업에서 깊게 생각되지 않았던 학생의 시선을 되찾는 일이다. 학생의 시선에서 수업 상황을 바라보며 수업의 진짜 주인이 교사가 아니라 학생이라는 사실을 깨닫는 것이다. 이것은 교사들에게 이기적으로 수업했던 자신의 과오를 반성하게 하고, 수업 속에서 학생을 더 깊은 사랑과 관심으로 보게 한다. 그런데 이렇게 배움을 중심으로 수업을 보고 나면 교사는 지금까지보다 더 많은 번민을 하게 될 것이다. 수업 속에서 학생들이 자꾸만 눈에 들어와 이들에게 어떤 의미 있는 경험을 주고 있는지를 계속 생각하게 되기 때문이다. 하지만 이런 과정을 통해 교사는 학생 개개인에 더 관심을 갖게 되고, 그것을 통해 우리의 수업은 조금씩 의미 있는 배움으로 나아갈 수 있을 것이다.

知則爲眞愛 愛則爲眞看 看則畜之而非徒畜也[17]
사랑하면 알게 되고 알게 되면 보이나니,
그때에 보이는 것은 전과 같지 않으리라.

이제라도 교사들은 학생들을 더 사랑하며 그들의 눈으로 자신의 수업을 봐야 한다. 그렇게 하면 예전에는 볼 수 없었던 수많은 것들이 새롭게 보이게 되고, 그것을 통해 참 배움을 일궈 내는 좋은 수업을 만들어 갈 수 있을 것이다.

성찰하기

1. 우리가 수업을 볼 때 교사 중심으로 보게 되는 이유는 무엇이라고 생각하는가?

2. 학생들의 배움을 중심으로 수업을 촬영한 적이 있는가? 이렇게 수업을 촬영하면 교사에게 어떤 이점이 있을 것 같은가?

3. 배움을 중심으로 수업을 볼 때, 학생들에게 배움이 만들어졌다는 것을 어떻게 판단할 수 있겠는가?

수업 보기 3
교사의 내면을 중심으로 수업 보기

몇 달 전에 평소 친하게 지내던 류 선생님의 수업을 몇몇 선생님들과 함께 보게 되었다. 선생님은 중학교에서 3년을 근무하다가 작년부터 고등학교 수업을 처음으로 하게 되었는데, '굉장히 힘들다'며 도움을 청해 왔다.

류 선생님은 전통 노동요에 대한 수업을 토의식으로 진행하면서 학생들에게 노동요를 스스로 감상하게 했다. 학생들은 수업 중반부까지 선생님이 내 주는 토의 과제를 바탕으로 깊은 수준의 이야기를 주고받았다. 그런데 수업 후반부에 가서 예상했던 방향과는 다르게 수업이 진행되었다. 선생님은 학생들의 토의 내용을 듣지 않고, 서둘러 노동요에 대한 개념들을 본인 스스로 정리하기 시작했다. 학습자 중심의 수업에서 갑작스럽게 교수자 중심의 수업으로 변화한 것이다. 그러자 자유롭게 자기 생각을 말하던 학생들도 교사가 알려 주는 지식을 필기하느라 바빠졌다. 수업이 끝난 뒤 선생님께 '마지막 수업 활동으로 선생님이 노동요에 대해 혼자 정리하셨는데, 그때 학생들의 배움이 갑자기 중단되는 느낌을 받았다. 그렇게 하신 선생님의 의도는 무엇인가?'라고 물어보았다.

사실 그 부분은 제가 하고 싶었던 내용은 아니었어요. 그런데 자꾸만 두 학생이 수업에 집중하지 않는 모습이 보였어요. 개네들이 성적도 제법 좋은 편이거든요. 그런데 그 아이들이 집중하지 않으니 내가 수업을 잘 못하고 있다는 생각이 들었어요. 그래서 서둘러 지식을 정리해 주어야겠다는 생각에, 학생들의 이야기를 들어 보지도 않은 채 수업 후반부를 그렇게 혼자 정리해 갔어요."

이런 말을 하면서 선생님은 입시에 매일 수밖에 없는 자신의 아픔을 토로하기 시작했다. "정말 의미 있는 수업을 하고 싶은데, 자꾸만 효율적으로 지식을 정리하는 법만 가르치게 돼요. 학생 중 누군가가 불만을 제기할 것 같아서요. 학교 가는 것이 좋고 학생들도 너무 좋은데, 수업은 너무너무 힘들어요."라며 눈물을 흘렸다.

그렇다! 교사들은 수업 속에서 힘들고 외롭다. 바쁜 행정 업무의 와중에도 수업을 잘하기 위해 부단히 노력하지만, 학생들은 그 노력을 알아주지 않고 학부모와 관리자들은 수업을 잘 못한다며 지적만 하고 있다. 그간 많은 교사들의 수업을 보면서 느낀 것은, 우리가 수업을 못하는 건 수업을 진행하는 능력이 부족해서가 아니라 수업을 하는 교사의 내면이 흔들리고 있기 때문이라는 사실이었다. 예상외로 많은 교사들이 학생에 대한 두려움과 공포로 인해 심리적으로 위축되어, 수업을 잘하고 싶어도 준비한 대로 수업을 제대로 펼치지 못하는 경우가 많았다.

미국의 교육학자 파커 J. 파머(Parker J. Palmer)는 이런 내면적 두려움 때문에 교사가 세 가지 연기를 하고 있다고 했다.

수업에서 느끼는 교사의 두려움은 세 가지다. 첫째, 학생들에게 내가 얼마나 똑똑한 교사인지 보여 주는 것, 둘째, 학생들에게 내가 얼마나 지식이 많은지 보여 주는 것, 셋째, 학생들에게 내가 얼마나 수업 준비를 충실히 하는지 보여 주는 것, 나는 이처럼 교실에서 세 가지 연기를 해 왔는데, 그 진정한 목적은 학생들의 공부를 도와주는 것이 아니라, 학생들이 나를 훌륭하게 생각하도록 유도하려는 것이었다.[18]

결국 교사는 '수업 속에서 학생들에게 인정받아야 한다'는 강박 때문에 학생의 눈치를 보게 되고, 자신이 의도하지 않은 모습으로 수업 속에서 연기를 하고 있었다. 수업은 학생과 고도의 심리전을 벌여야 하는 공간이다. 학생들의 마음을 잘 모아서 한 방향으로 수업을 진행하려면 교사의 내면이 견고하게 서 있어야 한다. 그렇지 않으면 학생들의 작은 행동에도 신경이 쓰이고, 그것으로 인해 수업은 흔들리게 된다. 앞서 이야기한 류 선생님의 수업도 단 두 명의 학생 때문에 전체 흐름이 바뀌어 버린 예이다.

교사의 내면이 무너져 수업이 흔들리는 경우는 이 밖에도 많이 찾아볼 수 있다. 강원도에서 초등학교 4학년을 가르치는 이 선생님은 애교도 많고 사교적인 성격이지만, 수업 속에서 학생들을 대할 때는 전혀 다른 모습이었다. 학생들의 작은 잘못에도 크게 화를 냈고, 나와 대화할 때 느꼈던 푸근한 미소는 수업 속에서 거의 찾아볼 수 없었다. 수업 후에 선생님께 그 이유를 물어보니 역시나 눈물을 흘리며 자신의 이야기를 꺼내 놓았다. 몇 달 전 관리자와 학부모로부터 '선생님의 자질이 부족해서 학급 운영이 잘 안 된다'며 심한 질책을 받았고, 그때부터 학생들을 과도하게 혼내고 있다는 것이다. 조금 더 여유롭게 학생들을 대하고 싶지만, 다른 사람들로부터 또다시 질책을 받을까 두려워 학생들을 강하게 통제할 수밖에 없다고 했다. 학부모와 관리자로부터 받은 상처로 인해 수업을 원활하게 진행할 수 있는 내면의 힘이 거의 소진된 상태였다.

고등학교에서 교련을 가르치다가 일반 사회를 가르치게 된 오 선생님도 마찬가지였다. 오 선생님은 97년도에 교과목을 변경했기에 사회 교과에 대한 전문성을 쌓을 시간이 짧았다고는 할 수 없다. 하지만 여전히 선생님에게 수업은 두려움의 연속이었다. 10년 동안 수많은 연수를 듣고 전문 서적도 열심히 읽었지만, 학생들이 손을 들면 가슴부터 덜컥 내려앉는다고 했다. 선생님은 교과 지식을 설명하는 인쇄물도 열심히 만들고 의욕적으로 수업을 진행하지만 학생들과 대화는 좀처럼 하지 않았다. 자신이 준비한 내용은 학생들에게 잘 전달하지만, 돌발적으로 학생들이 던지는 질문에 설명하는 것은 힘들어했다. 예전에 학생의 질문에 대해 개념 설명을 잘못 해 준 이후로 그 두려움은 더욱 커졌다고 한다. '나는 일반 사회 전공자가 아니다.'라는 오 선생님의 자책은 수업 내내 자신감 없는 모습으로 이어져 학생들과 의미 있는 소통을 하지 못하는 원인이 되고 있었다.

이렇듯 선생님들을 현장에서 만나 보면, 단순히 수업 기술이 부족해서라기보다 교사의 내면적 두려움 때문에 수업이 잘 진행되지 않는 경우가 많다. 그런데 현재 운영되고 있는 수업 개선 프로그램들은 대부분 교사의 내면을 보지 않고 교사의 겉모습만을 다루려고 한다. 교사에게 특별한 수업 기술만을 전수하려고 하지, 교사에게 지금 어떤 아픔이 있고 상처가 있는지에는 관심을 갖지 않는다. 그래서 수업 연수를 들으면 수업에 대한 자신감을 갖기보다는 오히려 '나는 수업을 못하는 교사'라는 자괴감에 빠질 때가 많다.

앞서 살펴본 '배움 중심으로 수업 보기'도, 학생의 관점에서 수업을 바라보게 해 수업에 대한 새로운 깨달음을 주고 수업을 어떻게 바꿔야 하는지 실질적으로 고민하게 하지만, 교사의 내면에 생기는 아픔과 두려움을 깊이 있게 이야기하지는 못한다. 교사가 수업을 하면서 어떤 공포와 두려움을 가졌는지, 어떤 상처가 있는지를 살피는 데는 한계가 있는 것이다.

학교에서 교사들은 늘 외롭다. 행정 업무, 생활 지도, 수업 준비에 바빠서 동료 교사와 깊은 내면적 대화를 나누지 못한 채 혼자서 많은 일을 처리한다. 동료 교사와 함께 '내가 어디서 지치고 쓰러지는지'를 나누며 동료애를 쌓아야 하는데, 학교에서는 이런 여유를 허락하지 않는다. 수업 개선을 위해 지금 교사들에게 필요한 것은 객관적 분석이 아닌 자기 내면의 소리를 들어 줄 친구인데, 그런 친구가 없어서 교사는 외롭게 눈물을 흘리고 있다. 혼자 고립되어 자신감을 상실한 채 겨우겨우 수업을 해 나가고 있다.

이제 우리는 이러한 아픔과 두려움, 고립과 외로움의 고리를 끊고 동료 교사들과의 만남 속에서 내면을 다져 나가야 한다. 그러기 위해서는 무엇보다 먼저 서로의 수업을 나눌 수 있는 동료 교사를 찾아야 한다. 수업을 혼자 보지 말고 신뢰 관계가 있는 동료 교사와 함께 수업을 보면서 '내가 어떤 지점에서 무너지고 있는지', '수업 속에서 나의 두려움은 무엇인지'를 이야기해야 한다.

특히 선배 교사들은 후배 교사들의 손을 먼저 잡아 주어야 한다. 학교를 돌아보면 후배 교사들을 따뜻하게 도와주는 문화가 별로 없다. 제일 기피하는 학년과 업무를 젊은 신규 교사에게 맡겨 버리고, 혼자 이 일을 처리하게 할 때가 많다. 신규 교사들은 조용히 자신을 성찰하면서 교육 철학을 확립해야 할 시기에, 아무것도 하지 못하고 행정 업무만 처리하면서 교사 초년 시절을 흘려보낸다. 그러다 보니 신규 교사들은 학생들의 작은 행동에 감정이 폭발하고 수업까지 흔들려 버리는 우를 종종 범한다. 자신만의 교육 철학이 뚜렷하다면 상황에 따라 일관성 있는 행동을 할 수 있겠지만, 다양한 상황 속에서 학생과 학부모, 관리자의 언행에 지나치게 신경을 쓰느라 학교 안에서 '나'를 잃어버리고 만다. 이때 선배 교사들이 힘들지 않냐고 물으며 어깨를 다독여 주고 격려해 준다면 후배 교사가 큰 힘을 얻을 텐데, 지금 학교에는 이런 문화가 존재하지 않는다. 각자 자기 업무에 바쁘고 자기 반 학생들과 씨름을 하느라 정신이 없는 것이 지금의 현실이다.

결국 수업을 잘할 수 있도록 하기 위해서는 교사의 무너진 내면을 회복시키는 것이 먼저이다. '교사에게 있어서 수업은 무엇이고 학생들은 어떤 존재인지'를 서로 나누면서, 무너진 수업을 보고 절망하지 말라고 말해 주어야 한다. 교사로서 성장하기 위해서는 모두가 그런 과정을 겪는 것임을 함께 이야기하면서, 교사이기에 이 아픔을 무릅쓰고 학생들에게 다시 다가설 것을 요청해야 한다.

교사의 내면을 중심으로 수업을 본다는 것은 이와 같이 교사의 속마음을 서로 깊이 들여다보는 것이다. 평소에 쉽게 말하지 못했던 아픔과 상처들을 동료 교사에게 쏟아 내면서 동병상련의 마음을 나누는 것이다. 어떤 특정한 방법과 절차에 따라 이야기를 하는 것이 아니라 동료애를 바탕으로 수업에 대한 깊은 속내를 편안하게 표현하는 것이다. 교사라면 누구나 내면적인 두려움 때문에 의도했던 대로 수업을 진행하지 못하고 수업 속에서 주춤거릴 때가 있다. 동료 교사의 수업을 보며 그런 인상을 받게 될 때, '오늘 수업에서는 많이 지쳐 보이네.', '수업하느라고 힘들었지?', '나도 요즘 수업이 잘 안 돼서 걱정이야.' 등등 아픔을 공감하는 한마디를 던져 준다면, 교사들은 자연스럽게 서로 마음의 문을 열고 깊이 있는 내면적 대화를 할 수 있게 될 것이다.

참 희한한 것은 이렇게 마음을 열고 서로의 감정을 이야기하다 보면 저절로 힘이 생긴다는 사실이다. 특별한 처방을 받는 것도 아닌데, 동료교사가 내 아픔을 들어 주고 이해해 주고 있다는 사실만으로 위로가 된다. 앞서 이야기한 류 선생님도 '선생님의 눈물 속에서 교사의 눈물을 보았다'며 선생님을 진심으로 격려해 주었더니, 몇 달이 지난 후 선생님과 다시 통화를 했을 때는 '그때 이후로 수업에 새로운 용기를 가졌다'면서 '힘들지만 배움이 있는 수업을 만들기 위해 부단히 노력하고 있다'는 이야기를 들려주었다. 이렇듯 수업을 같이 보고 내면의 이야기를 잘 들어 주고 공감해 주는 것만으로도 많은 교사들은 큰 힘을 얻고 수업을 개선해 갈 수 있는 동력을 갖게 된다.

2011학년도 1학기 기말고사가 끝난 시점, 나는 김태현 선생님께 부끄러움을 무릅쓰고 내 수업을 공개하기로 했다. 교육 경력 20년이 넘은 시점에 수업을 공개한다는 것은 내 지난 수업 전부를 보여 주는 듯한 느낌이 들어, 약속된 수업 전날에도 수업을 공개할 것인지 말 것인지를 밤을 새워 고민했다. 하지만 내 안에 수업을 잘해 보고 싶다는 열망이 있었고, 변화를 시도하지 않으면 점차 안주하는 교사가 될 것 같다는 두려움 또한 있었기에 수업 공개를 하기로 했다. 결과는 대만족이었다. 김 선생님이 내게 특별한 처방을 내려 준 것도 아닌데, 편안하게 수업 이야기를 같이 하는 것만으로도 큰 힘이 되었다. 특히 나는 학생부장임에도 수업 시간에 학생들을 잘 관리하지 못한다는 자책감을 갖고 있었고, 이런 모습을 다른 선생님께 들키고 싶지 않았다. 그런데 내 수업을 촬영하고 김 선생님과 대화하는 가운데, 이 문제를 내 안에 꼭꼭 숨겨만 놓고 있어서 수업이 더 안 풀렸다는 생각이 들었다. 김 선생님과 함께 그 모습을 정확하게 직면하고 나니 오히려 속이 후련해졌다. 그리고 교사 1년차 때 느꼈던 수업에서의 열정이 내 몸에서 다시금 살아 움직이기 시작했다. 그래서 이제는 수업 시간에 기본을 충실히 하려고 한다. 학생들을 대할 때 약간의 소심함 때문에 잘못을 지적하지 못했었는데, 이제는 20년차 교사로서의 자부심을 가지고 학생들을 대하려고 한다. 잘못한 것에 대해서 단호하게 혼을 내고, 수업에서 힘들어하는 학생들은 일일이 찾아가 격려해 주기로 했다. 요즈음 수업은 여전히 힘들지만 예전보다는 훨씬 만족감이 크다. 무엇보다 내 수업에 대해 기대하는 마음이 생겨서 너무 좋다.

- 경기도 안양의 우○○ 선생님

나는 특목고를 우수한 성적으로 졸업했고, 명문대 사범대학에 장학생으로 진학했다. 그 힘들다는 임용고시도 일 년 만에 붙었다. 그래서 교사가 될 때 내 자신감은 하늘을 찔렀다. 그리고 나는 훌륭한 교사가 될 거라고 확신하고 또 확신했다. 그러나 교사 일 년차 때, 나는 심한 절망감을 느껴야 했다. 수업은 내 생각대로 되지 않았고 예쁘기만 할 것 같던 학생들은 괴물처럼 보이기 시작했다. 그런데 이런 사실을 동료 선생님들에게는 절대 이야기하지 않았다. 여태까지 살아오면서 언제나 주변으로부터 인정을 받아 왔기에, '이런 일이 힘들어요.'라고 말하기가 쉽지 않았다. 이런 이야기를 하면 사람들이 나를 무능한 교사로 보게 될까 봐 두려웠다. 그러다가 우연한 기회에 김태현 선생님에게 내 수업을 공개하게 되었다. 그때 김 선생님이 나에게 던진 첫마디가 "선생님은 수업 속에서 정말 많은 고민을 하고 있네요!"였다. 그런데 이 한마디에 나는 눈물이 왈칵 쏟아졌다. 왜 눈물이 쏟아졌는지 아직도 온전히 이해가 되지는 않지만, 아마도 힘들기만 했던 교사 일 년차, 예전에는 전혀 경험하지 못했던 패배감으로 하루하루를 살고 있었는데, 김 선생님의 한마디에 '그래도 내가 열심히 하는 교사구나!'라는 생각이 들었기에 눈물이 확 쏟아졌을 것이다. 아무튼 이때 김 선생님과 함께 그동안 드러내지 못했던 수업에 대한 수많은 고민을 이야기했다. 정말 많은 시간 동안을 같이 이야기했던 것 같다. 답답했던 짜증이 확 풀리고 뭔가 새로운 길이 보이는 것만 같았다. 그간 수업에서의 모든 문제를 나 혼자서만 해결하려 했던 것이 참 우둔했다는 생각이 들었고, 이제는 가능하면 수업 속 고민들을 동료 선생님들과 나누면서 내 마음을 열어야겠다는 결심을 하게 되었다. 그랬더니 왠지 모를 힘이 가슴속에서 밀려왔는데, 이때 처음으로 나는 내 수업에 대한 기대감을 가지게 되었다.

- 서울의 최○○ 선생님

이와 같이 수업의 변화는 어떤 코스를 밟아서 이루어지는 '기능적'인 행위로 시작되지 않는다. 조용히 나의 내면을 성찰하면서 고백하는 '성찰적' 행위를 통해 수업 변화의 싹은 움트게 된다.

이러한 변화의 싹을 위해, 교사는 수업 준비를 할 때 수업 내용과 방법도 열심히 연구해야 하지만 수업을 하는 나의 내면을 깊이 들여다봐야 한다. '내 마음속에 두려움은 없는지', '끊임없이 무너지는 지점은 어디인지', '나를 두렵게 하는 학생은 누구인지', '수업을 바꾸기 위해 내가 헤쳐 나갈 마음의 장벽은 무엇인지'를 동료 교사와 함께 이야기해야 한다. 그리고 수업을 살펴볼 때에는, '내면적 두려움 때문에 의도대로 수업을 진행하지 않은 곳은 어디인지', '교사의 가르침과 학생의 배움이 가장 크게 어긋나는 지점이 어디인지'를 동료 교사와 함께 찾아보면서, 무엇 때문에 내가 수업 속에서 자신감을 잃고 두려워하는지를 확인해야 한다.

> 파란 녹이 낀 구리 거울 속에
> 내 얼굴이 남아 있는 것은
> 어느 왕조(王朝)의 유물(遺物)이기에
> 이다지도 욕될까.
>
> 나는 나의 참회(懺悔)의 글을 한 줄에 줄이자.
> ─ 만(滿) 이십사 년 일 개월을
> 무슨 기쁨을 바라 살아왔던가.
>
> 내일이나 모레나 그 어느 즐거운 날에
> 나는 또 한 줄의 참회록(懺悔錄)을 써야 한다.
> ─ 그때 그 젊은 나이에
> 왜 그런 부끄런 고백(告白)을 했던가.

밤이면 밤마다 나의 거울을
손바닥으로 발바닥으로 닦아 보자.

그러면 어느 운석(隕石) 밑으로 홀로 걸어가는
슬픈 사람의 뒷모양이
거울 속에 나타나온다.

- 「참회록」, 윤동주

    수업에서 우리가 우선적으로 살펴야 할 것은 겉으로 보이는 '나'가 아니라 수업 속에 숨겨져 있는 내면의 '나'이다. 이제부터라도 수업을 아무런 성찰 없이 기계처럼 반복만 할 것이 아니라, 잠시 멈춰 서서 나의 내면을 깊이 있게 살펴야 한다. 「참회록」의 화자가 '거울'을 통해 자신의 내면을 깊게 살피는 것처럼, 교사는 수업을 '거울'이라 여기고 수업에서 홀로 걸어가고 있는 슬픈 '나'를 찾아야 한다. 두려움에 떨고 있는 '나'를 발견해야 한다. 때로는 수업에 대한 참회의 글을 쓰기도 하면서 여전히 부족한 '나'를 발견하고 받아들이기 시작할 때, 우리는 비로소 수업에 대한 새로운 도전을 시작할 수 있을 것이다. 조용히 나의 수업을 손바닥으로 발바닥으로 닦아 보며, 수업 속의 '나'를 바라볼 때다.

성찰하기

1. 수업에 대한 고민과 아픔을 나누는 동료 교사가 있는가? 없다면 그 이유는 무엇인가?

2. 수업 속에서 두려움을 느낄 때는 언제인가? 그것을 극복하기 위해서 무엇을 해야 한다고 생각하는가?

3. 수업 속 교사의 내면을 탐색하기 위해 해야 할 일은 무엇인가?

tip 수업을 어떻게 볼 것인가?[19]

이상의 내용을 읽으면서 대다수의 교사들은 '비평적인 관점으로, 배움을 중심으로, 교사의 내면을 중심으로' 수업 보기를 하되, 이를 개별적으로 활용하지 않고 종합적으로 보려면 어떻게 해야 하는지 궁금증을 품게 될 것이다. 여기서는 세 가지 수업 보기의 관점을 동시에 견지하면서 수업을 성찰하는 방법을 소개해 볼까 한다. 물론 이러한 방법이 수업을 보는 데 있어 유일한 정답은 아니다. 수많은 수업 보기를 통해 수업을 보는 자신만의 관점을 만들어 가면 된다.

종합적으로 수업을 성찰하기 위해 우리는 먼저 수업을 함께 나눌 수업 친구[20]를 찾아야 한다. 수업 친구에게 자신의 수업을 보여 주고 수업을 나누는데, 처음에는 '비평적인 관점으로 수업 보기'를 진행해 본다. 수업 나눔의 시작을 이렇게 여는 것은, 비평적인 수업 보기가 수업을 한 교사의 자존감을 높여 줄 수 있기 때문이다. 대체로 많은 교사들은 자신의 수업을 보고는 실망하고 낙담하기 마련이다. 이런 낙담 속에서는 수업을 제대로 성찰할 수 없다. 그런데 수업 친구가 비평적인 관점으로 수업을 보면서 수업에 대한 의미를 찾아 준다면, 수업을 한 교사는 자신의 수업이 나름대로 가치가 있음을 알게 될 것이다. 이를 위해서는 대관소찰(大觀小察), 즉 수업을 크게 보고 작게 살펴야 한다. 수업의 큰 흐름 속에서 교사가 배움을 만들어 내기 위해 어떤 행동들을 하는지를 자세하게 살펴야 한다. 그리고 교사의 행위에 의문점이 있다면 그 의문들을 메모장에 적고 수업을 마친 교사에게 질문을 해 이에 대한 이야기를 듣는다. 이렇게 하면 수업을 준비한 교사의 관점에서 수업 상황들을 이해할 수 있고, 수업을 한 교사는 수업을 진심으로 이해하려는 수업 친구가 있어서 심리적으로 큰 격려를 받게 된다.

그런 다음에는 수업 개선을 위한 본격적인 절차로 들어가, 교사의 의도대로 수업이 진행되었는가를 살펴야 한다. 이때 가져야 할 시선이 '학생의 배움을 중심으로 수업 보기'이다. 교사가 다양한 목적을 가지고 수업을 진행했는데 그 속에서 어떤 배움이 학생들에게 만들어졌는지를 살피는 것이다. 이를 위해 수업 친구는 교사가 의도한 만큼의 배움이 만들어졌는지 혹은 만들어지지 않았는지를 확인하면서, 수업의 전체적인 배움의 상황에 대해 이야기한다. 그리고 수업 속에서 배움이 가장 크게 만들어진 곳이 어디인지, 수업 속에서 소외되는 학생은 누구인지, 더 높은 수준의 배움으로 나아갈 수 있는데 나아가지 못한 지점은 어디인지를 살피면서 수업 속 배움 상황을 더 깊게 바라본다. 그리고 교사가 의도한 대로 배움이 만들어지지 않은 지점에서는 그런 현상이 벌어지게 된 원인에 대해서 함께 생각을 나눈다.

배움의 관점에서 수업을 살펴본 다음에는, 자연스럽게 '교사의 내면을 중심으로 수업 보기'를 진행하면 된다. 수업에서 기대만큼의 배움이 만들어지지 않는 것은, 교사의 노력 여부보다는 여전히 변하지 않는 교육 환경들에 기인하는 경우가 많다. 무기력한 학생들, 행정을 중시하는 학교의 모습, 서열화만을 부추기는 입시 제도 등 환경적인 요인으로 인해 교사의 숱한 노력에도 불구하고 수업에서 배움이 만들어지지 못할 수 있다. 이때 교사는 좌절감을 맛볼 수밖에 없는데, 이런 감정들을 서로 나눠야 하는 것이다. 수업 속에서 교사가 좌절감과 두려움으로 머뭇거리고 있는 지점을 같이 찾아, 평상시 이야기하지 못했던 애환들을 나누면서 서로를 위로하고 격려해야 한다.

비평적인 관점으로, 배움을 중심으로, 교사의 내면을 중심으로 각각 수업을 볼 수도 있지만, 수업의 총체적인 상황을 이해하려면 세 가지의 관점을 동시에 취하면서 수업을 한 교사에게 성찰적 질문을 던지는 것이 좋다. 이를 통해 교사는 수업 속 자신의 내면을 성찰하게 되고, 더 나아가 자기 주도적으로 수업을 개선할 수 있는 힘을 얻게 될 것이다.

수업 보기 틀 예시[21]

종류	질문	내용	비고
비평적인 관점으로 수업 보기	이 수업에서 교사가 의도하고 있는 배움은 무엇인가? 그리고 그 의도대로 수업을 진행하고 있는가?		교사가 사용한 몰입의 기제들을 찾고, 이를 바탕으로 수업 속 의미들을 최대한 많이 찾는다. 수업을 준비한 교사의 관점에서 수업의 의도와 맥락을 파악하려고 애쓰면서 교사의 수업 속 자신감을 높여 준다.
	교사가 배움을 만들어 내기 위해서 어떤 행동을 하고 있는가? 교사가 사용하고 있는 몰입의 기제들은 무엇이 있는가?		
	수업을 보면서 교사의 수업 행위에 대해 의문이 가는 지점은 무엇인가?		
	이 수업에서 가장 의미 있는 지점은 어디인가? 그렇게 생각하는 이유는 무엇인가?		
학생의 배움을 중심으로 수업 보기	이 수업 속에서 배움이 가장 크게 만들어지는 지점은 어디인가? 배움의 수준은 어느 정도인가?		교사가 의도한 대로 학생들의 배움이 만들어졌는지를 살피면서, 교사의 가르침과 학생의 배움이 조화롭게 흘러갔는지를 살핀다. 이를 통해 교사가 학생의 관점에서 수업을 세밀하게 성찰하도록 한다.
	배움이 더 크게 만들어질 수 있는데 그렇게 되지 않은 곳은 어디인가? 그렇게 된 이유는 무엇인가?		
	배움이 가장 크게 만들어진 학생은 누구인가? 그렇게 생각한 이유는 무엇인가?		
	수업에서 배움에서 소외되고 있는 학생은 없는가? 그렇게 생각한 이유는 무엇인가?		
	이 수업에서 전체적으로 배움이 잘 만들어졌다고 보는가, 그렇지 않다고 보는가? 그렇게 생각한 이유는 무엇인가?		
교사의 내면을 중심으로 수업 보기	수업 속에서 교사가 배움을 만들어 가는 데 있어 자신감이 있는 지점은 어디인가? 그렇게 생각한 이유는 무엇인가?		교사가 의도대로 수업을 진행하지 않은 상황, 수업 속 배움이 잘 만들어지지 않는 상황을 찾아 그 속에서 느끼는 교사의 감정을 듣는다. 적극적인 경청과 공감을 통해 무너진 교사의 마음을 위로하고 격려해 준다.
	수업 속에서 교사가 배움을 만들어 가는 데 있어 두려워하고 있는 지점은 어디인가? 그렇게 생각한 이유는 무엇인가?		
	교사가 의도대로 수업을 진행하지 않은 곳은 어디인가? 이때 교사의 내면은 어떤 상태라고 생각되는가?		
	교사의 가르침과 학생의 배움이 가장 크게 어긋나는 지점은 어디인가? 그 속에서 교사의 내면은 어떤 상태라고 생각되는가?		
총평	이 수업을 통해 새로이 깨달은 점은 무엇인가?		

수업 속 신념을 살피며 성찰하기

수업의 변화를 위해서는 무엇보다 교사의 내면이 바로 서 있어야 한다. 수업의 근본적인 변화는 '겉'이 아니라 '속'에서부터 시작되는 것이기에, 수업 속 신념을 살피는 일은 그 어느 것보다 중요한 지점이다. 나만의 수업 정체성을 확립하고, 어떤 상황에도 흔들리지 않는 견고한 수업 철학을 우리는 가지고 있어야 한다. 수업에 대한 세속적인 가치에 과감히 도전하면서, 진정한 배움을 위한 나만의 신념을 일구어 보자.

신념 보기 1
내 수업은
어디로 향하고 있는가?

김 선생은 수업을 성찰하기 위해 자신의 수업을 촬영하고 스스로 보기 시작했다. 그런데 목소리는 어색하게만 들리고 말솜씨도 부족한 것 같아 점점 부끄러워진다. 그래도 기왕 촬영한 것이니 객관적인 검증을 해 봐야겠다는 생각에, 부끄러움을 무릅쓰고 동료 교사 정 선생에게 수업을 봐 달라고 이야기했다. 수업 속에서 자신의 교수 행위의 의도를 파악하는 것뿐 아니라 배움을 중심으로 수업을 보고, 수업을 하는 자신의 내면적 두려움까지 자세히 봐 달라고 말했다. 하지만 정 교사는 그런 것이 눈에 잘 보이지 않는다면서, 수업이 생각보다 괜찮다는 일반적인 평만 하고 자세한 피드백을 해 주지 않았다. 수업을 보기는 하는데 도무지 어떻게 봐야 할지를 몰라 김 선생은 난감하기만 하다. 혼자서 다시 수업을 본다. 그 수업이 그 수업인 것 같고, 점점 수업을 보는 것이 지겨워지기 시작한다. 어디서부터 어떻게 수업을 봐야 하는 것일까?

• • •

수업을 성찰하기 위해 수업을 살펴볼 때, 우리는 눈에 드러나는 교사의 행위, 교사의 발문법, 교사의 판서 능력, 교사의 언변술 등을 주로 보려고 한다. 수업을 하는 교사의 내면을 보려고 해도 이것이 쉽지 않은 것이다.

피카소의 그림을 떠올려 보자. 처음 그의 그림을 접한 사람들은 눈에 드러나는 형태만을 보고서, 피카소의 그림은 이상하다고 말한다. 그러나 피카소의 그림을 감상하려면 눈에 드러나는 그림의 형태가 아니라, 이 그림을 통해 표현하고자 하는 피카소의 생각을 읽어야 한다.

피카소의 그림에는 그만의 느낌이 금방 드러난다. 피카소는 2차원의 캔버스에 3차원의 실상(實像)을 표현하려 했기 때문이다. 그는 하나의 시선으로 사물을 표현하는 것이 아니라 여러 각도에서 관찰한 상들을 모자이크 형태로 배열하였다. 반면 모네는 형태를 자세하게 그리기보다는 순간적으로 나타나는 빛을 색으로 표현해 냈다. 그는 빛을 아름답다고 생각했기 때문에 그의 그림에는 형(形)이 사라지고 색(色)이 남았다. 이와 같이 명작을 만들어 내는 예술가들은 단순히 그리기 실력만이 뛰어난 것이 아니라, 자신만의 독특한 철학을 예술 작품을 통해 표현해 낸다. 이런 독특함은 다른 작품들과 차별화된 모습을 보여 주고, 사람들은 이것을 걸작이라고 말한다.

수업도 마찬가지다. 좋은 수업은 단순히 교사의 수업 기술만으로 이루어지지 않는다. 수업을 하는 교사가 가지고 있는 일관된 철학이 중요하다. 좋은 수업은 교사의 여러 행위들, 예를 들어 교사가 말하는 내용, 제시하는 수업 활동, 학생들에게 던지는 질문 등이 하나의 목적으로 향한다. 반면 철학이 없는 수업은, 교사가 많은 행위를 해도 각 행위들이 목적

없이 배열된 채 단절되어 있다. 좋은 수업에는 교사의 행위를 일관된 방향으로 흐르게 할 수 있는 수업 철학이 반드시 있는 것이다.

그러므로 우리가 수업을 처음 볼 때 '수업을 잘하느냐, 못하느냐'를 보는 것이 아니라, 교사가 어떤 신념을 가지고 수업을 하고 있는지, 그리고 그것이 수업 속에서 어떻게 구현되고 있는지를 살펴야 한다. 즉 수업의 정체성을 살펴야 하는 것이다.

수업의 정체성, 언뜻 이해되지 않는 말일지도 모르겠다. 수업을 볼 때 그 수업의 정체성을 찾아보라는 말은 추상적이고 다소 철학적인 느낌을 지울 수 없다. 그러나 이것은 정말 중요한 이야기이다. 수업은 외부로부터 변화되지 않는다. 수업을 하는 교사의 내면으로부터 그 변화는 시작된다. '교사는 누구인가', '학생들은 누구인가', '교과 지식은 어떤 의미가 있는가', '내 수업의 목적은 무엇인가' 등 여러 생각들이 복합적으로 얽혀 하나의 수업 속에서 구현된다.

그러므로 교사들은 본인 스스로 자신의 수업을 보면서 내 수업의 정체를 찾아야 한다. 내 수업이 과연 어디로 향하고 있는지를 살펴야 하는 것이다. 그런데 많은 교사들이 이러한 수업의 정체성을 확보하지 못하고 지식을 나열하는 데 급급해하는 것이 우리의 현실이다.

자! 오늘 수업은 박씨전입니다. 지난 시간에 배운 임진록, 오늘 배울 박씨전, 모두 전쟁과 관련된 소설입니다. 박씨전은 병자호란, 임진록은 임진왜란이죠. 자, 그럼 출발해 볼까요? 박 부인 밑줄! 주인공입니다. 여자입니다. 여자가 주인공으로 나온 소설은 뭐가 있죠?

우리에게 익숙한 수업의 장면이다. 어떤 글을 읽고 그 글에 대해 교사가 장황하게 설명을 늘어놓는 수업, 일명 '암기 주입식' 수업이다. 어떤 학자는 암기를 위해 죽을 먹이듯이 가르친다고 해서 '암죽식' 수업이라고 한다. 이런 암죽식 수업은 학생들에게 의미를 발견하고 고차원적 사고로 도약하게 하기보다는, 개념을 설명하고 각각의 개념을 구분 짓게 하는 데 충실하다.

위 수업에서도 학생들이 「박씨전」의 내용을 깊게 감상하는 것은 중요하게 여겨지지 않는다. 수업에서 교사는 「박씨전」이 병자호란을 배경으로 한 전쟁 소설이라는 것과, 임진왜란을 배경으로 한 「임진록」과 구별해 암기하는 것이 중요하다고 생각하고 있다. 이것은 비단 이 수업에만 국한되는 이야기가 아니다. 우리나라 대부분의 수업은 이렇듯 학생들이 교과 지식의 개념을 잘 구별 짓게 하기 위한 목적으로 향할 때가 많다. '직유법'과 '은유법'의 차이, '4/4박자'와 '3/4박자' 지휘법의 차이, 수많은 원소 기호 외우기, 시대에 따른 철학 사조 외우기 등 학생들은 개념 자체를 깊이 배우기보다는, 다른 개념과의 차이점을 익히고 그것을 구별 짓는 법을 수업 시간에 배운다.

이런 '암기 주입식' 수업의 정체성, 즉 목적은 무엇일까? 바로 '시험 대비'이다. 수업을 통해 의미 있는 성장과 변화를 꾀하는 것이 아니라 오로지 '점수 올리기'에만 골몰하다 보니 교사들은 개념만을 지루하게 나열할 뿐이다. 이때 교사는 학생들을 열등한 존재로 보고, 어떻게 해서든 교사 주도로 가르치려고만 든다. 학생의 개성과 다양성은 고려하지 않는다.

그런데 흥미로운 사실은, 대다수의 교사들은 자신의 수업이 이러한 정체성을 갖기를 원하지 않는다는 것이다. 바로 여기에 교사의 딜레마[22]

가 존재한다. 마음으로는 수업다운 수업을 하고 싶은데 현실 속에서는 학원과 다를 바 없는 수업을 하고 있다. 현실과 이상이 괴리된 채 늘 자신의 수업에 만족하지 못하고 교직 생활을 하고 있다. 사실 이것은 교사만의 책임은 아니다. 학생을 서열화하는 입시 제도가 우리 수업을 지식만을 나열하는 수업으로 만들어 버렸다. 그러나 그럼에도 우리 교사들은 상황민을 닷할 수는 없다. 이러한 혼돈의 틈바구니 속에서 자신만의 수업을 만들기 위해, 수업의 정체성을 찾아야 하는 것이다.

내 수업의 정체성 찾기! 이를 위해 교사들은 '내가 생각하는 좋은 수업이란 무엇인가?'에 대해 자신만의 답을 해야 한다. 수업을 개선하기 위해서는 이 질문에 대한 답을 먼저 내리는 것이 중요하다. 그렇지 않고 다른 것을 통해 수업 변화를 시도한다면 끝없는 미궁 속에 빠질 수 있다. 교사 스스로 내면적인 성찰을 통해 수업의 정체성을 세우고 그것을 바탕으로 차근차근 수업을 바꿔 가야 한다.

사토 마나부는 좋은 수업의 기준점을 '도약'(Jump)이라고 말한다. 배움이란 "대상 세계인 사물과 나누는 대화(세계 만들기), 다른 사람과 나누는 대화(동료 만들기), 자기와 나누는 대화(자신 만들기), 이 세 가지 대화적 실천에 의해, 이미 알고 있는 세계에서 미지의 세계로 가는 여행이며, 교사나 동료와 대화를 하고 도구의 도움을 받아 이루어지는 개인의 경험과 능력의 틀을 넘어서는 발달과 도약이다."[23] 라는 것이다. 그래서 사토 교수는 수업을 볼 때 '어디서 의미 있는 배움이 만들어지고 사라지는지'를 유심히 관찰하라고 한다.

그런데 불행히도 그간 우리는 바쁜 학교 생활 속에서 이런 기준점을 제대로 세우지 못했다. 행정 업무는 능숙하게 해도 수업 속에서 자신이 꿈꾸고 있는 배움을 규정하는 것에는 소홀했다. 또한 '수업을 왜 하는지(Why)', '무엇을 가르쳐야 하는지(What)'보다 '어떻게 가르쳐야 하는지(How)'에만 신경을 쓴 나머지, 일 년 동안 수업을 했어도 학생들에게 어떤 배움이 만들어졌는지를 정확히 알지 못한다.

정체성을 갖지 못한 수업은 학생들에게 의미 있는 변화를 가져오기 힘들다. 학생들에게 배움이 있으려면, 교사 스스로 배움의 지점을 명확하게 인식하고 그것을 수업 안에서 구현해야 한다. 그런데 정체성을 상실하면 수업이 어디로 가야 하는지를 모르는 채 교사는 진도만 나가려고 한다. 이런 수업은 필연적으로 '암죽식 수업'으로 흘러가고, 그렇게 되면 교사 스스로도 수업에 대한 활력을 잃어버리게 된다. 수업 속에서 자신이 원하는 것이 무엇인지도 모르는데 신이 나서 수업을 할 수가 없는 것이다. 교사가 자기만의 수업 정체성을 가졌다면 그것을 바탕으로 학생들과 씨름하며 수업을 끌어갈 텐데, 정체성을 상실한 수업은 그 방향을 찾지 못한 채 학생들에게 지식만 전달하는 수업으로 전락하게 된다.

나는 8년 전 평촌에 있는 사립학교에 신규로 임용되었다. 신도시라 입시 열기가 대단해서, 교사 새내기 시절 수업의 정체성이라는 단어를 인식하지도 못한 채 교과서에 있는 개념을 잘 설명하고 문제집을 열심히 풀면서 진도를 나갔다. 수업은 늘 불만족스러웠지만 어디서부터 해결해야 할지를 알 수 없었기에 그저 열심히만 가르쳤다. 그러다 문득 수업의 뒤를 돌아보니 마음이 더없이 공허했다. 내가 꿈꿨던 수업은 이렇듯 차가운 정보만을 전달하는 수업이 아니었기 때문이다. 학생들과 교감하며 그들에게 의미를 주는 따뜻한 수업을 하고 싶었는데, 내 수업은 보통의 학원 수업과 다를 바가 없었다. 수업을 조금이라도 바꿔 봐야겠다는 생각에 일단 인터넷을 통해 수업 방법과 자료를 알려 주는 사이트를 찾고 거기서 수많은 자료를 얻었다. 그리고 그 자료를 바탕으로 또다시 열심히 수업을 했다. 예전보다는 조금 좋아진 것도 같았으나, 수업 속에서 느끼는 공허함은 여전히 사라지지 않았다. 일 년 동안 학생들을 가르쳤지만 과연 나는 그들에게 무엇을 주었는지, 그 실체가 명확하게 잡히지 않았기 때문이다. 내가 학생들에게 무엇을 주는지를 성찰하지 않고 막연하게 머릿속에 그리고만 있으니, 내가 원하는 수업이 제대로 구현되지 않았던 것이다.

그래서 다음 해에는 조급하게 수업 자료를 모으는 대신, 내가 원하는 수업이 무엇인지를 곰곰이 생각해 보았다. 일 년 동안 내가 일궈 내고 싶은 배움의 지점이 무엇인지를 글로 써서 내 마음에 그것을 심었다. 그러고 나서 교과서를 들여다보았다. 그랬더니 내가 설정한 수업의 방향과 잘 맞지 않는 활동들이 보였다. 그래서 조금씩 교과서 활동을 바꾸기도 하고 새로운 글을 넣기도 하면서, 교과서와는 다른 활동을 하기 시작했다. 남의 수업을 흉내 내는 것이 아니라 나만의 철학이 담긴 수업을 조금씩 해 나가니 수업 속 공허감은 서서히 사라져 갔고, 일 년이 지나서는 내가 원하는 수업의 실체가 무엇인지를 더욱 명확히 알게 되었다. 결국 내 마음속에 내 수업의 정체성을 찾기 시작함으로써, 그것을 통해 내 수업이 바뀌기 시작한 것이다.

스스로에게 질문해 보자. 나는 어떤 수업을 하고 싶은가? 어떤 수업이 좋은 수업이라고 생각하는가? 어떤 배움을 만들고 싶은가? 그런데 많은 교사들에게 이와 같은 질문을 던지면 이것을 쓸모없는 질문이라고 생각한다. 자신이 생각한 대로 수업을 못하는 상황인데 이런 질문이 도대체 무슨 소용이 있냐고 불평만을 늘어놓는다. 하지만 이것은 굉장히 중요한 문제이다. 우리의 수업이 해마다 개선되지 못하는 이유가 바로 여기에 있기 때문이다. 어디로 가야 할지 정하지도 못했는데 어떻게 수업이 개선되겠는가? 많은 교사들은 이런 내적인 성찰을 하지 않은 채 교수 기술(技術) 몇 가지만을 익히려고 노력한다. 수업의 본질을 바꾸지 않은 채 외형만을 바꾸려고 한다. 수업은 좋은 수업 방법과 수업 자료를 몇 가지 갖는다고 해서 변하는 것이 아니다. 내가 내 수업을 알려고 할 때 수업은 비로소 변할 수 있다.

교사가 수업의 정체성을 찾으려면 자신만의 수업 철학을 글로 적어 보는 것이 좋다. 이를 위해서는 내 수업의 정체에 대한 진지한 고민을 시작해야 한다. 이런 철학적 규명이 있을 때 내 수업의 정체가 드러난다. 이와 같은 성찰 없이 어설프게 수업의 행위만을 바꾸려고 하면 또다시 예전 모습으로 돌아갈 수밖에 없다.

나는 국어 교사로서 내 수업의 정체성을 '언어를 통한 만남과 사귐'에 두고 있다.[24] 그래서 나는 내 수업을 통해 우리 학생들이 '나'와 잘 만나고 '너'와 대화하고 '세계'를 경험할 수 있도록 하고 싶다. 이를 위해 간단하게 다음과 같은 표를 만들어서 내 수업의 지점이 어디에 있는지를 늘 확인한다. 이런 기준점이 있으면 수업을 성찰하는 데 많은 도움이 된다. 나는 이 목표대로 수업을 했는가, 여기에 제시된 대로 학생들에게 언어적 도약을 주었는가를 살핌으로써 내 수업을 성찰해 보는 것이다. 교사는 거창한 용어는 아니더라도, 자기 스스로가 만족할 수 있는 배움에 대한 정의를 내려 보아야 한다.

	나 - 나	나 - 너	나 - 너 - 세계
말하기/듣기			
읽기			
쓰기			
언어적 도약	나를 사랑하고 발견하기	너를 이해하고 섬기기	세계를 바르게 보고 정의롭게 만들기

물론 이것은 한순간에 이루어지지 않는다. 끊임없이 '내 수업'에 대해 진지하게 고민할 때 가능한 것이다. 피카소도 처음부터 입체파 그림을 그린 것이 아니고, 모네 역시 그러했다. 그들도 처음에는 당대 유행하던 화풍으로 그림을 그리기 시작했다. 그러다가 점차 각성을 하였다. '이것만이 전부가 아니다.'라는 것을 깨닫고 자기만의 그림을 완성하기 위해 수많은 고뇌의 시간을 가졌으리라. 교사도 마찬가지다. 지금은 전통적인 방식을 따르고 있지만 '이것만이 전부가 아니다.'라고 생각하면서, 끊임없이 내가 추구하는 수업의 빛깔은 무엇인지를 고민하고 자기만의 수업 철학을 완성해야 한다. 때로는 동료 교사와 대화를 나누면서 '내가 원하는 수업이 무엇인지'를 규명해야 한다.

지금부터라도 우리는 배움, 성장, 도약, 감동, 소통 등 수많은 용어를 통해 자신이 하고 싶은 수업의 정체성을 규정해야 한다. 더 이상 상황만을 탓하지 말고, 지금 이 순간 내가 하고 싶은 수업의 빛깔을 정해야 한다. 거창한 교육학적 이론을 들먹이지 않아도 좋다. 다만 내가 교사로서 한 해 동안 이루고 싶은 수업의 빛깔을 스스로 정하면 되는 것이다. 그리고 그것을 책상 한곳에 붙여 놓고 내 수업이 어디로 가고 있는지를 지속적으로 성찰해야 한다. 이런 분명한 수업의 목표가 있어야만 일 년의 수업 속에서 일관된 배움을 일궈 낼 수 있다. 그리하여 우리가 수업을 볼 때에도 교사의 외적 행위에만 주목하지 말고, 교사가 어떤 정체성을 갖고 수업을 하는지를 유심히 살피고, 수업을 대하는 교사의 마음, 신념, 철학 등을 이야기할 수 있어야 한다.

성찰하기

1. '수업의 정체성을 찾자.'라는 말이 어떻게 다가오는가?

2. 수업을 할 때 당신이 생각하는 기본 전제는 무엇인가? 그것을 통해 당신은 어떤 수업을 지향하고 있다고 생각하는가?

3. 수업의 정체성을 세우기 위해 아래 항목에 자신만의 생각을 적어 보자.

나의 수업 철학	
수업에서 교사는 어떤 존재여야 하는가?	
수업에서 나는 학생들을 어떤 존재로 생각하는가?	
나는 내가 가르치는 교과 지식을 무엇이라 규정할 것인가?	
내가 생각하는 좋은 수업이란 무엇인가?	

신념 보기 2

수업 속에서 흔들리지 않는 강한 신념이 있는가?

15년차 과학 교사인 오 선생은 학생들에게 세계를 탐구하고 분석하는 능력을 길러 주고 싶다는 생각을 했다. 그래서 '삶 속에서 질문하고 탐구하여 답하라!'라는 거창한 구호를 내걸고 이에 맞는 수업을 준비했다. 교사가 일방적으로 설명하기보다는 학생들이 스스로 답을 찾게 하고, 소단원마다 탐구 과제를 내 주어 모둠별로 토의하게 했다. 그런데 이렇게 수업을 진행하다 보니 이곳저곳에서 문제가 터져 나왔다. 일단 진도가 느렸다. 진도가 뒤처지니 오 선생은 조금씩 초조해졌다. 학생들도 불안해했다. 활동 위주의 수업으로는 내신 준비가 안 된다며 오 선생에게 항의하는 아이들도 있었다. 결국 오 선생은 다시 예전과 같은 방식으로 수업을 하기로 했다. 교과서에 나온 개념을 교사가 주도적으로 설명하고 개념을 요약하는 형식으로 되돌아간 것이다.

● ● ●

수업의 정체성만을 세웠다고 해서 수업이 바뀌지는 않는다. 정체성에 맞는 수업을 잘 구현해야 한다. 그러나 입시 위주의 교육 현장 속에서 이것이 쉽지만은 않다. 우리는 교사이기에 자신의 수업 정체성을 '입시', '성적', '경쟁'에 두지는 않는다. 위에 나오는 오 선생처럼 '교감', '감동',

'탐구', '실천', '의미' 등 교육적 용어를 사용하여 자신의 수업을 규정하려고 한다. 그런데 아무리 고상한 단어로 자신의 수업을 규정하여도, 우리의 수업은 그 방향대로 흘러가지 않을 때가 많다. 학교 교육이 '성공', '출세', '진학'에만 신경을 쓰고 있기 때문이다.

    수년 전 한국협동학습연구회에서 협동 학습에 대해 배운 적이 있다. 평소에 나는 국어 교사로서 언어를 통한 협력을 수업 속에서 구현하고 싶었기에, 협동 학습은 상당히 매력적인 교수 방법으로 내게 다가왔다. 그래서 협동 학습 기본 연수 과정을 익히고 당장 내 수업에 협동 학습을 활용하기 시작했다. 모둠을 만들고, 모둠원에게 역할을 부여하고, 매력적인 토의 과제를 학생들에게 매 차시 내고, 그것을 바탕으로 의미 있는 배움을 일궈 내려고 했다. 그러나 학원식 수업에 익숙한 학생들은 이런 협동 학습을 상당히 부담스러워했다. 특히 성적이 높은 학생일수록 협동 학습에 대해 알레르기 비슷한 반응을 보였다. 서로 떠들고 대화를 나누는 것이 입시에 무슨 도움이 되겠냐는 것이었다. 그리고 마음에 들지 않는 친구하고 있으니까 수업에 집중을 하기가 힘들다고도 했다. 이런 말을 들었을 때, 나는 흔들렸다. 협동 학습에 대한 명확한 철학 없이 서투르게 방법만을 흉내 내다 보니, 내가 지금 협동 학습을 제대로 하고 있는 것인가 하는 의구심이 들었고, 또 한편으로는 내 수업을 듣는 학생들에 대한 아쉬움으로 수업이 흔들리고 말았다. '겉으로는 창의적인 수업이 좋다면서 결국은 학원식 수업을 해 달라니, 우리 학생들의 수준은 이것밖에 안 되는구나!' 하는 환멸감까지 느껴졌다. 나름대로 새로운 수업을 하겠다고 의욕적으로 나섰다가 예전만도 못한 반응을 접하고서 내 수업은 다시 미궁 속으로 빠져들기 시작했다.

이런 경험은 비단 나만의 것은 아닐 터이다. 좋은 의도를 가지고 수업을 바꾸려고 하지만, 결국 '입시'와 '평가'라는 견고한 벽 때문에 우리의 수업 변화는 실패로 끝나곤 한다. 문학 선생님은 시와 소설을 통해 학생들에게 의미 있는 배움을 주고 싶지만, 수능 시험 때문에 문제를 잘 풀 수 있는 요령만을 가르칠 수밖에 없다. 수학 선생님은 수를 배우는 기쁨을 알려 주고 싶지만, 학업 성취도 평가 때문에 문제 푸는 기술만을 반복적으로 가르칠 수밖에 없다. 평가 제도가 교사들에게 조바심을 주고, 우리는 이런 조바심 때문에 학생들에게 천천히 배움을 일궈 내기보다는 몰아치기 식 가르침을 하게 된다. 그 속에서 학생들에게 배우는 기쁨이란 존재하지 않는다. 효율적으로 정보를 저장하는 수업만이 남을 뿐이다.

교사인 우리는 당연히 교육적으로 좋은 수업을 하고 싶다. 하지만 입시 현실 속에서 '어쩔 수 없다'는 패배주의 때문에 원치 않는 수업을 하고 있다. 바로 이 패배주의를 극복하지 않고서는 절대 좋은 수업으로 나아갈 수가 없다. 그런데 우리는 이러한 내면적 장벽을 해결하지 못한 채 수업 기술만을 익혀서 수업을 개선하려고 한다. 이것은 본질적인 해결이 아니다. '배움과 입시가 같이할 수 없다'는 상황 인식이 사라지지 않으면, 교사는 늘 배움과 입시 사이에서 방황하게 되고 수업의 정체성은 흔들리게 된다. 교사가 새로운 수업으로 나아가기 위해서는 내적 신념이 바뀌어야 한다. '배움과 입시가 같이 갈 수 있고, 수업에서 우선적으로 필요한 것은 배움이 있는 수업이다.'라는 것을 교사 스스로 확신해야 한다.

앞서 언급했던 대로, 협동 학습을 처음 시도했을 때 나는 학생들로부터 쏟아지는 불만을 들어야만 했다. 처음에는 '에라, 모르겠다. 협동 학습이고 뭐고 다 때려치고, 너희들이 원하는 대로 학원식 수업 잘해 줄게.'라고 생각하며 학생들을 원망했다. 하지만 이내 '과연 무엇이 학생들을 위한 수업인가'를 곰곰이 생각해 보았다. 입시와 대학 진학이 당장 필요한 것일지는 몰라도 학생들의 삶을 장기적으로 봤을 때는, 협동 학습을 통해 협력적 배움을 만들어 내고 학생들에게 자기 주도적인 사고를 길러 주는 것이 더 필요하다는 결론에 이르게 되었다. 나는 다시 마음을 다잡고서 협동 학습을 하는 이유와 이것이 왜 꼭 필요한지를 학생들에게 자세히 설명해 주었다. 그리고 학생들의 막연한 불안함을 없애기 위해서 개념 설명을 더 확실하고 정확히 하려고 노력했고, 협동 학습은 꼭 필요한 순간에만 활용하는 절충점을 찾았다. 나름대로 입시 수업과 균형을 맞추면서 협력적인 배움이 있는 수업을 실시한 것이다. 그 결과 나중에는 나뿐 아니라 학생들도 만족해하는 수업을 진행할 수 있었다. 학기가 끝나고 수업 평가를 받을 때, 많은 학생들은 협동 학습으로 서로의 생각을 나누고 토의한 것이 너무 좋았고 입시에도 도움이 되었다는 글을 적어 주었다.

이렇듯 우리의 수업이 근본적인 변화를 이루려면, 수업의 정체성을 세우고 그것이 흔들리지 않도록 노력해야 한다. 우리의 내적 신념이 중요하다. 그런데 많은 교사들은 좋은 수업의 기준점을 정해 놓고도, 그것이 정말 가치 있고 중요한 것인데도 자꾸만 놓쳐 버리곤 한다. 수업을 통해 '의미 있는 배움, 성장, 변화'를 꾀하고자 하면서도 이런저런 환경의 제약 속에 그 신념을 잊고서, 입시라는 현실과 적당히 타협한 채 암기 주입식 수업으로 회귀해 버리는 것이다.

수업이 흔들리는 이유가 여기에 있다. 우리의 교육적 신념이 약하기 때문에 우리의 수업이 더 발전하지 못하고, 입시 위주의 수업으로 획일화된다. 수업이 개선되려면 우리 내면에 있는 교육적 신념, 즉 '교육자로서 의미 있는 배움을 만드는 수업을 하겠다.'라는 신념이 흔들려서는 안 된다.[25] 수업을 성찰함에 있어서도, 수업에 임하는 교사가 어디서 흔들리고 있는지를 깊게 살필 수 있어야 한다. 특히 대부분의 교사는 '입시 위주의 수업'과 '배움이 있는 수업' 사이에서 갈등하는 경우가 많다. 수업 속에서 이렇게 흔들리는 지점을 찾아 이때 나의 감정이 어떠했는지를 동료 교사와 함께 나누고, '교사가 어떤 수업을 원하는지', '학생을 위하는 수업이 무엇인지'를 깊게 성찰하여 수업의 정체성이 흔들리지 않도록 해야 할 것이다.

성찰하기

1. 자신의 수업 철학대로 수업을 할 수 없는 이유는 무엇인가?

2. '입시 위주의 수업'과 '배움이 있는 수업' 사이에서 갈등한 적은 없는가?

3. 수업이 흔들리지 않기 위해서는 어떤 노력이 있어야 할 것인가?

신념 보기 3
수업이 학생들의 삶을 변화시킨다는 신념이 있는가?

    교사들이 정보를 나열하고 주입하는 수업을 하게 되는 이유는, 그렇게 하는 것이 현실적으로 학생들에게 도움을 주는 수업이라고 생각하기 때문이다. 그래서 교과 지식들을 잘 정리해 학생들에게 설명하고, 시험에 나올 만한 문제들을 제시해 그것을 풀게 한다. 그런데 다시 한 번 진지하게 생각해 보자. 이렇게 수업을 하는 것이 정말 학생을 위한 행동인가. '배움'이라는 가치를 강제로 거세해 버리고 시험을 위해 학생들에게 암기 주입식 수업을 하는 것이 과연 학생들에게 도움을 주는 것일까.

    안타까운 일이지만, 우리가 학생들을 위한다고 지금껏 행해 온 이러한 수업의 장면 속에서, 많은 학생들은 좀처럼 수업에 몰입하지 못한 채 끊임없이 배움으로부터 이탈하며 자기만의 세계로 빠져들곤 한다. 정보를 주입하고 외우고 풀기만 하는 수업, 수업 속에서 '나'를 발견하지 못하고 '세계'를 이해하지 못하는 수업, '삶'을 위한 교육과는 거리가 먼 수업은 학생들의 마음에 조금도 가 닿을 수가 없다. 학교를 통해 삶을 가꾸어야 할 학생들이, '삶이 빠진' 수업 속에서 자신의 마음을 다스리지 못한 채 스스로 관계를 단절하고 삶과 분리되어 가는 것이다. '나'와 단절되고 '너'와 단절된 채, 살아가는 의미를 발견하지 못하는 아이들. '내가 누구인지, 타인이 누구인지' 이런 실존적 주제에 관심조차 갖지 못하고, 세상이

만들어 놓은 오직 한 길만을 강요받는 학교, 그리고 가정.

 이 험난한 여정 속에서 학생들은 자기만의 성을 쌓아 놓고서 부모나 교사와 대화를 하지 않으려 한다. 한 아이가 그린 그림을 보자.[26] 조금 극단적이긴 하지만, 초등학교 학생들이 엄마를 어떻게 생각하는지를 보여 주는 그림이다. 가장 친밀해야 할 관계가 가장 싫어하고 증오하는 관계로 전락해 버렸다.

 학생들은 부모나 교사와 마음을 나누는 대신, 자신의 성 속에서 컴퓨터 게임에 빠져든다. 게임 속에선 학교에서와는 달리 창조적인 사람이 될 수 있기 때문이다. 학생들은 이곳에서 자신의 창조성을 발휘하여 뜻대로 게임 캐릭터를 움직이고 '공부 감옥'의 아픔을 잠시라도 잊는다. 게임하는 것 외에 공부의 피로를 풀 방법을 찾지 못하고, 게임이 주는 폭력적 쾌감에서 헤어나지를 못한다. 입에는 언제나 욕이 붙어 있고 늘 세상을 저주한다. 누군가는 100점을 맞지 못해 자살을 하기도 하고, 전국 1위를 강요한다고 엄마를 죽이기까지 한다.

 이렇듯 교육 현실은 일그러져만 가고 있는데, 교육 관계자들은 탁상공론을 벌일 뿐 이를 제대로 개혁해 내지 못하고, 교사들도 상황만을 탓하며 수업에서 교육적 가치를 일구지 못한 채 아이들을 입시 경쟁으로

내몰고 있다.[27]

 야간 자율 학습이 끝난 후 어깨를 늘어뜨린 채 걸어가는 학생들을 보라! 쉬는 시간 종이 울리면 바로 엎드려 버리는 학생들을 보라! 수업 시간 퀭한 눈으로 칠판을 멍하니 바라보는 학생들을 보라! 그리고 학원 봉고차에 너털거리며 몸을 싣는 학생들을 보라! 배움의 기쁨이 있어야 할 학교에서, 아무런 목적과 의미를 발견하지 못한 채 성공하기 위해 '입시 기계'가 되어 가는 학생들의 모습을 보며, 우리는 '내가 정말 교사인가?'라는 질문을 진지하게 던져야 한다. 진정한 교사라면 내 수업 속에서 학생들에게 교과 지식을 익히고 습득하는 기쁨을 주어야 한다. 수업을 통해 '내가 누구인지, 세상이 무엇인지'를 제대로 알려 주고, 참다운 행복을 누리는 지혜를 가르쳐야 한다. 그리고 이러한 교육적 신념이 흔들리지 않아야 한다. 세상의 허황된 성공 논리에 쉽게 좌우돼서는 안 된다. 조금은 더디고 힘들지라도 내 수업을 입시 점수 올리는 수업이 아닌 삶을 가꾸는 수업[28]으로 변화시켜 가야 하는 것이다.

 '수업이 학생들의 삶을 변화시킨다'는 신념이 교사의 마음속에 제대로 뿌리내리기 시작하면 이것으로부터 수업이 바뀐다. 수업을 준비하는 마음이 달라지고 수업의 방향이 완전히 달라지는 것이다.

> 밤의 식료품 가게
> 케케묵은 먼지 속에
> 죽어서 하루 더 손때 묻고
> 터무니없이 하루 더 기다리는
> 북어들.

북어들의 일 개 분대가
나란히 꼬챙이에 꿰어져 있었다.
나는 죽음이 꿰뚫은 대가리를 말한 셈이다.
한 쾌의 혀가
자갈처럼 죄다 딱딱했다.
나는 말의 변비증을 앓는 사람들과
무덤 속의 벙어리를 말한 셈이다.
말라붙고 짜부라진 눈,
북어들의 빳빳한 지느러미.
막대기 같은 생각
빛나지 않는 막대기 같은 사람들이
가슴에 싱싱한 지느러미를 달고
헤엄쳐 갈 데 없는 사람들이
불쌍하다고 생각하는 순간,
느닷없이
북어들이 커다랗게 입을 벌리고
거봐, 너도 북어지 너도 북어지 너도 북어지
귀가 먹먹하도록 부르짖고 있었다.

- 「북어」, 최승호

  최승호의 시 「북어」를 함께 공부한다고 생각해 보자. 학생들의 '점수만을 올려 주는' 수업과 학생들의 '삶을 가꾸려는' 수업은 그 빛깔이 다를 수밖에 없다. 전자의 수업은 학생들에게 시를 한 번 읽게 하고 시 속에 있는 여러 상징적 의미를 잘 해석하는 데 에너지를 쏟을 것이다. 이 때 학생들은 시에 나온 '북어'처럼 기계적으로 밑줄을 긋고 그 의미를 외우기에 바쁠 것이다.

하지만 이 시를 통해 학생들의 삶을 가꾸려는 교사라면, 이 시가 학생들에게 정서적으로 다가갈 수 있도록 수업을 구성할 것이다. '북어'와 같은 삶을 사는 사람들의 이야기를 풍성하게 수집하고, 교사 자신이 '북어'처럼 살아온 이야기를 학생들에게 말해 준다. 그리고 학생들에게 '너희들은 북어처럼 산 적이 없는가?'라는 질문을 던지면서, 시를 통해 학생 스스로 삶을 성찰할 수 있도록 한다. 이때 학생들은 '북어'와 같은 삶을 돌이키면서 '나'와 만나게 되고, 자신들을 '북어'로 만들게 하는 삶에 대해서 비판해 볼 수 있다. '세계'를 깊이 있게 바라보기 시작하는 것이다.

이렇게 각기 다른 수업을 나누며 생활하는 두 학생의 삶은 너무나 다른 결을 가질 수밖에 없다. 다양한 시들 속에서 세상을 이해하는 시선을 맛본 학생이라면, 문학을 통해 세상을 배우는 기쁨을 조금은 알게 되지 않을까. 게임이 아닌 문학을 나를 달래 주는 친구로 삼게 될 수도 있지 않을까.

수업의 변화는 수업의 기술과 방법을 익히는 것으로 시작되지 않는다. 교사 스스로 '내 수업이 학생들의 삶을 결정한다'는 명확한 인식을 가질 때, 바로 그곳에서부터 배움이 있는 수업이 만들어지는 것이다. 그러므로 우리는 스스로 수업을 성찰하면서 이런 신념이 우리에게 있는지를 질문하고, 내 수업을 통해 학생들이 어떻게 성장하고 있는지를 살펴야 한다.

다음과 같이 「북어」를 패러디해 보면서, 교사들에게 이렇게 묻고 싶어진다.

"선생님의 수업을 통해 학생들은 의미 있게 변화해 가고 있나요? 선생님은 수업을 통해 스스로 교사임을 입증하고 있나요?"

'학교!' 밤의 식료품 공장
케케묵은 먼지 속에
죽어서 하루 더 손때 묻고
터무니없이 하루 더 기다리는
북어들,
북어들의 일 개 분대가
나란히 꼬챙이에 꿰어져 있다.
나는 죽음이 꿰뚫은 대가리를 말한 셈이다.
한 쾌의 혀가
자갈처럼 죄다 딱딱했다.
나는 말의 변비증을 앓는 '학생'들과
무덤 속의 벙어리를 말한 셈이다.
말라붙고 짜부라진 눈,
북어들의 빳빳한 지느러미
막대기 같은 생각
빛나지 않는 막대기 같은 '학생'들이
가슴에 싱싱한 지느러미를 달고
헤엄쳐 갈 데 없는 '학생'들이
불쌍하다고 생각하는 순간,
느닷없이

북어들이 커다랗게 입을 벌리고
거봐, 너도 북어지 너도 북어지 너도 북어지
그리고도 네가 '교사'냐?
귀가 먹먹하도록 부르짖고 있었다.

성찰하기

1. '수업이 학생들의 삶을 변화시킨다'는 전제가 어떻게 다가오는가?

2. 내 수업 속에서 학생들의 삶이 의미 있게 바뀌고 있다고 생각하는가?

3. 「북어」를 감상하면서 어떤 생각이 드는가?

신념 보기 4

배움이 있는 수업이 입시에도 도움이 된다는 신념이 있는가?

결론부터 말하자. 좋은 수업, 배움이 있는 수업이 꼭 입시와 대립각을 세우는 것은 아니다. 오히려 변화된 입시 환경에서는 '배움이 있는 수업'이 입시에 훨씬 더 큰 도움을 줄 수도 있다.

수업 시간에 의미 있는 배움이 일어나면 학생들은 자기 주도적으로 공부를 하게 되어 있다. 그런데 전통적인 수업에서는 이런 배움이 일어나지 않으니, 교사가 모든 지식을 설명하고 요약하고 개념을 구분 짓는다. 이 속에서 학생들의 학습 습관은 의존적으로 변하게 되고, 이것은 사교육 의존도를 더 높이는 결과를 가져온다.

학생들이 학교 공부를 하고 또다시 사교육[29]을 받을 수밖에 없는 이유는 무엇인가? 그것은 불안 때문이다. 이 불안은 '나는 혼자서 공부할 수 없다'는 마음에서 시작한다. 이것은 초등학교 때부터 시작된 것으로 고등학교에 가서도 좀처럼 바뀌지 않는다. 코끼리를 훈련시키는 사육사들은 코끼리가 어릴 때부터 얇은 동아줄로 코끼리의 발목을 묶어서 훈련을 시킨다고 한다. 그런데 나중에 커서 코끼리가 얇은 동아줄을 끊을 충분한 힘을 가진 후에도, 코끼리는 그 줄을 끊지 못한다. 어릴 적부터 형성된 인식이 자라서도 그대로 작용하기 때문이다.

학생들도 마찬가지다. 초등학교 저학년 때부터 영어 공부, 수학 공부 등을 스스로 하지 않고 사교육에 의존하다 보니, 고등학생이 되어서도 사교육 없이 스스로 공부하지 못한다. 이런 학생들은 자기 주도 학습 능력이 현저히 떨어지고 공부에 대한 내적 동기도 거의 없다.[30] 늘 엄마에게 끌려다니면서 삶의 주도권을 빼앗겨 버렸기 때문이다. 그런데 문제는 이런 사교육 의존도를 학교에서 더 강화시킨다는 것이다. 학생들은 학교에서도 교사가 적어 놓은 정보만을 기계적으로 필기하고 암기하지, 스스로 무엇인가를 발표하고 표현하지 않는다. 교사가 학생 스스로 생각할 수 있는 능력을 수업 시간에 만들어 주어야 하는데, 학교 수업에서도 엄마가 학생을 의존적으로 길들이듯이 수업이 진행되고 있다. 이런 수동적인 학습은 학생들의 입시 준비에 오히려 해가 된다.

수능 언어 영역 시험만 보더라도 배운 지문이 거의 나오지 않는다. 매번 새로운 지문으로 학생들은 시험을 봐야 한다. 언어 시험을 잘 보려면 평상시 접하지 않았던 문학 글과 비문학 글을 빠르고 정확하게 읽어야 한다. 자기 주도적으로 글을 읽고 해석하는 연습이 되어 있어야 하는 것이다. 그렇지 않으면 아무리 많은 문제를 풀어도 소용이 없다. 사회탐구 영역도 마찬가지여서, 개념 지식을 묻는 문제는 거의 없다. 대부분의 문제는 하나 혹은 그 이상의 보기가 나오고 그것을 바탕으로 새로운 사고를 해야 한다. 접해 보지 않았던 유형들로 수능 문제가 나온다. 논술 문제도 마찬가지다. 논술 시험의 폐해로 개념적 지식을 묻는 문제가 지적되기도 하지만, 기본적으로 논술은 학생 스스로 자기 생각을 써야 하는 것이다. 그런데 이때 수동적으로 공부한 학생은 절대 자기 생각을 쓸 수 없다. 누군가로부터 주입된 지식을 쓰게 되고, 이런 답안은 좋은 점수를 받기 어렵다. 하지만 자기 주도적인 학습 능력을 가진 학생은 자기만의 관점으로 개념을 정립하고 그것을 바탕으로 논리를 전개해 간다.

수동적인 학생들에게 무엇인가를 글로 쓰고 표현하게 하면 굉장히 불안해한다. 정답이 분명하지 않다는 데 대한 두려움이 스스로를 위축시키는 것이다. 하지만 자기 주도적 학습 능력을 가진 학생은 어려운 과제에 대해 스스로 도전을 하고 실패에 대한 두려움이 적다. 도전과 실패를 통해 새로운 배움을 맛볼 수 있다는 것을 알기 때문이다.

물론 상황에 따라서는 문제 풀이 수업도 하고 비법 전수도 해 줘야 한다. 이것을 완전히 무시할 수는 없다. 그렇지만 모든 수업을 이렇게 진행하는 것은 곤란하다. 이것은 학생들을 힘겹게 만들 뿐 아니라, 오히려 입시에도 도움이 되지 않는다. 기본적으로 학교 수업은 학생들의 사고 능력을 길러 줄 수 있어야 한다. 학생 스스로 문제를 해결하고 조정하는 초인지(超認知, metacognition)[31] 전략으로 가야 한다. 학교에서 입시를 준비할 때 중점을 둬야 할 부분은, 지식에 대한 '완벽한 암기'가 아니라 다양한 상황에 대한 '문제 해결 능력'을 길러 주는 것이다. 하지만 많은 교사들은 이렇게 해야 한다는 것을 알고 있으면서도, 입시 준비라는 명목 하에 전통적인 방법으로 지식을 나열하는 암죽식 수업을 한다. 최대한 많은 문제와 교과 지식을 다루어 그중에 하나라도 걸릴 수 있다는 식으로 학생들에게 많은 정보를 효율적으로 주입한다. '배움이 있는 수업과 입시는 함께 갈 수 없다'는 그릇된 통념으로 인해 우리 안에서 입시에 대한 공포가 자라나고, 이것이 좋은 수업을 가로막는 현실의 벽이 되어 버리는 것이다.

이런 상황 인식은 교사에게 수업 기획력의 필요성을 느끼지 못하게 한다. 입시를 넘어서는 배움을 주려면 교사가 수업 내용을 재구성하고 수업 흐름을 재조직해야 하는데, 암죽식 수업은 이런 시도를 하지 않아도 되기 때문이다. 이것이 반복되면 교사는 사고를 확장시키는 수업을 하는 것에 두려움을 갖게 된다. 학생들의 생각을 듣기보다는 교사의 생각을 전달하는 데 익숙해지고, 수업은 점차 지루하게 흘러가고, 학생들의 몰입도는 점점 떨어진다. 결국 이것은 학력 저하에도 영향을 미칠 수밖에 없다.

입학사정관 제도가 더 강화되면서 학생들이 정규 수업 속에서 어떤 성장을 이루었는지가 입시의 중요한 요소가 되고 있다. 그런데 정작 학교에서는 그 내용을 이룰 만한 수업을 하지 못하고 있는 것이 우리의 현실이다. 많은 교사들이 색깔 없는 수업으로 일관하여 오히려 학생들의 입시를 방해하고 있지는 않은가. 이제는 교사들의 생각을 바꿔야 한다. 의미 있는 배움을 주는 수업이 오히려 입시에 더 도움이 된다는 사실을 분명히 기억해야겠다.

성찰하기

1. 배움이 있는 수업이 입시에도 도움이 된다고 생각하는가?

2. 내 수업 속에서 학생들의 삶이 의미 있게 바뀌고 있다고 생각하는가?

3. 학교와 가정이 학생들에게 의미 있는 성장을 주려면 어떤 변화가 있어야 한다고 생각하는가?

신념 보기 5

배움이 있는 수업으로 학교의 가치를 입증하려는 신념이 있는가?

앞으로 수년 내에 학생들에게 아이패드와 같은 태블릿 PC가 보급된다고 한다. 아직까지는 이런 모바일 기기의 보급이 교육에 큰 영향을 미치지 못하고 있지만, 이는 조만간 우리 교육을 변화시키는 큰 핵이 될 것이다.[32]

아이패드가 처음 나왔을 때 나는 재빨리 구입을 했다. 처음에는 개인 사무용으로 사용했는데, 점차 아이패드는 나보다도 집에 있는 두 딸이 더 많이 쓰기 시작했다. 여러 동화 앱(Application)이 참 기가 막히게 만들어져 있었는데, 처음에는 이것이 무척 편하고 좋았다. 아이들이 더 이상 내게 책을 읽어 달라고 하지 않았기 때문이다. 아이패드에서 실감 나는 소리로 동화를 읽어 주고, 손가락을 통한 상호 작용으로 동화 내용을 재미있게 익히게 했기에 아이들은 아빠가 없어도 심심해하지 않았다. 그런데 얼마 지나지 않아 위기감이 찾아왔다. 아이패드가 아빠의 자리를 대신했기 때문이다. 아이들은 이제 내가 퇴근해도 "아빠 다녀오셨어요?"라는 인사 대신 "아빠, 아이패드 가져오셨어요?"라고 묻는다. 아빠의 역할을 아이패드가 빼앗기 시작한 것이다.

이것은 비단 가정에서만 느끼는 위기감이 아니다. 이제 곧 학교에서 교사는 아이패드와 전쟁을 벌여야 할지도 모른다. 학생들에게는 더 이상 교사가 필요하지 않을 수 있다. 선생님의 역할을 스마트 기기가 대신할 수 있기 때문이다. 사실 이런 '교사 무용론'은 이미 학교 전반에 퍼져 있다. 초등학교 선생님들은 소위 '아이스크림'이라고 불리는 교육용 프로그램에 많은 부분 지배되어, 초등 수업이 '클릭(click)' 수업으로 변하고 있다 한다. 교사는 컴퓨터 클릭 한 번으로 수업을 진행하고 안내할 뿐, 교사의 개인적 소신에 의해 수업이 재구성되지 않는다. 교사 스스로 교사됨을 포기하고 있는 것이다. 중고등학교에서는 '인강'이라 불리는 온라인 강의가 학교 수업을 대체하고 있다. 학생들은 선행 학습으로 '인강'을 듣고, 학교에 와서는 수업에 집중하지 않고 다른 공부를 한다. 유명 학원에서만 들을 수 있는 일타 강사들의 강의가 이미 학교 역할을 대신하고 있다. 상황이 이렇다 보니 학생들은 학교에 다녀야 할 이유를 찾지 못한다. 학교의 수업과 학원 수업을 잘 구분하지 못하기도 한다.

그렇다면 상황이 이렇게까지 된 것은 학원의 수업이 탁월하기 때문일까? 일타 강사들의 입심과 예상 문제를 예측하는 족집게 실력이 뛰어나서일까? 그렇지 않다. 진짜 문제는 교사들에게 있다. 학교의 교사가 수업의 본질을 찾지 못하고 학원 강의를 자꾸만 흉내 냈기 때문이다.

학생들은 참고서에 있는 내용을 그대로 알려 주는 수업이라면 더 이상 학교 수업에 몰입하지 않는다. 자기 입맛대로 인강을 듣고, 이제는 태블릿 PC로 자기 주도적 학습을 하려고 할 것이다. 초등학교에서는 각종 자습서들이 곧 앱으로 개발된다고 한다. 초중고 전 교과서도 앱으로 나올 가능성이 크다. 그러면 학생들은 교과서를 들고 다니지 않고, 태블릿 PC로 해당하는 진도에 맞춰서 앱을 작동시킬 것이다. 그 속에는 교사가 설명하는 것 이상으로 교과 지식이 아주 잘 정리되어 있다. 만약 우리 수업이 교과 정보를 주입하는 '은행 저금식' 수업과 다르지 않다면, 학생들은 그 수업을 외면할 수밖에 없다. 태블릿 PC보다 엄청나게 뛰어난 수업을 하지 않는 한, 학생들은 교사의 수업을 점점 더 무시하고 듣지 않을 것이다. 그리고 이런 상황이 심화된다면 많은 사람들은 정말로 학교가 필요 없다 말하고, 수업은 집에서 온라인 강의로 듣거나 학원 수업으로 대체하는 사태가 발생하게 될지도 모른다. 학교가 학생들에게 의미 있는 배움을 주지 못한다면, '학교 무용론', '교사 무용론'은 현실이 되어 우리를 덮치게 될 것이다.[33]

문득 '학교란 무엇인가'에 대한 질문을 던져 본다. 이 질문에 대한 답이 우리가 오늘도 학교에 가고 수업을 하는 이유이기 때문이다. 섣불리 답을 내리기가 힘들다. 이럴 때마다 나는 제자들이 나에게 남긴 편지들을 가만히 들여다본다. 편지를 읽고 있으면 실체는 정확히 잡히지 않지만 '학교가 무엇인지, 교사가 왜 존재하는지'에 대한 답을 어렴풋이 알 수 있을 것만 같다.

> 쌤, 안녕하세요. 저 민경이에요. 마지막까지 늦잠 자고 지각을 했네요. 죄송해요. 헉, 쌤, 벌써 12월 끝! 그동안 버릇없이 행동했던 것들 다 죄송합니다. 지금 다 후회해요. 좋은 쌤을 제가 몰라봤어요. 2학기 땐 쌤이랑 다시 좋게 지내고 싶었는데, 그게 제 맘처럼 되지 않은 듯해요. 말도 툭툭 나오고 정말 죄송합니다. 그리고 쌤! 어제 진짜 감동이었어요. 저 조금이나마 생각해 주셔서 감사합니다. 어제 울 뻔했어요. 입학사정관은 생각도 못해 봤고 특수교육과에 해당이 없는 것 같았는데, 봉사상도 친히 챙겨 주시고요. 그동안 쌤한테 감사하고 죄송한 거 많아서 말씀드리고 싶었는데 이런 기회가 왔네요. 쌤, 그동안 정말 감사했어요.

쌤이 안내해 준 현장 학습도 좋은 경험이었어요. 미래의 저에게 많은 도움이 될 거예요. 내년에 쌤 못 뵈니 너무 아쉬워요. 새해 복 많이 받으시고 감기 조심하세요. 민경 올림.

1년 동안 재미있으면서도 한편으로는 보람찬 2학년 생활 보내게 해 주셔서 감사합니다. 내년부터는 잠시 쉬신다고 하셔서 못 보겠지만 내후년에 좋은 소식 들고 선생님 찾아뵙겠습니다. 맨 처음 선생님 반이라고 했을 때, 그냥 무서우신 분인 것만 같아서 솔직히 별로 좋아하지 않았습니다. 그런데 2학년 생활 시작하고 나서 지금까지 한 번도 해 본 적 없는 새로운 경험을 할 수 있게 해 주신 거 감사드립니다. 그리고 제 꿈이 순탄치만은 않다고 걱정해 주시고, 직업반 같은 것도 지속적으로 관심 가져 주셔서 감사합니다. 비록 제가 표현이 서툴러서 겉으로는 잘 표현하지 못해도, 지금까지 제가 본 선생님 중에서 저한테는 가장 멋진 선생님입니다. 1년간 감사했습니다. 근우 올림.

읽는 내내 마음속에서 눈물이 난다. 2년이 지났지만 제자들의 모습이 내 가슴에 오롯이 남아 있다. 특수 교사가 되어 힘든 사람들을 도와주고 싶다던 민경이! 요리사가 되겠다고 나에게 요리를 자랑하던 근우! 처음에는 서로가 표현하는 것이 서툴러서 여러 모양새로 갈등이 있지만, 교사가 제자들을 아끼는 마음으로 한 길을 가게 되면, 일 년이 지난 후 서로가 서로를 이해해 주는 따뜻한 사제 관계로 남게 된다. 아무리 학교 교육이 부실하다 하고 교사가 무능하다고 소리치지만, 여전히 우리 학교에서는 훈훈한 정이 싹트고 이를 통해 학생들은 의미 있는 성장을 하고 있다. 그 속에서 저마다 잊을 수 없는 추억을 만들기도 하고, 한평생 아끼며 우정을 쌓을 친구들을 만나기도 한다.

그런데 이런 학교가 교사들의 무의미한 수업으로 사라질 수도 있다니! 생각만 해도 가슴이 무너진다. 결국 학교를 지키려면 교사 스스로 학교가 존재해야 하는 이유를 수업을 통해 증명해야 한다. 태블릿 PC나 온라인 강의에서 맛볼 수 없는 배움을 우리 수업에서 주어야 한다. 감각적인 효과로 눈을 사로잡는 강의가 아니라, 교과 지식으로 '나'를 만나게 하고 '세계'를 이해하게 하는 수업다운 수업을 해야 한다. 그 속에서 학교다운 수업이 만들어지는 것이고, 그것을 통해 학생들은 다른 곳에서 맛볼 수 없는 배움을 경험하게 될 것이다.

이제 우리의 잘못된 신념을 버려야 한다. 입시 위주의 수업이 학생들의 삶을 오히려 더 피폐하게 만든다는 사실을 인식하고, 참 배움이 있는 수업이 입시에도 도움이 된다는 사실을 가슴 깊이 받아들여야 한다. 그리고 우리의 수업이 변하지 않으면 곧 학교의 위기, 교사직의 위기가 온다는 사실을 분명히 직시해야 한다. 답은 하나다! 교사의 수업이 바뀌어야 한다. 교수 기법으로 수업의 '겉'을 바꾸는 것이 아니라, 내가 가지고 있는 수업의 철학이 바뀌어야 한다. 우리의 내적 신념이, 학교의 수업은 학생들에게 의미 있는 배움을 일궈 내야 한다는 것에 뿌리를 내려야 한다. 이것이 수업의 흔들리지 않는 '닻'이 되어야만, 내 수업을 통해서 학생들이 숨 쉬기 시작하고, 우리도 교사로서의 정체성을 회복하게 될 것이다. 내 수업 속에서 내가 어떤 신념으로 수업을 하고 있는지를 가만히 성찰해야 할 때다!

성찰하기

1. 학교의 존재 이유가 무엇이라고 생각하는가?

2. 10년 후에 학교와 우리의 수업이 어떻게 바뀔 것이라고 생각하는가?

3. 10년 후, 학생들은 어떤 모습으로 내 수업을 들을 것이라고 생각하는가?

tip 내 수업 속 신념을 성찰하고 지키기 위한 방법들

- 수업의 정체성을 잘 지키기 위해서는, 교사 스스로 수업적 신념을 적은 글을 책상 앞에 붙여 놓는 것이 좋다. 일 년의 수업 속에서 이루고 싶은 학생의 변화들을 아래와 같이 책상 앞에 적어 놓고서, 내 수업이 내가 설정한 대로 가고 있는가를 늘 고민해야 한다.

1년 수업 계획서	
고등학교 2학년 문학 수업	
내 수업의 키워드	스스로 맛보고 표현하기
일 년 동안 학생들에게 주고 싶은 배움은 무엇인가?	문학 작품을 스스로 맛보고 감상해서, 문학이 주는 즐거움을 깨닫고, 문학 작품을 스스로 창작함을 통해서 문학적 감수성을 기른다.
일 년의 수업을 진행한 후 학생들에게 어떤 말을 듣고 싶은가?	- 선생님! 시가 좋아졌어요. 시를 쓰고 싶어요. - 선생님! 문학을 통해 나와 세계를 이해하게 되었어요. - 선생님! 내게도 문학적 감수성이 있군요!
의미 있는 배움을 만들기 위해서 내가 할 일은 무엇인가?	- 교사인 내가 먼저 문학 작품을 능동적으로 감상하여 문학이 주는 즐거움을 누린다. - 학생들에게 문학 작품을 먼저 설명하기보다는 학생들이 스스로 감상하게 하고, 문학 작품이 주는 정서를 이해하도록 노력한다.

- 이보다 더 좋은 방법은 학생들에게 '수업 공약'을 하는 것이다. '만남과 사귐의 국어 수업을 하겠다!', '과거, 현재, 미래와 만나는 역사 수업을 하겠다!', '세계에 대한 호기심을 일궈 내는 과학 수업을 하겠다!' 등 학생들에게 일 년 동안 교사가 어떤 수업을 할 것인지를 미리 이야기함으로써 교사 스스로 긴장을 가지는 방법이다. 학생들에게 공약을 한 것인 만큼 교사는 자신이 선포한 대로 수업을 진행하기 위해 저절로 고민하게 될 것이다.

- 교사 스스로가 '수업 성찰 일기'를 쓰는 것도 수업의 정체성을 지키는 데 많은 도움을 준다. 매 수업마다 '수업 성찰 일기'를 쓸 수는 없지만, 수업이 특별히 잘되거나 혹은 유난히 수업이 어려웠을 때 수업 일기를 써 보면 좋다. 수업의 내용과 방법을 기술하는 것보다는, 수업을 하는 내 속마음을 표현하는 시간을 가져야 한다. 좋은교사 수업코칭연구소는 다음과 같은 수업 성찰 일기를 페이스북을 통해 공유하면서, 서로의 수업을 나누고 이해하는 작업을 하고 있다.

수업 성찰 일기 예시[34]

2011년 11월 3일 월요일   수업 날씨 : 구름 잔뜩

이번 주 수업 Mission
아침에 교실에 들어오는 아이들에게 이름 부르며 인사하기

여전히 아이들이 어색해해서 조금 주춤거리게 된 것 같다. 업무 처리하느라 제대로 인사하지 못한 경우도 생기기에 더욱 습관화가 필요한 것 같다. 미리 말을 걸 아이(대상)를 정하는 것도 좋을 것 같다는 생각이 든다.

방금 수업이 끝났다. 수업하기가 정말 싫었다. 계획을 세워도 아이들은 별로 흥미가 없어 보인다. 나도 하기가 싫어졌다. '라디오극을 만들어서 뭐 한단 말인가?'라는 생각이 든다. 그보다 더 속상한 건 복도에 ○○○ 선생님이 지나가면 눈치가 보인다는 것이다. 사실 음악 수업을 별로 하고 싶지 않은 마음이 들켜 버리는 것 같아 마음이 불편하다. 그동안 나는 음악을 아주 좋아하고 열심히 준비하는 것처럼 비쳐졌기 때문이다. 게다가 오늘 아이들이 한 명씩 시험을 보는 동안 나머지 아이들에게 비디오를 보여 줬다. 그런데 또 ○○○ 선생님이 우리 교실에 오게 되었다. 내가 아주 열정적인 교사인 것처럼 행동했던 것이 사실은 거짓이고 위선이었음을 들킨 것만 같다. 그래서 괴롭다. 다른 선생님들에게 들켰으면 괴롭지도 않았겠지. 아니면 요즘처럼 짜증 나는 시기가 아니었다면 조금 덜 괴로워했겠지. 분명한 건 내가 ○○○ 선생님을 많이 의식하고, 인정받고 싶어 한다는 것이다. 왜? 나보다 훌륭한 교사라는 생각이 들어서이다. 그냥 지금 그대로의 나 자신을 인정하면 안 될까?

- 단원이 끝날 때마다 어떤 배움이 일어났는지를 학생들에게 적게 해서, 학생들이 교사가 의도한 배움대로 변화하고 있는지를 확인하는 것도 좋다. 그리고 똘똘한 학생 한 명을 선정해 '오늘 의미 있게 배운 내용', '오늘 수업에서 더 알고 싶은 것', '선생님, 이런 점은 고쳐 주세요.' 등의 항목을 만들어서 '배움 일기'를 작성하게 하는 것도 좋다.

수업 속 관계를 살피며 성찰하기

세상의 모든 인간관계란 쉬운 법이 없지만, 수업 속에서 학생들과의 관계를 제대로 맺는 일은 그 어떤 관계보다 복잡하고 어렵기만 하다. 친구 같은 교사가 되어 학생들에게 잘해 주려고 하면 학생들은 도를 넘어 교사의 권위에 도전해 오기 일쑤이고, 반대로 엄격하게 학생들을 대하자니 이 또한 숱한 부작용을 불러일으킨다. 이처럼 복잡미묘한 수업 속 학생들과의 관계를 우리는 어떻게 가져가야 할까. 경계와 존중을 적절하게 조화하여 배움이 있는 수업을 만들어 가기 위해 함께 고민해 보자.

3년차 여교사인 최 선생은 2학기에 들어서면서 수업에 들어가는 것이 더 힘겨워졌다. 학생들이 수업 시간에 너무 방만하게 굴기 때문이다. 온갖 수단을 써서 학생들을 통제해 보려고 하지만, 학생들은 늘 교실에 늦게 들어오고 교과서도 잘 준비해 놓지 않는다. 인쇄물은 나눠 주는 족족 잊어버리고 수업 시간에는 이상한 질문으로 최 선생을 당황하게 한다. 수없이 화를 내고 아이들을 개별적으로 불러 좋은 말로 타일러도 소용이 없다. 이제는 수업 시간에 몰래 도망가는 학생들까지 생겼다. 주변 선생님들에게 조언을 구하면 애들을 '강하게 잡아야 한다'고 하는데, 그것이 쉽지가 않다. 이제는 이런 이야기를 하는 것도 지쳤다. 동료 선생님들이 나를 학생도 잘 장악하지 못하는 무능한 교사로 생각할까 봐 두려워진다.

• • •

김연아가 피겨 스케이팅의 여왕이 될 수 있었던 것은 교과서적인 점프 실력 덕분이라고 한다. 다른 경쟁 선수들은 꼼수를 부려 점프를 하지만 김연아는 정직한 점프를 한다는 것이다. 그래서 그녀의 점프에는 감점 요소가 없다. 이것은 김연아가 피겨를 처음 시작할 때, 기본을 잘 갖추는 훈련을 했기 때문이라고 한다.

수업을 개선하는 것도 마찬가지다. 교사의 마음이 급하면 획기적인 수업 기술을 익히고 시선을 끄는 수업 자료만을 얻으려고 하지, 수업의 기본을 바꾸려고 하지 않는다. 위에 나타나는 최 선생님의 수업은 수업의 기본이 무너진 수업이다. 이때 성급하게 수업의 '겉'을 바꾸려 하면 안 된다. 학생들의 시선을 사로잡는 수업 내용과 방법에 신경을 쓰기보다는 수업을 이룰 수 있는 기본 관계를 만드는 데 더 관심을 가져야 한다.

관계 보기 1
수업 속에서 학생들을 일관된 철학으로 대하고 있는가?

    수업을 이룰 수 있는 기본 관계, 그것은 교사와 학생, 학생과 학생 간에 관계 맺기가 잘 이루어져야 한다는 것을 말한다. 배움이 있는 수업을 이루기 위해서는 교실 내에서, 적절한 질서 속에 교사와 학생, 학생과 학생이 서로의 생각을 말하고 들어 줄 수 있는 친밀한 관계가 형성되어야 한다. 그런데 불행히도 그간 우리의 수업에서는 이런 수업의 관계 맺기가 잘 되지 않은 경우가 많았다. 어떤 수업은 학생들이 교사의 권위를 인정하지 않고서 난동에 가까운 행동을 일삼는가 하면, 또 어떤 수업은 교사가 너무 강하게 통제를 하여 학생들이 교사를 두려워하고 멀리하기도 했다. 너무 과하거나 아니면 모자란 것이 수업 속 우리들의 관계였던 셈이다.

    수업은 교과 지식을 바탕으로 인간과 인간이 만나고 사귀는 행위다. 그런데 이 속에서 관계 맺기가 잘못되면, 아무리 좋은 수업 내용과 방법이 있더라도 온전한 배움으로 나아갈 수가 없다. 그렇다면 배움이 있는 수업을 만들기 위해 구성원들의 관계는 어떠해야 할까? 간단히 말하자면 '방임'적인 수업은 '경계'가 있는 수업으로, '통제'적인 수업은 '존중'이 있는 수업으로 변화해야 한다. 즉 '경계'가 있지만 '존중'이 있는 수업을 우리는 지향해야 한다.[35]

    그런데 이것은 말은 그럴듯해 보이지만 그리 쉬운 일이 아니다.

'경계'를 너무 강하게 세우다 보면 수업은 조용해지지만 학생들이 자발적으로 참여하지 않는다. 그렇다고 학생들을 너무 '존중'만 하게 되면 학생들은 경계 없이 수업을 중구난방으로 만들어 놓는다. 그래서 교사들에게는 학생과 교사 사이에 어느 정도 '경계'를 세워야 하는지, 어디까지 학생들을 '존중'해야 하는지가 늘 어려운 과제이다.

사실 수업에서의 관계 문제는 '이렇게 하라'는 명확한 지침으로 해결해서는 안 되고, 또 그렇게 해결될 수 있는 성질의 것도 아니다. 이 세상의 모든 관계란 끊임없이 자신의 마음을 성찰하면서 행동을 조심스레 바꿔 가는 것으로 만들어질 수 있다. 수업에서 관계 맺기를 새로이 시작하기 위해서는, 먼저 학생들을 대하는 나의 철학이 어떤 것인지를 정확하게 확인해야 한다. 그에 따라 '내가 학생들을 어떻게 대할 것인지' 그 일관된 방향이 잡히기 때문이다.

학생을 대하는 일관된 철학 갖기

관계를 맺는 데 있어서 중요한 것은 일관된 행동이다. 그렇지 않으면 상대방을 혼란스럽게 하고, 이는 깊은 관계를 맺는 데 걸림돌이 된다. 그런데 의외로 많은 교사들이 학생들을 바라보는 철학이 확고하지 않아 학생의 행동에 따라 '이랬다 저랬다'를 반복하는 경우가 많다. 교사와 학생들의 관계는 만난 지 한 달이 되면 어느 정도 안정기를 갖게 마련이다. 그런데 교사가 일정한 철학 없이 강한 통제와 지나친 허용을 무원칙적으로 반복하다 보면, 학생들은 수업 속에서 어떻게 행동을 해야 할지 예측할 수가 없다. 관계라는 것은 예측 가능한 것이어야 하고 납득할 만해야 한다. 그런데 교사가 일관성 없이 자기 감정대로 행동하는 것처럼 보이면 학생은 교사를 우습게 여기게 되고, 교사는 학생들과 관계 맺기가 힘들어질 수밖에 없다.

개인적으로 나는 아버지 어머니로부터 엄격하게 가정 교육을 받아서인지, 사람이 사람답게 자라기 위해서는 누군가의 훈계가 꼭 필요하다고 생각한다. 특히 나는 기독인이기에 인간은 근본적으로 선하지만 죄성이 있는 존재이므로, 진리 안에서의 자유로움을 강조한다. 하나님도 '선악과'나 '십계명'이라는 명확한 경계를 통해서 언약의 백성들에게 진리를 가르쳤다. 그래서 나는 늘 학생들에게 '자율(自律)'이라는 말을 강조한다. '자(自)'는 '율(律)'이 있어야지만 그 진가를 인정받을 수 있는 것이며, 축구 경기가 재미있는 것도 선수들 간에 규칙이 있어 그 안에서 마음껏 경기를 하기 때문임을 이야기한다. 그래서 학기 초가 되면 수업을 하기 위한 기본 경계를 많이 세우는 편이다. '종 치기 전에 자리에 앉아야 한다', '선생님이 들어왔을 때 모든 준비가 되어 있어야 한다', '선생님과 친구가 말을 할 때는 들어야 한다' 등을 요구하고, 학기 초에는 이 최소한의 경계를 지키기 위해 최선을 다한다. 그리고 이 경계가 선생님의 힘을 자랑하기 위한 것이 아니라 학생들과 함께 더 나은 수업을 이끌어 가기 위한 최소한의 약속임을 강조한다. 물론 나도 연약한 인간이기에 경계를 세워 가는 과정에서 감정적으로 흔들리기도 하고, 학생들에게 상처를 줘 관계가 서먹해질 때도 있다. 하지만 3월 한 달만 꾹 참고 이렇게 지내 보면, 이후에는 교사가 잔소리를 하지 않아도 수업에 질서가 잡히고, 학생들도 내가 어떤 상황을 불편해하는지를 경험적으로 알게 된 터라 스스로 조심하려는 행동을 보인다. 그리고 3월 이후에는 '경계'를 강조하기보다는 학생들을 더 '존중'하는 방향을 택하여, 학생들의 목소리를 들어 주고 그들의 감정을 읽어 주려고 노력한다.

이렇듯 '학생이 자율적인 존재여야 한다'는 것은 내가 경험적으로 신념화한 철학이다. 이 철학을 바탕으로 나는 학생들에게 경계를 먼저 세우고, 그 이후에 존중하는 방향으로 나아간다. 이런 식으로 학생들과 관계를 맺게 된 것은 나 개인의 성장기, 신앙 경험, 기질, 수업 철학 등이 절묘하게 결합되어 발현된 결과이다. 그러므로 교사 개인마다 참으로 다양한 색깔의 관계 맺기 방식이 나올 수 있다.

그런데 문제는 교사들이 일정한 철학 없이 자꾸만 정답을 찾으려 한다는 것이다. '이런 상황에서는 이렇게 하고, 저런 상황에서는 저렇게 하고' 이런 식의 상황에 따른 대처 기술만을 익히려 할 뿐 '왜 경계를 세워야 하는지, 왜 존중을 해야 하는지'에 대한 근본적인 이유를 묻지 않는다. 명확한 철학이 없으면 교사는 순간적인 감정으로 학생들을 대하게 된다. 학생들과 바른 관계를 맺기 위해서는 반드시 적절한 경계를 세워야 하는데, 경계를 세우다 보면 학생들은 일시적으로 교사를 멀리하게 마련이다. 그런데 이때 철학이 없는 교사는 '왜 경계를 세워야 하는지'에 대한 뚜렷한 이유가 없으니, 이런 불편한 상황을 참지 못해 갑작스런 친절로 학생을 대하려 한다. 하지만 '경계'에 대한 철학이 세워진 교사라면, 학생이 경계를 세웠던 목적에 도달하지 못했을 때 무작정 친절을 베풀어 불편한 상황을 모면하려고 하지 않는다. 상황이 불편하더라도 참고 기다리며 학생들을 납득시킨다.

또한 철학이 없는 교사는 학생들을 훈계할 때도 '무엇이 잘못되었는지, 어떻게 행동해야 되는지'에 대해 설득력 있게 설명해 내지 못한다. 단순히 교사의 힘을 과시하거나 감정적인 화로 경계를 드러낼 뿐, 경계 세우기 안에 있는 의미와 목적에 대해서는 자기만의 답을 갖고 있지 않기 때문이다. 반면 학생과의 관계에 있어 뚜렷한 철학을 지닌 교사라면, 학생들에게 어떤 경계를 요구하기 전에 경계를 세우는 목적과 앞으로의 효과에 대해 충분히 설명할 수 있다. 그 속에서 학생들은 교사의 경계 세우기를 이해하게 되고, 앞으로 그 원칙에 따라 행동하려고 할 것이다.

수업 내 관계에서 교사 스스로 자신만의 철학을 갖기 위해서는 '학생은 어떤 존재여야 하는지', '내게 학생은 어떤 존재인지', '학생은 어떻게 하면 변할 수 있는지', '나는 학생을 어떻게 성장하게 하고 싶은지' 등에 관한 질문을 던지고 스스로 답할 수 있어야 한다. 물론 이것은 혼자의 힘으로는 쉽지 않은 일이다. 책도 많이 읽고 선배 교사들에게 질문하고 이야기를 들으면서 조금씩 체득해 갈 수 있다. 이러한 노력과 성찰을 통해 학생을 바라보는 나만의 철학을 정립해 낸다면, 일관된 기준으로 상황에 따라 흔들리지 않고, 일정한 목적을 가지고 학생들과 바른 관계를 맺을 수 있을 것이다.

학생을 대하는 나의 모습 알아차리기

학생을 바라보는 자신만의 철학을 갖췄다면 이제는 교사 스스로가 평소에 학생들을 어떻게 대하고 있는지를 정확히 알아차려야 한다.[36] 사실 많은 교사들은 현재 자신이 어떤 모습으로 학생들과 관계 맺기를 하고 있는지 잘 알지 못한다. 수업 코칭을 할 때 살펴본 바로는, 강한 경계를 세워 경직된 수업 분위기를 연출하고 있는 교사들은 자신이 학생들을 억압하고 있다는 걸 모르는 경우가 많았고, 반대로 적절한 경계 없이 수업 분위기를 어수선하게 가져가고 있는 교사들도 자신이 학생들을 너무 허용적으로 대한다는 것을 잘 모르고 있었다.

오 선생님도 그랬다. 교직 2년차 여교사로 중학교에서 사회를 가르치고 있는 오 선생님은, 수업에서 학생들이 너무 시끄럽다면서 이에 대한 문제로 내게 수업 코칭을 의뢰했다. 그런데 수업을 실제로 살펴보니 학생들이 개념 없이 떠드는 것도 문제지만, 그렇게 되기까지 오 선생님이 학생들을 너무 동생처럼 대한 것도 한 몫을 했음을 알 수 있었다. 오 선생님은 학생들이 많이 쓰는 "헐~.", "대따 많아!", "개안습이지?" 등의 말을 자주 사용하였고, 학생들이 무슨 문제를 일으키면 "야아~!"를 애교스럽게 말하면서 꼬집는 걸로 대신했다. 남학생들은 그런 선생님의 모습을 귀엽게 여기고, 그 모습을 보고 싶어서 문제 행동을 더 하는 것으로 보였다. 그런데 정작 오 선생님은 자신이 학생들과의 관계 속에서 교사의 권위를 세우지 못하고 지나치게 언니나 누나처럼 행동한다는 것을 알아차리지 못하고 있었다. 학생들이 개념 없다고만 생각했지, 자신이 그런 행동을 방조하고 있다는 생각은 하지 못했던 것이다.

반대의 경우도 있다. 조 선생님은 교직 12년차로 고등학교에서 국사를 가르치고 있다. 조 선생님은 대화 있는 수업을 하고 싶은데 학생들이 대답을 잘 하지 않는다면서 고민을 토로해 왔다. 학생들이 배경지식이 적고 생각이 얕아서 너무 힘들다며, 생각이 있는 국사 수업을 어떻게 하면 할 수 있는지를 알려 달라고 했다. 그런데 수업을 살펴본 결과, 문제는 학생들에게 있는 것이 아니라 조 선생님의 위압적인 태도가 진짜 문제였다. 조 선생님은 수업을 진행하는 내내 잔소리를 늘어놓았다. "밑줄 그을 때는 자로 반듯하게 그어라!" "책상 밑에 휴지 주워라!" "공부할 때 모르는 단어가 나오면 스스로 찾아서 정리해라!" 수업 시간 내내 교과 내용 이외에 학생들을 질타하고 훈계하는 이야기가 계속 반복되었다. 어조도 군대식으로 명령을 하달하는 느낌이어서, 학생들은 자연스럽게 조 선생님을 멀리할 수밖에 없었다. 조 선생님이 체벌을 하는 것도 아닌데 학생들은 선생님 앞에서 움츠러들었고, 자연스레 수업에서 대화는 사라지고 있었다.

이런 상황이 비단 두 분 선생님만의 일이겠는가! 누군가 자신의 하루 일상을 관찰해서 말해 주지 않고서는 자신이 수업에서 학생들과 어떤 관계를 맺고 있는지 교사 스스로 알아차리기가 힘들다. 부부 관계나 자녀 관계, 고부 관계도 마찬가지다. 본인들은 늘 완벽하지는 않더라도 최선을 다한다고 생각한다. 그런데 상대방은 늘 크게 문제가 있다고 생각한다. 그래서 우리는 나의 일상적인 행동을 상대방이 어떻게 느끼고 있는지를 성찰해야 한다. 교사라면 동료 교사를 내 수업에 초대하고, 수업 속에서 내가 학생들을 어떻게 대하고 있는지를 정확하게 알려 달라고 해야 한다. '지나친 허용으로 학생들의 잘못된 태도를 더 유발시키는 것은 아닌지, 지나친 경계로 학생들을 억압하고 있지는 않은지'를 객관적으로 살펴 달라고 한다.

결론적으로 수업에서 바람직한 관계는 학생들과의 사이에 '가까우면서도 가깝지 않은', '멀면서도 멀지 않은' 긴장이 늘 존재하는 것이다. 이것은 기술적으로 딱 떨어지는 것이 아니다. 그래서 수업에서의 관계 맺기란 쉽지가 않다. 교사는 늘 긴장해야 하고, 수업에서의 관계를 성찰해야 한다. 혼자서는 힘들다. 반드시 동료에게 수업 속 자신의 모습을 보여 주고, 수업에서 내가 학생들을 어떻게 대하고 있는지, 학생들을 어떻게 바라보고 있는지를 함께 이야기해야 한다. 그 속에서 우리의 수업은 분명 조금 더 성장하게 될 것이다.

성찰하기

1. 학생을 대하는 나만의 철학이 세워져 있는가?

2. 학생들은 수업 속에서 나를 어떻게 생각하는가?

3. 앞으로 수업에서 학생들과 관계 맺기를 어떻게 해야 한다고 생각하는가?

관계 보기 2
수업 속에서 경계를 세우기 위한 자신감이 있는가?

얼마 전에 들은 씁쓸한 농담 하나. 북한에서 남한에 쳐들어오지 못하는 건, 남한에 중2 남학생들이 있기 때문이란다. 교사들, 특히 중학생을 접해 본 교사들이라면 이 어이없는 농담에 대부분 고개를 끄덕거릴지도 모른다. 누구도 어떻게 할 수 없을 것처럼 제멋대로이고 좀처럼 말이 통하지 않는 요즘의 학생들.

우리가 학교에 다니던 시절만 해도 수업 속에서 학생들은 굉장히 경직되어 있었다. 선생님들은 대부분 무척 엄했고, 특히 남학교에서는 체벌이 아주 자연스러웠다. 우리는 선생님에게 맞은 무용담을 자랑스럽게 나누곤 했으며, 때로는 서로의 바지를 벗겨 보면서 멍든 자국을 자랑하기도 했다. 그러나 지금은 상황이 많이 달라졌다. 예전의 학교가 통제적이고 억압된 분위기였다면, 지금 학교는 너무나 자유로운 곳이다. 자유롭다 못해 방만하다고 느껴질 때도 많다.

지난해 다른 선생님들의 수업을 보기 위해 여러 학교를 돌아다니면서 느낀 것은, 학교마다 정도의 차이는 있지만 대부분 학교의 학생들이 참으로 방만하고 소란스럽다는 사실이었다. 수업 종이 쳐도 자리에 앉지 않는 아이들, 내내 소란스러운 수업 시간, 학생들은 교사의 말을 듣지 않고 제각기 떠들거나 졸면서 무질서하게 수업에 임하고 있었다.

수업에 있어 '학습자 중심'이라는 말은 무척 중요하게 들린다. 그러나 학습자 중심의 수업을 한다고 해서 학생들의 모든 행동을 수용해서는 안 된다. 수업은 사적(私的)인 공간이 아니라 공공(公共)의 공간이다. 모든 학생들이 각자의 욕망대로 움직이게 되면 기본적인 질서가 무너질 수밖에 없다. 이런 모습은 수업 시작 5분 안에 거의 판단된다. 학생들이 제시간에 들어오지 않고 수업 준비도 잘 안 되어 있는 수업. 교사가 말을 해도 잘 듣지 않고 제각각 자기 할 말만 하는 아이들. 이런 경우, 중요한 것은 수업의 내용과 방법을 새롭게 하는 것이 아니라 '수업의 경계'를 바르게 세우는 일이다.

수업의 경계라 함은, 수업 속에서 기본적인 대화가 이루어지기 위한 질서를 세우는 것을 말한다. 종이 치기 전에 학생들은 자리에 앉고, 수업을 할 수 있는 준비 상태가 되어 있어야 한다. 교사는 제시간에 수업에 들어오고, 교사와 학생 상호 간에 서로의 말을 들어 주는 관계가 형성되어야 한다. 이 기본적인 관계가 잘 만들어지지 않으면 어떤 특별한 수업 방법을 적용한다 해도 아무런 소용이 없을 것이다.

작년에 경기도 모 중학교 2학년 수업을 참관하러 간 적이 있다. 수업의 시작은 선생님의 열정과 다르게 그야말로 난장판이었다. 자리에 앉아 있는 학생이 거의 없었고, 학생들은 시장 바닥에 있는 것처럼 떠들며 돌아다녔다. 교실 뒤에서는 한 남학생이 코피가 나 바닥에 피를 뚝뚝 흘리고 있었고 그것을 본 학생들은 괴성을 지르는, 한마디로 전혀 수업을 할 수 있는 분위기가 아니었다. 이런 분위기에서 선생님은 협동 학습과 영상 자료를 가지고 학생들을 수업에 동참시키려 했다. 그러나 이미 소란할 대로 소란해진 상황 속에서 모둠 간에 서로 협력을 하고, 이를 통해 배움이 있는 수업으로 나아가기란 거의 불가능한 일이었다. 그래서 선생님의 수업을 코칭할 때, 수업 내용과 방법에 힘을 쏟기보다는 초반 5분을 조용하게 만들어 갈 수 있는 방법에 대해 이야기를 나누었다. 그랬더니 이후 선생님은 수업에 들어가서 바로 수업 내용을 시작하지 않고, 약 3분 동안 아래와 같은 단호한 말로 학생들을 조용히 시켰다.

> 너무 어수선해서 선생님이 수업을 잘할 수 없을 거 같아요. 진우! 과자 먹고 있는 거 뱉으세요. 규철! 자리에 앉으세요. 종 쳤는데 늦게 들어온 학생들 뒤에 서 있으세요. 종화! 바르게 앉으세요. 학습에 필요하지 않은 물건은 다 집어넣으세요. 자, 필기도구 꺼내고, 나중에 필기도구 가지러 간다고 일어서지 마세요. 책상 줄 맞추고요. 효수야! 선생님이 뭐라고 했죠? 그거 집어넣으라고 했어요. 자! 반장, 인사해요.

그러고서 선생님은 차분하게 강의식으로 수업을 진행하고, 수업 도중 어긋나는 학생이 있으면 이름을 불러서 주의를 줬다. 강의식으로 하되 이따금 학생들에게 질문을 던지면서 수업을 진행했더니, 협동 학습으로 진행했던 수업보다 훨씬 조용했고 학생들의 학습도 더 깊게 이루어졌다.

교사라면 누구도 수업을 시끄럽게 진행하고 싶어 하지는 않는다. 모든 교사들은 학기 초에 학생들이 수업을 제대로 듣게 하기 위해 온갖 노력을 기울였을 것이다. 소리도 질러 보고 따로 불러서 훈계도 여러 차례 했을 터이다. 때로는 감성에 호소하여 학생 스스로 수업에 동참하기를 기대해 보기도 했으리라. 그러나 교사의 기대와는 달리 아이들은 수업 시간에 동참하기는커녕 오히려 수업 속에서 자기의 존재감을 드러내기에 바쁘다. 이런 상황에서 교사들은 지칠 수밖에 없다. 무엇을 해도 안 된다는 절망감이 밀려든다. 교사들은 점차 학생들과의 기싸움이 귀찮아지고, 그들의 행동을 바꾸려고 하지 않는다. 그냥 조용히 자제해 주기만을 기다릴 뿐이다.

열등감에서 벗어나기

이런 방임의 수업을 적절한 경계가 있는 수업으로 바꾸기 위해서는, 교사가 경계를 세우지 못한 이유를 내면적으로 잘 살필 필요가 있다. 수업의 경계를 제대로 세우지 못하는 교사들은 대개 자신감이 부족한 경우가 많다. 특히 자기 수업에 대한 자존감이 떨어져 있어서 교사로서의 권위를 세우기가 쉽지 않다. '내 수업이 재미없으니까 애들이 떠드는 거야.', '나는 학생들을 제대로 잡지 못하는 무능한 교사야.'라는 패배 의식이 수업 속에서 학생들과의 경계를 세우는 것을 어렵게 한다. 그래서 이런 생각이 들 때 교사는 학생들을 인위적으로 통제하려고 한다. 일부러 무서운 표정을 짓거나 목소리를 높여서 학생들에게 위압감을 주려고 하는 것이다. 그런데 이런 변화가 잘 먹혀들지도 않을뿐더러, 마음을 성찰하지 않고 기술로만 학생들을 대하게 되면 학생들과의 관계가 더 악화되고 학생들의 배움이 제대로 일어나지 못하게 된다.

교사가 적절한 경계를 세워 수업 속에서 자신감을 회복하려면 일단 열등감에서 벗어나야 한다. 교사라면 누구나 수업이 잘 되는 경우도 있고 안 되는 경우도 있다. 그런데 우리는 늘 내 수업이 유독 잘 안 된다고 생각하며 스스로를 자학하곤 한다. 너무 높은 기준점을 세워 두고, 자신의 수업을 남들과 비교하며 괴로워할 때가 많다. '내 수업은 재미가 없어.', '나는 카리스마가 없는 교사야.'라고 생각하며 자신의 수업을 정죄하려 한다. 그러나 적어도 지금 이 책을 읽고 있을 정도의 교사라면, 당신은 수업에 대한 최소한의 열정이 있는 교사다. 그런 열정만으로도 우리는 충분히 좋은 교사가 될 수 있음을 잊어서는 안 된다. 불필요하게 나를 옥죄는 열등감을 벗고 자신의 수업에 자신감을 가질 수 있을 때, 비로소 수업 변화의 문은 조금씩 열리게 될 것이다.

자신감이 부족한 교사들의 경우 학생들의 반응에 매우 민감하게 반응한다. 그러나 교사는 순간적으로 드러나는 학생들의 반응에 일희일비할 필요가 없다. 학생들은 겉으로 드러나는 선생님의 교수 실력에 집중하는 것이 아니라, 교사가 가지고 있는 자신감과 열정을 보며 수업을 평가한다. 스스로 포기하지 않고 최선을 다한다면 학생들은 우리를 실력이 없다고 무시하지 않을 것이다. 그런데 본인 스스로가 주눅 들고 자꾸만 자신의 수업을 평가 절하한다면, 수업하기도 힘들고 결국에는 스스로 수업을 포기할 수밖에 없게 된다.

결국 수업에서 적절한 경계를 세우는 데 있어서 최대 적(敵)은 '학생'이 아니라 교사 '자신'이다. 우리가 잘 아는 피그말리온 효과가 있지 않은가? 교사의 신념대로 학생들은 변하게 되어 있다. 그런데 우리 스스로 학생뿐만 아니라 교사인 '나'를 열등하다고 판단하면, 우리의 수업에서는 어떤 교육적 성과도 기대할 수 없다. 쓸데없이 다른 선생님과 내 수업을 비교하지 말고, 나에게는 나만의 장점이 있다고 생각하고 그것을 극대화시키면 얼마든지 훌륭한 수업을 할 수 있다. 교사 스스로가 교사인 '나'를 존중하고 사랑할 때, 우리는 수업 속에서 자신감을 가질 수 있을 것이다.

가르침의 권위 회복하기

수업 속에서 경계를 세우기 위한 자신감을 가지려면 무엇보다 교사의 권위(權威)를 확신해야 한다. 어느 개인·조직(또는 제도)·관념이 사회 속에서 일정한 역할을 담당하고 그 사회의 구성원들에게 널리 인정되는 영향력을 지닐 경우, 이 영향력을 권위라고 부른다.[37] 따라서 권위는 개인적인 카리스마를 통해 강화되기도 하지만, 기본적으로 문화적인 관습에 의해서 생기기도 한다. 부모로서의 권위, 회사 상관이 가지는 권위, 학교 선배가 가지는 권위 등이 바로 이런 것이다. 교사의 권위도 마찬가지다. 아무리 무능한 교사라도 가르침의 권위를 가지고 있기 때문에 학생들은 교사의 말을 듣게 되어 있다. 그런데 이런 권위를 신뢰하지 못하고 학생들을 대하는 데 있어 지레 겁을 먹게 되면 학생들에게 바른 경계를 가르칠 수가 없다.

12년차 수학 교사인 오 선생님도 그랬다. 선생님은 10년 동안 인문계 고등학교에만 있다가 2년 전부터 중학생을 가르치고 있는데, 고생이 이만저만이 아니었다. 고등학생과는 차원이 다른 중학생들을 대하는 것이 너무나 어렵다고 호소하였다. 선생님은 특히 2학년 2반 수업을 어려워했는데, 이 반의 정병오(가명)라는 학생 때문이었다. 병오는 오 선생님이 수업하는 내내 시끄럽게 굴었고, 병오 때문에 수업이 크게 방해를 받곤 했다. 하지만 선생님은 병오에게 별다른 제재를 하지 않았다. 조용히 하라고 잠깐 한마디를 던지기는 했지만, 따로 불러 훈계를 한다든가 하는 일은 없었다. 이유는 간단하다. 오 선생님은 자신이 이야기를 해도 병오가 듣지 않을 거라고 생각했고, 학생들에게 자꾸 어떤 명령을 한다는 것이 권위적이라는 느낌이 들었기 때문이다. 그런데 이러한 병오의 잘못을 제대로 잡지 못하니, 교실의 소란스러움은 여러 학생에게로 걷잡을 수 없이 번져 갔다.

수업 코칭을 하면서 오 선생님은 자신이 스스로 권위를 포기하고 있었음을 깨닫고, 병오에게 선생님의 생각과 원칙들을 강하게 전달하기로 했다. 병오를 따로 불러 수업을 진행하면서 가졌던 자신의 느낌들을 이야기했다. 병오 때문에 수업을 열심히 준비해도 그것을 잘할 수 없다는 자괴감을 솔직히 전했다. 그리고 병오에게 수업이라는 공간이 개인적 공간이 아니라 공공의 공간임을 말하고, 계속해서 이렇게 떠들면 학교의 교칙대로 처리할 수밖에 없음을 이야기했다. 이후 병오의 소란스러움이 완전히 사라지지는 않았으나 선생님이 지적을 하면 바로 행동을 멈췄고, 이로 인해 2반의 수업은 예전보다 많이 편안해졌다고 한다. 나중에 오 선생님의 수업을 다시 참관할 때 병오에게 "예전보다 많이 차분해졌는데?"라고 말했더니, 병오는 "선생님이 수업을 하고 있는데 조용히 해야죠."라는 기특한 대답을 들려주었다. 병오로부터 자신감을 얻은 오 선생님은 이를 학생 전체로 확대하여, 수업에서 지켜야 할 원칙들을 학생들에게 이야기하고 원칙에 따라 단호하고 일관성 있게 경계 세우기를 해 나갔다. 이러한 노력 끝에 예전보다 훨씬 차분한 분위기 속에서 수업을 진행할 수 있게 되었다고 한다.

물론 이러한 오 선생님의 예가 모든 교사들에게 그대로 적용될 수는 없다. 그러나 분명한 것은, 기본이 무너진 수업들의 대부분은 교사 스스로가 권위 갖기를 포기한 경우가 많다는 것이다. 학생이 분명 잘못된 행동을 하고 있는데도 귀찮다거나 혹은 두렵다는 이유로 그냥 넘어가 버린다. 이런 방관 하나하나가 모여 그 수업의 질서를 서서히 무너뜨리고, 결국 학생들은 교실 안에서의 소란스러움을 당연한 것으로 받아들인 채 수업에 집중하지 않게 되는 것이다.

조금 달리 생각해 보면, 수업 시간에 학생들에게 적절한 경계를 세우게 하는 것은 '교사의 권리를 찾는 일'이다. 그렇지 않고 그것을 방치하는 것은 교사의 기본권을 스스로 포기하는 셈이 된다. 권리를 찾는 일에는 주저함이 없어야 한다. 학생들이 교사에게 요구할 것도 있지만, 우리도 교사로서 학생들에게 당연히 요구할 것이 있음을 잊지 말자. 수업 시간에 종 치기 전에 들어오는 것, 수업할 준비를 갖춰 놓는 것, 수업 중에 교사가 말할 때 친구들과 떠들지 않는 것, 수업 시간에 자지 않는 것 등은 수업을 잘하기 위해서 학생들에게 당당히 요구할 수 있는 교사의 권리다.

우리는 교사로서의 권위를 회복해야 한다. 바른 권위를 세우지 못하고 두려움 속에서 계속 허우적댄다면, 아무리 수업을 잘 준비하더라도 학생들의 눈치를 보며 끌려다니는 수업을 할 수밖에 없다. 교사인 우리가 이 자리에 오기까지 얼마나 많은 땀을 흘려야만 했는가? 우리는 교육에 대해 고등 교육을 받은 자로서 학생들에게 수업을 할 권리를 가진 교사다. 다만 경험이 부족하고 능숙하지 않아서 어색할 뿐이지, 내 가르침 자체가 의미 없고 쓸모없는 것은 아니다. 어떤 모습이든 우리 수업은 그 자체로 가치가 있다. 이런 자신감을 바탕으로 교사는 학생들 앞에 서야 한다. 스스로 무너지게 되면 우리는 어떤 일도 할 수 없다. 수업을 하는 내 마음이 흔들려서는 안 된다. 지금은 내 수업이 많이 부족하지만 앞으로 더 나아질 것을 소망하며, 학생들에게 요구해야 할 것은 당당하게 요구할 수 있어야 한다.

사실 수업은 모든 교사에게 두려운 대상이다. 수업은 '가르치려는' 교사와 '쉬고 싶은' 학생이 전쟁을 벌이는 곳이기 때문이다. 그렇다고 우리가 지레 겁을 먹고 위축될 필요는 없다. 방만한 수업에 적절한 경계를 세우는 일은 굉장히 많은 에너지를 필요로 한다. 교사가 두려움을 갖게 되는 것은 당연한 일이다. 그렇다고 '나만 이런 거야.'라는 생각으로 자기만의 늪에 빠져서는 안 된다. 끊임없이 자신의 수업을 성찰하고, 동료 교사들의 격려와 지지를 구해야 한다. 그렇지 않는다면 무너지고 또 무너질 수밖에 없다. 교사 스스로 좌절하지 않는 것이 무엇보다 중요한 시점이다.[38]

성찰하기

1. 수업에서 학생들과 좋은 관계를 만들어 낼 수 있다는 자신감이 있는가?

2. 수업을 진행하면서 열등감과 비교 의식에 사로잡힌 적은 없는가?

3. 수업 속에서 가르침의 권위를 잘 지켜 내고 있는가?

관계 보기 3
수업 속에서 경계를 세우기 위한 공동체가 있는가?

'깨진 유리창의 법칙'이라는 것이 있다. 유리창 하나가 깨지면 조만간 건물 유리창 전체가 깨진다는 이론이다. 조그만 틈이 방치되면 그것으로 인해 더 큰 화가 생기는 것이다. 수업도 마찬가지다. 경계를 적절하게 세우지 못하고 수업을 계속하게 되면, 몇 달이 지나지 않아 수업 자체가 이루어지지 않을 가능성이 높다. 수업의 질서가 무너져 있으면 다른 것을 제쳐 두고라도 이 문제를 해결하고서 수업을 해 나가야 한다. 그런데 어떤 경우에는 교사 개인이 수업의 경계를 세우기 위해 발버둥을 쳐도 교사의 힘만 빠질 뿐 학생들이 전혀 변화하지 않을 수도 있다. 만약 학교 전체 학생들 사이에 무질서의 문화가 널리 퍼져 있다면, 이는 교사 개인의 노력으로는 극복할 수 없는 문제일 것이다.

수업 코칭을 하다가 만난 안 선생님의 경우도 그랬다. 안 선생님은 중학교 기술가정 교사로 경기도 외곽의 한 지역에서 근무하고 있었다. 선생님은 수업이 힘들다며 내게 도움을 요청했고, 나는 선생님의 수업을 보면서 선생님과 수업 나눔을 하기로 했다. 그런데 수업을 지켜보다가 나는 그만 교실을 슬그머니 빠져나와야 했다. 그 수업은 안 선생님이 담임을 하는 반의 수업이었는데, 수업 도중 안 선생님의 분노가 폭발하고 말았기 때문이다. 학생들은 교실에 손님이 찾아와서 관찰을 하고 있음에도 담임 선생님의 말을 잘 듣지 않았고, 계속해서 자기네들끼리 떠들고 딴짓을 했다. 선생님은 인내심을 갖고 아이들을 말로 잘 타일렀지만, 학생들이 전혀 개의치 않고 계속 떠들며 딴짓을 하니 결국 수업 중간에 선생님이 소리를 질러 버린 것이다. 분위기가 점점 험악하게 흘러가 수업을 촬영하던 나는 카메라를 끄고 조용히 복도로 나올 수밖에 없었다. 몇 분 후 수업을 마치는 종이 울렸는데, 선생님은 계속해서 학생들을 잡고 훈계를 하고 계셨다. 그리고 그때 다른 반 학생 하나가 뛰어나와서는 "대한 독립 만세!"를 외치며 복도를 휘젓고 다니더니, 안 선생님 반 유리창에 기대서서 자꾸만 그 반 학생을 손가락질하며 놀려 댔다. 지금 그 반은 선생님께 꾸중을 듣고 있는데 그걸 아는지 모르는지 학생은 창문을 계속 두드리며 이상한 짓을 하는 것이었다. 결국 내가 그 학생을 불러 물어보았다.

"이봐, 학생! 지금 그 반 혼나고 있어서 그런 장난 치면 안 돼."

"왜 안 돼요? 종 쳤잖아요. 쉬는 시간인데 내 맘대로 하면 안 돼요?"

순간 차오르는 감정을 간신히 억누르며 학생에게 다시 이런저런 훈계를 했다. 그러나 훈계를 듣는 학생은 자신이 무엇을 잘못했는지 전혀 이해하지 못한 채, 훈계가 끝나자마자 다시 복도를 달려 나가며 외쳤다.

"대한 독립 만세~!"

말 잘 듣는 인문계 고등학생만을 가르치다가 개념 없는 중학교 학생들을 보니 솔직히 정신이 하나도 없었다. 수업을 마치고 안 선생님과 대화를 나눠 보았다. 안 선생님은 무척이나 피곤해 보였다. 이제는 애들에게 두 손 두 발 다 들었다며 도저히 아무것도 안 된다고 한숨을 쉬었다. 소리를 질러도, 살살 구슬려 보아도 학생들이 전혀 말을 듣지 않는다는 것이다. 계속해서 엉뚱한 짓이나 하고, 아무리 혼을 내도 반성의 기미가 전혀 보이지 않고, 한 학기가 지나도록 학생들이 '약 먹은' 사람들처럼 미쳐 날뛴다고 했다. 문제는 안 선생님 반 아이들만 이런 것이 아니라, 중학교의 대다수 아이들이 마찬가지 모습이라는 것!

상황이 이쯤 되면 수업 속에서 경계를 세우는 것은 교사 개인의 역량으로는 절대 불가능한 일이다. 학년 차원에서 모든 선생님이 머리를 맞대고 고민해 일관된 행동으로 학생들을 대할 때, 학교의 무질서한 문화와 방만한 수업을 조금씩 해결해 갈 수 있다. 그렇지 않으면 안 선생님처럼 혼자서 열심히 노력하다가 결국 실패감만 크게 맛보고 자포자기해 버릴 수밖에 없다.

학생들이 수업에서 무질서하게 행동하는 것은 학교를 사적인 공간으로 인식하기 때문이다. 따라서 교사들은 공동의 합의를 통해, 학교란 공공의 공간이므로 남에게 피해를 주지 말아야 한다는 것을 아이들에게 인식시켜야 한다.

실제로 덕양중학교[39]에서는 교사와 학생 간에 지켜야 할 규율들을 공식적으로 선포하고 이를 지키기 위해 애를 쓴다고 한다. 이를 '수업 협약'이라고 하는데, 협약의 내용은 교사와 학생 모두의 의견을 반영해 작성하고 수업 협약식을 통해 학교 내에 천명하는 과정을 거쳤다. 교사는 학생을 존중하고 학생은 수업 시간에 교사의 권위를 인정하는 내용으로 협약문은 이루어져 있는데, 수업 협약의 내용을 지키지 않았을 경우에는 교사건 학생이건 공개적으로 학생들에게 양해를 구하고 다시는 이런 일을 하지 않도록 사과를 한다.

교 사

하나, 학생 한 명 한 명의 존엄한 인격을 존중하고 사랑으로 대한다.
하나, 학생을 인격적으로 존중하기 위하여 폭언과 욕설을 금하고, 학생의 이름을 부르며, 학생을 존중하는 언어를 사용한다.
하나, 모든 학생을 편견 없이 대하며, 차별하지 않는다.
하나, 수업을 시작하는 시간과 끝나는 시간을 잘 지킨다.
하나, 학생이 즐겁게 배움에 참여할 수 있도록 수업 준비에 최선을 다한다.
하나, 학생의 작은 소리도 무시하지 않고, 적극적으로 경청한다.
하나, 수업이 진행되는 과정에서 학생 한 명 한 명의 이해 정도를 살피고 점검하여 잘 배울 수 있도록 끝까지 지도한다.
하나, 학생을 체벌하지 않고, 적극적으로 격려하고 지지한다.
하나, 학생을 끝까지 포기하지 않고, 사랑과 기다림으로 학생의 성장과 성숙을 돕는다.
하나, 수업에서 학생들이 서로 가르쳐 주고 배울 수 있도록 적극적으로 안내하여 더불어 배우는 학교 공동체 문화를 만드는 데 노력한다.

학 생

하나, 자신을 사랑하고 스스로의 발전과 성장을 위해 최선의 노력을 다한다.
하나, 꿈과 비전을 품고 이루기 위하여 끊임없이 노력한다.
하나, 배움을 포기하지 않고, 모르는 것이 있으면 친구와 선생님께 적극적으로 질문한다.
하나, 수업을 시작하는 시간을 잘 지키고, 수업에 필요한 준비물을 잘 준비한다.
하나, 수업에 적극적으로 참여하여 주어진 과제를 해결하기 위해 최선을 다한다.
하나, 수업 시간에 엎드려 자지 않고, 졸릴 경우 세수를 하거나 서서 수업을 듣는 적극적 태도를 갖는다.
하나, 선생님을 사랑과 존경으로 대하고, 선생님을 향한 예의를 지킨다.
하나, 선생님과 다른 친구의 말을 무시하지 않고, 적극적으로 경청한다.
하나, 친구들의 인격을 존중하여 비방과 욕설 및 무시하는 행동을 하지 않으며, 수업 진행을 방해하는 말과 행동을 하지 않는다.
하나, 수업에서 친구의 배움을 돕고, 친구의 도움을 받는 과정에 적극적으로 임해, 더불어 배우는 학교 공동체 문화를 만드는 데 노력한다.

실제로 덕양중학교에 근무하는 김 선생님의 수업을 관찰할 때 이런 모습을 확인할 수 있었다. 선생님의 수업을 지켜보던 날, 수업 시간에 늦은 학생이 있었는데 선생님은 수업을 진행하지 않았다. 늦게 온 학생들이 다 올 때까지 기다렸고, 이를 교실에 있는 학생들에게 인식시켰다. 그리고 학생들이 다 들어오자 늦게 온 학생들을 뒤에 서게 하고 "얘들아, 우리가 늦게 들어와 수업이 늦게 시작되어서 미안해."라고 사과하게 하였다. 학생들은 머쓱해하면서 다른 학생들에게 '미안하다'고 이야기했고, 친구들은 그 사과를 받아들였다. 처음에 나는 이런 의식이 조금은 유치하다고 생각했는데, 김 선생님은 의외로 효과가 크다고 이야기해 주었다. 처음에 시행할 때는 학생들이 의도적으로 늦게 들어와서 수업을 지연시키지 않을까 걱정했는데, 우려와 달리 아이들은 남에게 피해를 주지 않기 위해 일찍 들어오려 애쓴다는 것이다. 덕양중학교는 이러한 '수업 협약'의 효과를 많이 봐서 1학기가 지났을 때에는 수업 시간에 늦게 들어가거나 교사의 권위에 도전하는 학생이 많이 사라졌다고 한다. 이런 결과를 거둘 수 있었던 것은 교사들이 모두 '수업 협약'을 통해 일관된 행동을 했기 때문에 가능했다고 김 선생님은 말한다.

> 물론 수업 협약식을 처음 하자고 할 때 선생님들 사이에 의견 차이가 있었어요. 몇몇 선생님은 어차피 이런 건 형식적인 것이고 학생들을 강하게 몰아쳐서 일벌백계(一罰百戒)를 해야 한다고 말했어요. 하지만 또 다른 선생님들은 그렇게 하면 학생들이 학교에 오기가 더 싫어질 거라며, 일단 학생을 신뢰하는 방식으로 학생들을 대하자고 했어요. 이런 이야기를 통해 교사 간에도 학생들을 대하는 철학이 상당히 다르다는 것

을 알게 됐고, 서로 이야기하면서 일단은 학생들을 신뢰하고 그들이 자발적으로 따라오게 하는 방식으로 결론을 냈어요. 그래서 수업 협약을 모두 함께 실천하기로 했고, 이를 위해 학생들이 교사들에게 바라는 행동을 적으라고 했죠. 그리고 우리 교사들도 학생들이 이랬으면 좋겠다 하는 것을 서로 말하고 수업 협약식을 했어요. 담임 선생님과 반장이 서로 악수를 하고, 단체 서약식을 한 거죠. 그리고 수업 협약문은 컬러로 인쇄해서 게시판에 붙여 놓았어요. 처음엔 저희도 이것이 과연 효과가 있을까 의구심을 가졌는데, 협약문을 토대로 모두가 일관된 기준을 제시하니 학생들도 크게 반항하지 않고 잘 따라오더라고요.

이렇듯 교사 학생 간 공동체적인 합의의 결과로 덕양중학교 학생들은 예전과 다르게 학습 태도가 좋아지고 학업 성취도 역시 눈에 띄게 개선되었다. 또한 '수업 협약'에만 그치지 않고 교사들 간의 상호 토의를 계속 이어 가면서, 학생들의 품성 교육 등 여러 활동을 하는 데 있어서도 공통된 기준을 지속적으로 마련해 나가고 있다. 이를 바탕으로 모든 교사가 일관된 지도를 하니 학생들이 무리 없이 교사들을 따라 주고 있다고 한다.

덕양중학교의 이러한 사례는 무척이나 부럽게 느껴지지만, 막상 학교 내에서 이렇게 공동체적으로 무언가를 한다는 것은 어렵게만 여겨질 것이다. '단합과는 거리가 먼 우리 학교 분위기에서는 절대 불가능한 일이야. 혁신학교에서나 저렇게 할 수 있는 거지.' 하는 생각이 들 법하다. 하지만 어느 곳에서나 교사 공동체는 모든 교사가 자발적으로 합의해서 시작되는 것은 아니다. 처음에는 헌신적인 몇 명의 교사로부터 교사 공동체가 조그맣게 만들어지고 그것이 학교 전체로 퍼져 나간다. 우리 학교에 근무하고 있는 김 선생님의 경우가 바로 그런 예이다.

김 선생님은 고등학교 2학년 담임으로 문과반에서 분위기가 제일 좋지 않은 B반을 맡았다. B반에는 특히 수업을 소란스럽게 하는 5인방이 있었는데, 이 5인방에게 개인적으로 협박도 하고 타이르기도 했지만 수업에서의 소란스러움은 좀처럼 해결되지 않았다. 김 선생님은 고민 끝에 한 가지 방법을 생각해 냈다. 교과 선생님께 일일이 수업을 확인 받는 '돌봄 프로그램'을 실시한 것인데, 이것이 상당한 효과를 거두었다.

돌봄 프로그램 – 이 학생에게 조금만 더 관심을 가져 주세요!

1. 선생님! 죄송합니다만 학생의 수업 태도 개선을 위해 해당 학생의 수업 태도 평가를 부탁드립니다.
2. 해당 교시에 학생의 수업 태도를 아래 기준에 따라 A+(최상), A(상), B(중), C(하)로 표시해 주시고, 확인 사인을 해 주세요. 해당 요일 평균이 A가 되지 않으면 별도의 벌이 주어지고, A+가 되면 상이 주어집니다.
   - A+ : 수업에 적극적으로 동참하고, 수업 진행에 많은 도움을 주었을 경우
   - A : 수업에 적극적으로 동참하지는 않으나 수업 시간 내내 집중을 한 경우
   - B : 수업 시간에 집중하지 않고 졸거나 멍때리는 경우
   - C : 수업 시간에 자거나 떠든 경우, 수업 활동을 제대로 하지 않고 과제를 해 오지 않은 경우, 수업 준비가 제대로 되지 않은 경우

교시	요일 (월 일)			요일 (월 일)		
	과목	수업 태도 평가	교과 선생님 사인	과목	수업 태도 평가	교과 선생님 사인
1						
2						
3						
4						
5						
6						
7						

 이 돌봄 프로그램은 수업을 들어가는 B반 교과 선생님들이 더 좋아했다. 안 그래도 이 5인방 때문에 수업 분위기가 좋지 않았는데, 이 아이들을 담임 선생님이 특별 관리한다고 하니 교과 선생님들도 반가워하며 신경 써서 평가를 해 줬다. 어떤 선생님은 그때그때 일어난 자세한 상황을 적어 놓고 구체적으로 칭찬도 해 주었다. 이런 공동체적인 참여 속에 모든 교사에게 체크를 당하게 된 5인방은, 선생님들에게 많은 관심을 받아서인지 오히려 이 상황을 무척이나 즐겼고 이에 따라 수업 분위기도 확연하게 좋아졌다. 특히 A+를 여러 개 받는 날이면 어깨를 으쓱거리며 다른 학생들에게 자랑을 하기도 했다.
 이후 이 돌봄 프로그램은 다른 담임 선생님들도 같이 시행하게 되었고, 그 결과 2학년 전체 수업 분위기가 예전보다 훨씬 좋아질 수 있었다. 교사들은 쉬는 시간마다 '누가 오늘은 수업을 정말 잘 들었다. 누구는 조금 더 관심이 필요한 것 같다.' 등의 이야기를 나누면서 학생들의 상황을

깊게 살폈다. 이를 통해 자연스레 학생들에 대한 관심과 애정이 커져 갔고, 학생들을 지도하는 데 있어 공동체적으로 일관된 행동을 하게 되었다. 이렇듯 5인방 돌봄 프로그램이 학년 차원에서 잘 시행되고 좋은 성과를 거둘 수 있었던 것은, 결국 김 선생님 한 사람의 헌신적인 노력과 번뜩이는 아이디어로부터 시작해 확산된 것이었다.

이상에서 살펴본 것처럼, 수업의 질서 문제는 가능하면 교사 개인의 실천으로 그쳐서는 안 된다. 수업 속 학생의 방임은 학교 차원에서 풀어야 할 경우가 많기 때문이다. 아무리 교사 개인이 수업 속에서 경계를 세우기 위해 발버둥 쳐도, 학교 자체의 문화가 이에 배치된다면 개인의 노력은 좀처럼 결과를 맺기 어렵다. 이러한 문제를 학교 차원에서 풀어 가기 위해, 교사는 교사 회의 때 공개적으로 이 문제를 이야기해야 한다. 학교 전체가 힘들다면 적어도 학년 단위에서 실천할 수 있도록 교사들이 함께 머리를 모아야 한다. 그렇지 않으면 모든 교사들이 의욕을 상실하고 수업은 점점 더 붕괴될 수 있다. 실제로 앞서 이야기했던 안 선생님의 학교에서도 이와 같은 현상이 자주 발견되었다. 안 선생님의 수업을 보면서 몇몇 다른 교실을 슬쩍 지켜보았는데, 안 선생님의 수업은 오히려 칭찬을 받아도 될 만큼 온 학교의 수업이 붕괴 상태였다. 대부분의 교실에서 앞의 서너 명만 수업에 집중할 뿐 대다수 아이들이 잠을 자거나 떠들고 있었다. 학교 전체의 수업 질서가 무너져 버린 것이다. 사실 이것은 안 선생님 학교만의 문제가 아니다. 내가 2011년에 방문했던 대다수의 중학교는 이런 무질서의 상태가 그대로 방치되어 교사들이 수업에 대한 의욕을 상실한 경우가 많았다.

이제는 정말 교사들이 힘을 모아야 한다. 수업이 힘들다고 학생들만

탓할 것이 아니라, 학생들에게 일관적으로 지도할 수 있는 경계들을 만들고, 그것을 바탕으로 학생들을 함께 가르쳐야 한다. 그리하여 학생들에게 학교가 질서의 공간임을, 자유는 법 안에서의 자유로움임을 알려 주어야 한다.

성찰하기

1. 학생의 방임 문제를 해결하기 위해 혼자 발버둥 친 적은 없었는가? 그때의 감정은 어떠했는가?

2. 수업 속 관계 문제를 해결하기 위해 학교 혹은 학년 단위에서 의견을 모은 적이 있는가? 없다면 그 이유는 무엇인가?

3. 공동체적으로 학생의 방임 문제를 해결하기 위해 어떤 노력을 기울여야 한다고 생각하는가?

관계 보기 4
경계를 세우기 위해 학생들을 지나치게 통제하지는 않는가?

오늘 수업 시간에 있었던 일이다. 수업 중임에도 한 학생이 떠들고 있기에, 학기 초 수업의 기본 질서를 바로잡기 위해 이렇게 얘기를 했다.

"떠들지 말라고 할 때 들어주세요. 안 그러면 제가 상처받잖아요."

그런데 그랬더니 그 아이는 비아냥거리는 말투로 "아, 그래요?"라고 하는 것이 아닌가. 순간 분노가 치밀어 올랐다. 여기서 화를 낼 것인가, 참을 것인가를 고민하다가 화를 내기로 했다. 학기 초 경계를 강하게 세워야 하는 상황이었기 때문이다. 그래서 나는 "야, 너 밖으로 나와."라고 위압적으로 말하고, 복도에서 있는 힘껏 소리를 질렀다.

"야, 너 내가 우습게 보여? 내가 정중히 조용히 해 달라고 하면 어떻게 해야 돼? 네가 초딩이야?"

학생을 혼내면서 나는 일말의 죄책감도 갖지 않았다. 심지어는 복도에 쩌렁쩌렁하게 울리는 내 목소리를 들으면서 '나는 지금 잘하고 있어. 애들이 이제 내 수업 때 긴장하겠지?'라고 생각하며 뿌듯해했다. 다시 교실에 들어가자 역시나 학생들은 잔뜩 긴장하고 있었다. 나는 태연스럽게 학생들의 긴장을 풀어 주며 다시 수업을 진행해 갔고, 얼마 지나지 않아 학생들은 웃으면서 수업에 잘 따라와 주었다. 그리고 나는 이렇게 생각을 했다. '역시 학생들은 초반에 잘 잡아야 해! 우습게 보여서는 안 돼!'

그러나 이 글을 쓰면서 나는 다시 한 번 생각해 본다. '학생들을 초반에 잡아야 한다'면서 그 학생에게 소리를 친 근본적인 이유는 과연 무엇이었을까? '수업에 경계를 세운다'는 당위가 합당하기는 한데, 굳이 복도에서 그렇게까지 소리를 지를 필요가 있었을까? 아무런 죄책감도 없이 그 학생을 다그치게 한 당위의 정체는 과연 무엇이었나? 결국 그것은 학생들을 배움으로 인도하겠다는 교육적인 이유보다는, 학생들 앞에서 '나는 강한 남자'라는 것을 과시하기 위한 마초적인 본능 때문은 아니었을까? '너희들 나 우습게 보면 안 돼! 여차하면 큰일 날 수 있어!'라는 강한 협박을 사실은 하고 싶었던 것이다.

이렇듯 '수업에서 경계를 세운다'는 당위가 늘 '학생들의 배움'을 향해 있지만은 않다. 자칫 잘못하면 교사의 힘을 과시하기 위한 그릇된 도구가 되고 학생들을 그저 억압하기만 하는 '통제'가 되어 버린다. 경계를 세운다는 것은 성질이 다른 두 영역에 적절한 만남의 지점을 찾아내는 것이다. 곧 수업에서의 경계는 교사와 학생의 적절한 관계의 지점을 만들어 내는 것을 말한다. 그런데 이것이 통제가 되어 버린다면, 교사가 일방적으로 학생을 교사의 지배 영역에 넣으려는 것이 된다.

전남에서 만난 오 선생님이 그랬다. 오 선생님은 이 지역에서 엄하기로 유명한 수학 선생님이었다. 선생님의 수업을 듣는 학생들은 허리를 구부리고 있어서는 안 되고, 눈동자는 항상 선생님을 향해 있어야 하며, 하품도 해서는 안 된다고 했다. 선생님의 돌발 질문에 반드시 답을 해야 하고, 답을 제대로 하지 못하면 손바닥을 맞아야 했다. 선생님은 학생들이 수학 수업을 재미없어하기 때문에 어쩔 수 없이 이렇게 강한 통제를 한다고 하였다. 그러나 이렇게 수업을 하다 보니 선생님은 별것 아닌 일에

화를 내게 되고, 계속 강한 통제를 해야 한다는 강박에 시달리고 있었다. 또한 학생 편에서 생각하지 못하고 교사의 시선으로 모든 것을 판단해서, 자신도 모르게 학생들을 인격적으로 모독하는 말까지 하게 된다고 했다.

경계 세우기가 과한 나머지 이렇게 통제의 수단으로 변질되면, 학생들은 공부를 억지로 하게 된다. 수업 속에서 학생의 개성은 전혀 발현되지 못하고, 교사의 강한 억압 아래 아이들은 숨도 제대로 쉬지 못한다. 교사가 무서워 고개를 들고 눈은 마주치고 있으되 딴 생각을 할 확률이 높다. 일명 '위장된 배움'을 선보이는 것이다. 대답도 교사가 정답이라고 생각할 말 이외에 스스로의 생각을 담은 이야기는 절대 하지 않는다. 잘못 얘기했다가 혼이 날까 봐 두렵기 때문이다. 수업 시간이 공포의 시간이 되어 늘 긴장 속에서 수업을 해야 하는 것이다.

이렇게 수업 시간에 강한 통제를 하는 이유는 교사가 원래부터 폭력적이어서가 아니다. '학생들을 잘 잡는 교사가 유능한 교사이고, 이렇게 학생들을 잡아야 수업을 잘할 수 있다'는 통념이 우리에게 존재하기 때문이다. 그러나 이것은 다분히 교사의 관점에서 나온 말이다. 정작 학생들은 통제적인 교사 앞에서 자신의 개성을 발휘하지 못하고, 교사가 알려 준 것만을 익히는 데 바쁠 뿐이다. 우리는 학생들이 교사와 학생, 학생과 학생의 인격적인 대화를 통해 '배움'을 일군다는 것을 알고 있다. 그런데 통제적인 수업은 이런 기회를 원천적으로 봉쇄한다. 교사는 마음을 열고 대화하고 싶지만, 학생들이 좀처럼 마음을 열지 않는다. 막연한 적개심으로 교사 입맛에 맞는 대답을 형식적으로 할 뿐이다.

다시 한 번 생각해 보자. 수업 시간에 학생들을 강제하고 통제하고 조용히 만드는 것은 진정 누구를 위한 행동인가. 사실 그것은 수업을 하는 교사의 마음을 안정시키기 위한 것이 아니었나? 어떤 교사들은 학생들이 떠들지 않고 교사가 묻는 말에 대답만 하기를 원한다. 그것이 우리도 학창 시절에 경험했던 방식이고, 수업을 이끌어 가는 데 가장 효율적이기 때문이다. 그러나 그 속에는 학생이 없다. 가르침을 위한 '통제'는 있지만, 배움을 위한 '존중'은 없다.

 통제적인 수업에서 벗어나려면 우리는 먼저 '수업은 누구를 향해야 하는가'를 고민해야 한다. 그리고 내가 수업에서 학생들에게 경계를 세워 가는 행동이 어떤 당위에서 시작되었는지를 조용히 성찰해야 한다. 그런 행동이 학생들에게 어떤 영향을 줄 것인지를 늘 생각해야 한다. 교사의 통제가 아무리 좋은 동기에서 시작됐을지라도, 그 통제가 학생들에게 의미 있는 배움을 형성하는 데 방해가 된다면 교사는 그것을 버려야 한다. 조금 힘들더라도 교사는 학생의 존재를 인정하며 그들의 영역을 존중하고 적절한 관계의 지점을 찾아가는 모험을 계속해야 할 것이다.[40]

성찰하기

1. 수업에서 학생들을 혼낼 때, 주로 어떤 점을 혼내게 되는가? 그리고 그 이유는 무엇인가?

2. 수업에서 학생들에게 힘을 과시하기 위해 의도적으로 목소리를 높이는 등 통제를 강화한 적은 없는가?

3. 수업에서 학생들에게 요구하는 행동들은 학생들을 위한 것인가, 교사를 위한 것인가?

관계 보기 5

수업 속에서 존중의 관계를 만드는 데 두려움은 없는가?

　몇 년 전에 담임을 맡았을 때, 평소 친하게 지내던 한 선생님이 다가와 A학생을 지목하며 조심하라고 충고를 해 주었다. 그 선생님만이 아니었다. 주변의 거의 모든 선생님들이 "그놈은 눈빛부터 마음에 안 들고, 교사를 교사로 보지 않고 죄송하다는 말 한 번 하지 않는다"며 갖은 악담을 해댔다. 심지어 학년 부장님도 "A는 특별히 김 선생님 반에 넣은 거야. 잘 부탁해."라고 말했다. '도대체 A는 어떤 학생이기에 이토록 많은 선생님들에게 욕을 먹는 것인가?'라는 궁금함과 초반부터 기선을 제압해야겠다는 각오가 동시에 생겼다. 그냥 보기에 A는 다른 학생들과 별반 다르지 않았다. 그러나 다음 날 그는 바로 무단 지각을 했다. 기회는 이때다 싶어서 나는 A를 불러 '그냥 지각도 아니고 무단 지각을 했냐'며 소리를 쳤다. 처음부터 A에게 우습게 보여서는 안 되겠다고 생각한 것이다. 그리고 다음 날에는 청소를 시켰는데 A가 보이지 않았다. 또다시 A를 혼내기 위해 벼르고 있다가, 복도에서 A와 마주쳤다. 내가 다짜고짜 '청소는 안 하고 왜 놀고 있냐'며 소리를 쳤더니, A는 청소를 했다면서 나에게 눈을 부라리는 것이었다. 나는 더 화가 나서는 복도가 떠나가도록 A에게 소리를 질렀다. 그러나 결과는 나의 완패. 사실 A는 청소를 하다가 잠깐 화장실에 다녀오는 길이었던 것이다. 상황 파악도 하지 않은 채 A에 대한 편견에 휩싸인 나는 A를 힘으로 제압하려다 실수를 저지르고 말았다.

내가 A를 제압하려고 했던 이유는 무엇인가? 그것은 '내가 지금 강하게 혼내지 않으면 이 학생이 계속 어긋날 것이다.'라는 나름대로의 당위가 있었기 때문이다. A를 존중하면서 천천히 지도해 가도 될 텐데, A에게 지나치게 환대를 베풀면 A가 나를 얕보거나 나의 호의를 이용할 것이라는 그릇된 판단이 작용했던 것이다.

그 사건 이후 나는 A에게 소리를 지르기보다는 감정을 읽어 주려고 최대한 노력했다. "속상했겠네." "힘들었겠구나."와 같은 말을 자주 하면서, A가 처한 감정을 이해하고 공감하며 '내가 너를 이해하고 있다'는 신호를 끊임없이 보내 주었다.[41] 심지어는 지각을 해도 "뛰어오느라고 고생했네. 하지만 지각한 것이니 청소는 해야 돼."라고 말하며 A의 마음을 다독였다. 그리고 A와 개인적으로 상담을 하면서 과거에 어떤 행동을 했는지를 자세히 듣고, 그것에 대한 내 느낌을 솔직하게 말해 주었다. "사람들이 너에 대해 어떻게 얘기하는지는 신경 쓰지 않을게. 나는 너의 지금 모습만을 보면서 판단할 테니, 앞으로 네가 새로운 출발을 해 주었으면 좋겠어." 그랬더니 그 후 A는 스스럼없이 나에게 찾아와서 자신의 감정을 말하기 시작했다. 또 내게 이런저런 요구를 하기도 했는데, 합리적이라고 생각되면 들어주었고 그렇지 않은 것은 거절했다. 그리고 A가 선생님들로부터 받은 오해가 잘못된 말습관 때문이라는 생각에, A의 언행에 대해 하나하나 짚어 주고 얼굴 표정도 구체적으로 코치해 주었다. 그랬더니 늘 반항적이거나 상대방을 무시하는 것 같았던 A의 표정과 말투가 조금씩 고쳐지기 시작했고, 3개월쯤 지났을 때 A의 눈빛은 밝아지고 A가 철들기 시작했다는 말이 들려왔다. 이제 A는 내가 잘못을 지적하면

머리를 긁적이며 "선생님, 죄송해요. 제 생각이 짧았어요. 다음부터는 그러지 않을게요."라고 대답을 한다. 이렇듯 A가 변화할 수 있었던 것은 교사의 통제력을 과시하려 하지 않고, A를 존중해 주고 감정을 이해해 주는 데서 시작되었다. 이것은 학급 경영에만 해당하는 내용이 아니다. 수업에서 만나는 학생들과의 관계에서도 마찬가지로 적용되는 이야기다.

평소 통제적인 수업을 해 온 교사가, 학생들을 존중하기 위해 살짝 웃으며 학생들의 이야기를 잘 들어 주기만 해도 학생들의 얼굴은 곧 바뀐다. 그러나 통제적인 수업에서 이런 여유를 갑자기 갖기란 쉽지 않다. 이런 모습을 학생들에게 자주 보여 주면 수업의 질서가 무너질 것이라는 두려움이 있기 때문이다.

초등학교에서 10년 동안 근무한 최 선생님도 마찬가지였다. 최 선생님은 5차원 학습, 협동 학습, 에니어그램 등 수많은 연수를 통해서 학생들을 위한 수업 준비를 하는 데 부단히 애를 썼다. 그런 노력 덕분인지 선생님이 맡은 반은 다른 선생님들이 보기에 관리가 아주 잘된 반이었다. 지각하는 학생도 적고 자율 학습 시간에는 다른 어떤 반보다 조용했다. 교사의 수신호에 따라 일제히 같은 행동을 하고, 급식 시간, 단체 집합 시간에 가장 모범적인 모습을 보였다. 그러나 최 선생님의 속마음은 조금 달랐다. 학생들에게 좀 더 다가서는 의미 있는 교사가 되고 싶은데, 학생들이 자신과 제대로 소통하지 못한다는 느낌을 받는다고 했다. 그래서 학생들에게 잔소리를 줄이고 수신호로 통제하는 것을 최소화하고 싶지만, 당장 눈앞에 보이는 학생들의 무질서함을 용서할 수 없었다. 학생들을 친근하게 대하고 싶지만, 학생들이 확 풀어질까 봐 걱정이 되었던 것이다. 한편으로는 여러 선생님들로부터 '학급 관리를 잘한다'고 인정을 받아 왔는데 '그 수준을 계속 유지하지 못하면 어떡하나' 하는 두려움도 있었다.

통제적인 수업을 하는 교사들은 공통적으로 이런 두려움을 가지고 있다. 하지만 교사는 이러한 두려움을 극복하고, 약간의 일탈은 받아들이면서 학생들에게 다가설 수 있어야 한다. 통제의 강도를 낮추고 관계성을 높이는 방향으로 수업을 이끌어야 한다. 수업에서 더 중요한 것은 교사의 '효율적인 통제'가 아니라 학생들의 '살아 있는 눈빛'이기 때문이다. 적당한 경계가 있는 상황에서 조금씩 자유를 주게 되면, 학생들은 서서히 기지개를 켜고 살아나기 시작한다. 닫혔던 입이 열리고, 긴장으로 가득 찼던 얼굴이 조금씩 풀리기 시작한다. 이런 움직임이 있을 때 수업 속에 참 배움이 생겨난다. 때론 조금은 소란스럽고 어수선한 수업으로 보일지라도, 이런 학생들의 자발적인 참여가 있을 때 배움은 만들어진다. 수업 속에서 교사가 아이들을 환대할 때, 학생들은 교사에게 점점 다가서고 그것을 통해 살아 있는 수업이 이루어진다.

통제하는 수업에서 학생들을 존중하는 수업으로 나아가려면, 교사는 일단 수업의 힘을 빼야 한다. 과도하게 높았던 음성을 조금 낮추고, 굳어진 얼굴을 펴야 한다. 혹시 회초리가 있다면 교무실에 놓고 와야 한다. 그리고 학생들에게 조금씩 다가서면서, 학생들이 어떻게 달라지는지를 살펴야 한다. 과도하게 권위만 내세웠던 모습에서 벗어나, 이제는 학생들의 생각과 마음을 읽도록 노력해야 한다.

통제적인 수업을 하다 보면 교사 스스로 그 힘에 도취될 때가 있다. 내 손짓과 몸짓에 따라 착착 움직이는 학생들의 모습을 보면, 내 자신이 무척 카리스마 있는 교사처럼 여겨져 자신도 모르게 일종의 희열을 느끼기도 한다. 그러나 그것은 교사만의 착각일 뿐이다. 교사의 지시에 순종

하고 있는 학생들은 위장된 모습으로 따르는 척하고 있는 것이지 교사를 진정한 스승으로 생각하고 따르는 것이라 할 수 없다.

잘못된 상황에서는 부정적 강화로 학생들을 면박 주기보다는 학생이 왜 그런 어려움 속에 있는지를 읽어야 한다. 이런 작은 배려 하나에도 학생들은 쉽게 감동한다. 특히 통제적이었던 교사가 뜻밖의 배려를 보인다면 그 감동은 더욱 클 것이다. 가능하면 학생들을 존대하면서 그들의 생각에 내가 관심 있다는 것을 보여 주어야 한다. 혼자 기계적으로 교과 내용을 설명하기보다는 "누가 이 부분을 한번 설명해 줄래?"라고 말을 건네며 학생에게 수업의 주도권을 넘길 수도 있어야 한다. 이렇게 한다고 해서 교사의 권위가 무너지는 것이 절대 아니다. 오히려 이런 수업의 여백을 통해서 학생들은 수업에 더욱 적극적으로 동참한다.

앞서 설명한 최 선생님도 두려움을 극복하고, 학생들 앞에서 조금씩 웃기 시작했다. 그들의 이름을 불러 주고 칭찬을 아끼지 않았다. 잘못을 지적하기보다는 학생들의 생각을 읽고 공감하려고 노력했다. 특히 선생님은 아침 시간에 주로 학생들을 강하게 훈계하곤 했었는데, 이제는 그 시간이 학생들을 안아 주는 시간으로 바뀌었다. 일일이 학생들을 마음 깊이 안아 주면서 그들의 온기를 마음속으로 느껴 보았다. 지각을 해 헐레벌떡 뛰어오는 학생들도 혼을 내기보다는 일단 선생님이 꼭 안아 주고 난 다음 잘못에 대해 인격적으로 타일렀다.

> 통제를 줄이고 학생들을 존중하기 위해 아침마다 안아 주기를 시작할 때 걱정이 많았어요. 학생들이 나를 우습게 생각하면 어떡하지? 괜히 친밀한 모습을 보였다가 학생들이 확 흩어지면 어떡하지? 예상대로 에

전보다는 학생들이 조금씩 풀어지기 시작했어요. 그런데 가만히 생각해 보니 그 정도의 행동이 수업을 진행하고 학급을 운영하는 데 큰 방해가 되지는 않아 그대로 내버려 두었어요. 그리고 정말 문제의 상황이라면 화를 내기보다는 제 생각을 구체적인 감정으로 이야기하려고 애썼어요. "너희들이 떠드니까 선생님이 소외된 거 같아.", "아무개가 반복적인 실수를 하니까 아무개를 신뢰하기가 어려워졌어." 등으로 '나-메시지'로 표시했어요. 그랬더니 잘못이 있더라도 최대한 학생의 편에서 생각하고 잘못을 말하게 되더군요. 며칠 전에도 규철이(가명)가 지각을 했어요. 예전 같았으면 "야, 규철이 너 지각이 몇 번째야!"라고 소리를 쳤겠죠. 그런데 일단 저도 모르게 규철이를 안아 주게 되더라고요. 그랬더니 규철이 심장이 콩닥콩닥 뛰는 소리가 들렸어요. '이 아이가 지각하지 않으려고 정말 애썼구나!'라는 것을 생각했죠. 그랬더니 자연스럽게 "규철아, 지각 안 하려고 열심히 뛰었구나. 그런데 어떡하지? 일단은 지각했으니까 칠판 청소하고, 내일은 조금 더 서둘러서 와!"라고 말하게 되더군요.

최 선생님의 갑작스런 변화에 학생들은 당혹스러워했지만, 지속적인 선생님의 변화를 지켜보며 곧 적응하기 시작했다. 그리고 예전에는 학교가 숨이 막힌다며 빨리 학교를 벗어나고 싶어 했던 학생들이, 이제는 선생님과 같이 있는 것이 좋다고 말하면서 선생님에게 안기기 시작했다. 교사가 웃기 시작하니 학생들도 웃기 시작했다. 통제적인 수업에서 벗어나 학생들을 존중하고 환대하니 그 속에서 행복이 싹트는 수업이 시작되었다.
교사가 지나치게 통제적인 분위기를 만들게 되면, 교사는 기본적으로 그 분위기를 유지하고 싶어진다. 그것이 고착되면 학생들은 교사가 안내하는 배움 속으로 들어오지 않는다. 지금 이 글을 읽는 선생님의 수업 분위기가 지나치게 통제적이라면, 먼저 학생들을 신뢰하고 그들의 이야기를 들어 주고 눈을 맞추는 연습을 해야 할 것이다. 학생들의 이름을 기억하면서 그들을 하나의 인격체로 존중해 주어야 할 것이다. 이런 존중을 경험하게 될 때, 학생들은 수업 속으로 들어오기 시작한다. 배움은 효율적인 '통제 기술'에서 비롯되는 것이 아니라 교사가 학생에게 전심으로 다가서는 '진정성'을 통해서 만들어지기 때문이다.

성찰하기

1. 과도한 통제로 학생들에게 상처를 준 적은 없는가?

2. 학생들을 존중하기 위해 내가 할 일은 무엇인가?

3. 학생들을 존중하려고 할 때 생기는 두려움은 없는가?

tip 수업 속 관계에 대한 성찰의 방법

수업에서의 관계 맺기는 개인의 습관과 관련이 있기 때문에, 자신의 수업 속 관계에 대해 교사 스스로가 제대로 알아차리기란 쉬운 일이 아니다. 때문에 동료 교사를 수업에 들어오게 해, 내가 수업 속에서 관계 맺기를 제대로 하고 있는지, 경계를 명확히 세우고 학생들을 잘 존중하고 있는지 살펴 달라고 하는 것이 좋다. 특히 수업 초반 5분의 상황을 유심히 봐 달라고 부탁한다. 수업의 초반부가 문제 상황이 가장 많이 생기는 지점이기 때문이다. 이 5분의 시간 동안 교사는 학생들을 배움으로 인도하려 하고, 학생들은 쉬는 시간의 여파로 배움에 동참하기를 거부하는 긴장 관계가 생긴다. 방임적인 수업의 경우에는 교사가 수업을 시작하기가 굉장히 힘이 들 것이다. 학생들은 계속 떠들고 교과서를 가져오겠다며 움직이는 등 여러 행동으로 교사의 집중력을 떨어뜨린다. 반면에 경계를 너무 강하게 세워서 통제적인 분위기가 되었을 때는 학생들이 경직되어 있을 것이다. 교사의 눈치를 보고 자유로운 의사 표현을 하지 않을 가능성이 높다. 아래 제시된 내용을 참고해서 수업 속 관계를 성찰해 보자.

수업 속에서 의미 있는 배움을 만들기 위한 어떤 경계들이 있는가?	
통제가 너무 강해서 학생들이 경직되어 있는 지점은?	
경계가 너무 무너져서 학생들이 방임되고 있는 지점은?	
경계를 무너뜨리는 학생에 대해서 어떻게 대처하는가?	
적절한 경계 속에서 학생들을 존중하고 있는가?	
이 수업을 보고 느낀 점은 무엇인가?	

수업 속 대화를 살피며 성찰하기

수업을 보는 관점을 바꾸고, 수업 속 교사의 내면을 들여다보고, 학생들과의 적절한 관계 맺기에 대해서도 고민을 해 보았다면, 이제는 수업의 실제적인 변화를 도모할 때이다. 그 변화의 출발은 수업의 가장 기본인 대화로부터 시작한다. 수업 속에서 교사와 학생이, 학생과 학생이 서로 대화를 하며 들어 주는 관계가 이루어지지 않으면, 그 어떤 훌륭한 수업 내용과 방법이 있더라도 아무런 소용이 없다. 학생들의 이야기를 듣고 함께 나누는 수업 속 대화는, 우리의 수업을 진정한 배움의 장으로 한 걸음 다가서게 해 줄 것이다.

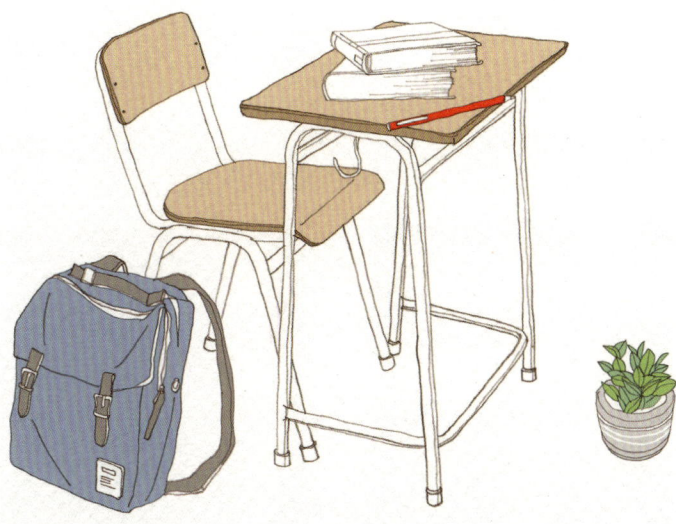

소 선생은 역사 교사이다. 오늘은 흥선대원군의 쇄국 정책을 가르쳐야 한다. 오늘도 책상 위에 앉아서 열심히 인쇄물을 만들고 있다. 흥선대원군이 왕으로 등극하기까지의 과정, 이때의 시대적인 상황 등을 일목요연하게 프린트로 만든다. 교과서로만 수업을 해도 되지만 내용이 조금 부족하다는 생각에, 추가 내용을 많이 넣어 인쇄물을 만든 것이다. 그러다 보니 한 시간에 설명해야 할 내용이 많아, 아이들과 대화할 여유가 없다. 뭔가 질문을 하려고 하면 시간이 늦어진다는 느낌을 지울 수 없기 때문이다. 그리고 사실 질문을 하면서 학생들과 대화한다는 것도 소 선생에게는 어색한 일이다. 그냥 내가 혼자 떠들고 학생들과 간단한 문답을 하는 정도가 더 편하다. 오늘도 소 선생은 수업 시간 내내 혼자 떠들다 돌아왔다. 수업을 할 때마다 목소리가 안 나올 지경이지만, 이런 수업 방식을 바꿔 볼 엄두가 좀처럼 나지 않는다.

・・・

교사와 학생 간에 좋은 관계가 맺어졌다고 해서 수업이 당장 개선되는 것은 아니다. 좋은 관계를 바탕으로 이제 교사는 수업 속에서 학생들과 깊은 대화를 시작하며 의미 있는 변화를 일궈 내야 한다. 만약 위에 나오는 소 선생님처럼 수업 속에서 깊이 있는 대화를 만들어 내지 않으면, 수업은 계속해서 그 자리를 맴돌게 된다.

많은 경우 사람의 관계가 무너지는 것은 대화를 통한 소통이 부족하기 때문이다. 뜨거웠던 연인 관계는 대화의 단절로 사소한 오해가 생겨 무너지고, 따뜻했던 가정은 서로 바쁘다는 핑계로 대화를 하지 못해서 냉랭한 관계로 변하게 된다. 소통을 하기 위해서는 어떤 형태로든 대화를 해야 한다. 대화가 사라진 관계에서는 불신과 적대감만이 싹트고 결국 그 관계는 끊어지고 만다. 학교 직원 회의 시간에 교사의 이야기를 들어 주지 않고 관리자만 마이크를 잡을 때 어떤 마음이 드는가? 답답하고 불통되는 학교 현실에 짜증이 밀려온다. 그런데 우리 수업도 마찬가지다. 학생들은 자신들의 이야기를 들어 주지 않고 자기 생각만 말하는 교사에게 짜증을 느낀다. 아무리 좋은 관계가 만들어져도 수업에서 적절한 대화가 오고 가지 않으면, 그 관계가 더 깊은 만남으로 이어지지 못하고 단절되기 시작한다.

한국의 많은 선생님은 학생들과 대화하지 않는다. 수많은 교과 지식을 잘게 나누어서 학생들에게 주입하려고 할 뿐 학생들의 생각을 듣지 않는다. 여전히 우리 주변에는 교사 주도의 설명식 수업이 만연되어 있다. 학생들과 상호 작용하며 소통하는 것이 좋은 수업이라는 것을 알지만 그렇게 하지 못한다. 적절한 경계와 존중으로 수업의 질서를 세웠다면, 이제는 내 수업 속에서 의미 있는 대화[42]가 오가고 있는지를 성찰해야 할 때다.

대화 보기 1

수업 속에서 대화를 해야겠다는 의지가 있는가?

　　나는 새 학기마다 '학생들과 대화하는 수업을 할 것인가' 아니면 '교사 주도로 수업을 할 것인가'를 늘 고민한다. 새 학기에 학생들은 새로운 친구들을 만나 서로 서먹서먹한 관계에 있다 보니, '학생–학생', '교사–학생' 간에 소통이 잘 되지 않는다. 나는 평상시 수업 중간중간에 학생들에게 짝 토의를 많이 시키는데, 새 학기에 이것을 시키면 학생들은 거의 대화를 하지 않는다. 짝의 얼굴조차 보지 않고 무뚝뚝하게 앞만 보고 있는 아이들을 보면 괜히 짝 토의를 시켰나 하는 후회가 밀려오기도 한다. 하지만 그렇다고 토의 없이 수업을 진행하면 학생들은 의존적인 존재가 되어, 수업 속에서 의미 있는 배움이 잘 만들어지지 않는다. 결국 나는 다시 짝 토의를 시킨다. 간단한 짝꿍 체조로 짝과의 친밀함을 키우고 서먹한 감정을 풀고서 다시 짝 토의를 한다. 이렇게 하면 처음보다는 좀 더 많은 수의 학생들이 상호 간에 토의를 한다. 하지만 이런 식으로 수업을 진행하려면 교사가 수업 시간에 마음의 여유를 가지고 수업 속에서 대화의 관계를 만들어야겠다는 의지를 지녀야 한다. 그렇지 않고 교과 진도를 나가는 것에 우선순위를 두게 되면 수업 속 대화를 만들어 내기가 쉽지 않다. 결국 수업 속 대화를 만들어 내는 것도 단순히 기술의 문제가 아니라, 교사의 내면에 '수업 속에서 대화를 해야겠다'는 확고한 철학이 있어야 가능한 일이다.

사실 수업 시간에 대화를 하지 못하고 교사 중심의 수업을 한다고 해서, 이것을 교사 개인의 능력 문제로 바라볼 수는 없는 일이다. 가르쳐야 할 양이 너무 많고 입시로 모든 교육의 질을 평가하는 상황이, 우리의 수업을 교사 주도의 설명식 수업으로 획일화시킨다. 결국 이런 상황을 극복하려면 교사 내면에서부터 '대화 있는 수업이 의미가 있다'는 철학을 분명히 가져야 한다. 그러한 철학 없이 적당히 대화 요령만 배우게 되면, 학생들과 대화를 시도하다가도 원하는 반응이 나오지 않으면 다시 원래의 상태로 돌아가는 우를 범하게 된다.

수업 시간에 대화를 시도하려고 하면 여러 두려움이 생긴다. 교과 진도를 맞추지 못할 것 같은 조급함이 들고, 내가 질문을 해도 학생들이 잘 대답하지 않을 거라는 불안함이 생긴다. 그리고 몇 번 시도하다가 안 되면, 내가 혼자 하는 것이 편하다는 생각에 다시 원래 모습으로 돌아온다. 그러나 대화하는 수업을 하기 위해서는 교사는 어떤 형태로든 질문을 던져야 한다. 그리고 그 속에서 발생하는 여러 문제들을 해결하려고 해야지, 학생들과 대화하는 것 자체를 포기해서는 안 된다.

수많은 수업 코칭을 하면서 어려웠던 점 역시, 선생님들이 이런 여러 가지 난관 때문에 원래의 상태로 자꾸만 돌아와 버린다는 것이었다. 끝까지 도전을 해야 하는데, 빨리 진도를 나가야 한다는 강박 때문에 또다시 혼자 수업을 주도하게 된다. 안타까운 일이 아닐 수 없다. 다시 한 번 강조하건대, 가르침과 배움은 결코 함께 가지 않는다. 내가 아무리 많은 것을 준비해서 열심히 가르친 수업이라 해도, 학생들에게 의미 있는 배움이 일어나지 않는다면 그것은 좋은 수업이 아닌 것이다. 이런 분명한 철학을 가지고 교사의 눈이 아닌 학생의 시선으로 수업을 보는 연습을 해야 한다. 수업하는 틈틈이 내가 '무엇을 전달해야 할지'에 관심을 가지기보다는, 지금 이 순간 '학생들에게 어떤 의미 있는 경험을 주고 있는지'를 생각하며 학생들과 대화를 시도해야 한다.

성찰하기

1. 수업에서 교사와 학생, 학생과 학생 간에 대화가 많은 편인가?

2. 수업 속에서 대화를 하는 것이 좋다고 생각하는가? 그렇게 생각하는 이유는 무엇인가?

3. 수업 시간에 학생들과 대화를 시도하다가 잘 되지 않아 실패한 적은 없는가?

대화 보기 2
학생들이 대화에 참여할 여백이 있는가?

　동양화의 미덕이라면 단연코 흰 여백일 것이다. 옛 화가들은 눈에 보이는 모든 것을 그려 넣는 것이 아니라 대상의 특징만을 표현하고 나머지는 빈 공간으로 남겨 두어, 보는 이들이 마음으로 그 여백을 그리게 했다. 선조들은 좋은 그림이란 많은 것을 그리는 것이 아니라 덜어 내는 것임을 옛부터 깨달았던 것이다. 여백이 뛰어난 그림으로 김홍도가 말년에 그렸다는 〈주상관매도(舟上觀梅圖)〉가 있다. 이 그림에서는 경물(景物)보다 여백이 더 많은 부분을 차지하고 있어, 위의 매화나무가 어느 곳에 위치했는지 알 길이 없다. 이것은 보는 이에게 신비감을 불러일으켜 어디가 물인지, 어디가 산인지, 어디가 하늘인지를 분간하지 못하게 한다. 하지만 그림은 배 위에서 매화나무를 바라보고 있는 노인의 신비로운 느낌을 커다란 여백 속에서 충분히 느낄 수

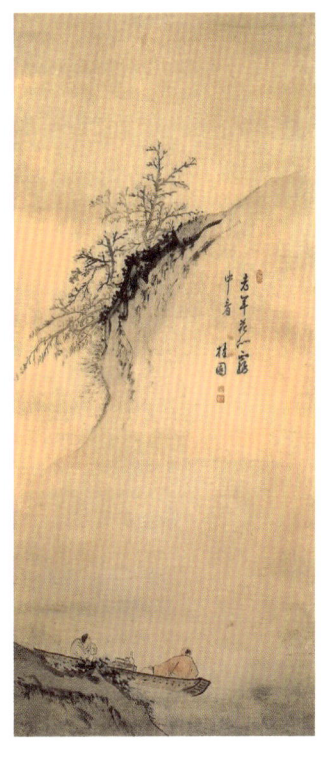

있게 해 준다. 비움이 오히려 많은 것을 말해 주는 것이다.[43]

수업도 마찬가지다. 칠판에 수많은 정보를 나열한다고 해서 학생들에게 배움이 생기는 것이 아니다. 오히려 교사가 수업 속에 학생들이 들어올 수 있는 여백을 둠으로써, 학생 스스로 친구와 혹은 교사와 대화하면서 의미 있는 배움이 만들어진다.

우리가 알고 있는 내부분의 수업은 쫙 짜인 교사의 계획에 따라 진행된다. 흔히 작성하는 교수-학습 지도안만 봐도 그렇다. 수업은 늘 가변적일 수밖에 없는데, 교수-학습 지도안은 교사와 학생의 반응을 정확하게 기록하도록 되어 있다. 학습 상황을 예측하는 것은 좋지만, 문제는 많은 교사들이 그렇게 예측한 대로 수업이 움직이지 않으면 당황하고 불안해한다는 사실이다. 우리가 수업 속에서 대화를 시도하지 못하는 이유도 여기에 있다. 학생에게 질문을 하고 그들의 생각을 들어 주다 보면 예상과는 다른 수업 분위기가 만들어지고, 이러한 분위기는 교사에게 불안함을 안겨 준다. 그러나 우리는 이 불안함을 견뎌야 한다. 이러한 여백 속에서 학생들의 참여가 서서히 시작되기 때문이다.

고등학교 문학 교사인 임 선생님은 늘 많은 교과 지식을 가르치기 위해 칠판 가득 필기를 하며 설명을 하는 방식으로 수업을 진행했다. 하지만 점차 이런 수업에 염증을 느끼게 되어, 개념 지식 전달을 최소화하고 표현 활동을 한 단원에 한 번 이상 하는 것으로 수업의 방향을 바꿔 보았다. 수업 방식을 바꾼 초기, 학생들의 반응은 몇 가지로 나뉘었다. 어떤 학생은 '친구들과 토의하고 생각을 표현하는 것이 너무 재미있다'고 했지만, 대다수의 학생들은 '스스로 생각하는 것이 어려우니 선생님이 그냥 정리해 주면 안 되겠냐'며 힘들어했다. 이런 반응들은 임 선생님에게 부담감을 주었다. 그러나 임 선생님은 전통적인 수업보다는 학생들끼리 토의하고 학생과 교사가 대화하면서 나아가는 수업이 더 의미 있다고 생각하고, 조금 부족하더라도 뚝심 있게 밀고 나가기로 했다. 이 속에서 학생들은 점차 자신의 말로 생각을 표현하기 시작했고, 침묵했던 수업이 활발한 대화로 가득 차게 되었다. 물론 이 과정에서 진도가 느려지고 개념 지식 설명이 부족해지는 부분도 있었지만, 자신이 일방적으로 가르치기만 했던 예전 수업보다 오히려 시험 점수도 잘 나오고 학생들의 만족도도 커졌으며, 결과적으로 진정한 의미의 '배움'이 생겨났다고 한다.

> 처음엔 저도 힘들었어요. 수업 시간에 나 혼자 떠드는 것에 익숙했지, 학생들과 대화하면서 설명하고 토의를 하는 것은 익숙하지 않았어요. 그런데 수업 시간에 맨날 혼자 떠드는 게 좀 지겹다는 생각이 들어서, 이런저런 질문을 학생들에게 던져 봤어요. 물론 처음에는 제대로 되지 않았어요. 그런데 내 안에 좋은 수업을 하겠다는 열망이 있어서인지, 좀 힘들어도 대화가 있는 수업을 계속해 보자고 마음을 먹었어요. 대화가 안 일어난다고 포기한 것이 아니라, 안 되는 이유가 무엇인지를 고민하면서 수업을 바꾸어 갔죠. 그랬더니 어느 순간 수업 속에서 자연스런 대화가 오가고 있더군요. 결국 교사가 내면에 어떤 마음을 갖고 있느냐, 얼마나 굳은 결심을 가지냐가 수업을 바꿔 가는 열쇠인 것 같아요.

수업에 여백을 갖는 것은 이처럼 교사 주도의 수업을 멈추고 학생들이 생각하고 발표할 공간을 만드는 것이다. 이를 통해 경직되었던 수업 분위기는 자연스레 풀어지고 학생들은 점차 자신의 생각을 말하게 된다.

교사 : 풍자 표현한 것을 발표해 봅시다. 기성이 한번 해 보세요.

기성 : (움츠러들며) 저 잘 못했는데요.

교사 : 괜찮아요. 정답이 있는 게 아니니까 그냥 편하게 해 봐요.

기성 : (몸을 비비 꼬며) 다른 애들 하면 안 돼요?

학생 1 : 뭐야, 너 평상시에는 말도 잘하잖아!

학생 2 : 발표하는 자세가 안 좋아, 허리 펴고.

교사 : 그래, 기성아. 한번 해 보자! 어떤 것을 풍자했어요?

기성 : (허리 펴고) 학교 생활요.

학생 3 : 그래, 잘하네~.

교사 : 좋아요. 학교 생활에 뭐가 불만인가요?

기성 : 비둘기가 많아요.

학생 4 : 오~ 비둘기!

교사 : 그래서 어떻게 풍자 표현을 했나요?

기성 : 우리 학교가 새장이야? 뭐 이렇게 새들이 많아?

학생 5 : 오~!

교사 : 학교가 새장? 좋아요.

위 대화는 임 선생님이 처음으로 학생들과 대화하기 위해 수업에서 여백을 가질 때 나왔던 수업 장면이다. 여기서 주목할 점은 교사의 말하기가 멈추니까 학생들이 자연스럽게 교사와 기성이의 대화 속에 들어온다는 것이다. 비록 조금 거칠게 말을 하기는 하지만, 수업의 여백 속에서 학생들은 자연스럽게 자신의 생각을 말하고 있다. 이런 편안한 분위기가 계속 유지되면 학생들은 점점 더 솔직하게 자신의 생각을 말하게 되고, 교사는 이를 통해 의미 있는 배움으로 학생들을 끌고 갈 수 있다.

이렇듯 수업 속 여백을 만들려면 교사의 이야기를 줄이고 수업의 주도권을 학생에게 넘길 수 있어야 한다. 학생들의 목소리를 듣기 위해 그들이 생각하고 참여할 수 있는 공간을 만들어야 한다. 물론 이런 여백이 교사에게는 두렵기 마련이다. 늘 꽉 짜여진 수업을 해 왔는데 갑자기 학생들이 수업을 주도하면서 이런저런 이야기를 하게 되면 교사는 부담을 느낄 수밖에 없다. 게다가 교사 주도의 수업에서는 보이지 않았던 문제들이 하나 둘 보이기 시작할 것이다. 배움에서 소외되는 학생이 눈에 들어오고, 잘 발표하지 않는 학생이 신경 쓰이고, 토의 과제로 무엇을 제시할 것인지 고민하는 것도 쉽지는 않다. 이런 과정이 낯설고 부담스럽겠지만, 이 모든 것이 더 나은 수업을 위한 성장통이라 생각하고 문제점을 극복하면서 대화 있는 수업을 만들기 위해 계속 노력해야 한다.

성찰하기

1. 내 수업 속에 학생들이 참여할 여백이 있는가? 없다면 그 이유는 무엇인가?

2. 수업 속 여백을 만들기 위해서 어떤 노력을 기울여야 할 것인가?

3. 수업 속 여백을 만드는 데 있어 어떤 두려움이 있는가?

대화 보기 3

학생들의 말을 기다려 주고, 들어 주고, 공감해 주고 있는가?

올해 휴직을 마치고 새로이 복직하면서 의욕적으로 담임 업무를 잘해 보기로 마음먹었다. 그래서 학생들과 시간이 날 때마다 깊이 있게 상담을 하기로 했다. 그러나 내 열정과는 달리 학생들은 나와 대화를 잘 하지 않으려 했다.

태현 : 오! 민식이, 어서 와. 여기 앉아.

민식 : (쭈뼛거리며 앉는다.)

태현 : 민식아, 2학년 올라오니까 어때?

민식 : 그냥 그래요.

태현 : 우리 반에 친한 친구들은 있어?

민식 : 네, 작년 같은 반 했던 상원이랑 상진이 있어요.

태현 : 그래, 잘됐네. 그런데 민식이는 요즘 무슨 걱정 있어?

민식 : 아니요.

태현 : 민식이 얼굴이 늘 어둡더라. 자율 학습 시간에도 뻐딱하게 앉아 있고. 선생님이 보기에는 민식이가 아직까지 2학년 생활에 조금 적응이 안 되는 것 같던데.

민식 : 그런가요?

태현 : 아니. 다른 학생들은 그래도 뭔가 하려고 열심히 달려드는 거 같은데, 민식이는 그런 모습이 보이지 않아서 그래. 늘 멍하니 앞만 바라보고 있고, 공부할 때도 이 책 저 책 꺼내 놓기만 하지 진도는 거의 나가지 않더라고.

민식 : ······.

태현 : 우리 민식이가 왜 이렇게 무기력할까? 너는 어떻게 생각해?

민식 : ······.

태현 : 아마 너의 무기력증은 스스로 성찰하는 능력이 부족해서 그럴 거야. 이제는 2학년이 되었으니까 진로에 대해서 실제적으로 고민해 보고, 네가 정말 행복할 수 있는 삶을 찾아야 돼. 민식이는 뭐가 되고 싶어?

민식 : 특별히 생각해 본 게 없는데요.

    의욕적으로 상담을 하지만 대다수의 학생들은 말을 하지 않는다. 간단한 대답만 할 뿐 자신의 생각을 드러내지 않는다. 처음에는 무기력한 학생들 탓이라고 생각했는데, 가만히 되짚어 보니 상담자인 내가 학생의 소리를 들으려 하지 않았던 것이 진짜 문제였다. 학기 초 내가 관찰하고 분석한 내용을 전달하려 했을 뿐, 학생들의 소리를 제대로 들으려고 하지 않았던 것이다.

    대화를 하라고 하면 우리는 대개 말하는 것만을 생각한다. 그러나 대화는 듣는 것에서부터 시작한다. 교사들은 말하고 가르치는 것에만 익숙해 있어서, 수업 속에서도 학생들의 이야기를 듣는 것보다 말하는 것을 더 편하게 여긴다. 이미 정답이 내게 있는데, 학생들의 소리를 듣는 것은 조금 지겹고 불필요하게 느껴지기도 한다. 그러나 교사는 학생들의 말을 들어야 한다. 교사가 듣지 않고서는 학생들의 대화를 이끌어 낼 수 없다. 생각해 보라! 학창 시절에 내 이야기를 잘 들어 주는 선생님이 계셨던가? 솔직히 나는 단 한 분도 기억나지 않는다. 모든 선생님들이 자기 이야기를 전달하는 데 바빴을 뿐, 내 말을 경청하고 공감해 주었던 선생님은 기억 속에 남아 있지 않다. 학생인 나는 교과 지식을 공책 속에 적기에 바빴지 내 생각을 표현하고 그것을 확인 받는 시간은 가지지 못했다. 이렇듯 지금까지 한국의 수업은 '말함'만이 존재하고 '들음'은 부재한 수업이었다. 그래서 학생들은 수업 시간에 수동적으로 무엇인가를 받아 적으려고만 했고, 스스로 지식을 재구성하고 의미를 만들어 대화하려는 시도는 절대 하지 못했다.

중학교 2학년 국어를 가르치는 권 선생님의 수업을 오랫동안 관찰한 적이 있다. 선생님은 초임 여교사로 남학생들과의 사이에 문제가 있었다. 짐승같이 떠들고 덤벼드는 남학생들을 대하는 것을 너무 힘들어했다. 그래서 선생님은 학생들이 무슨 이야기를 하려 해도 잘 들어 주지 않았고, 자조 섞인 어투로 그들을 자주 면박하곤 했다.

> 교사 : 여러분, 허생은 어떤 인물인가요?
> 학생 : (작은 목소리로) 허생은 개혁가예요.
> 교사 : 뭐라고? 잘 안 들려. 다시 말해 봐!
> 학생 : (더듬거리며) 허생은 개혁가예요.
> 교사 : 개혁가라고 잘 말했는데, 뭐 그걸 그렇게 작은 목소리로 말하니?
> 　　　평상시에는 잘 얘기하다가 발표하라고 하면 꼭 저렇게 작은 목

> 소리로 말하더라, 넌.
>
> 학생 : (얼굴이 빨개지며 무안해한다.)

사실 선생님도 위 상황에서 학생에게 그렇게 면박을 주고 싶은 마음은 없었다고 한다. 그런데 자신도 모르게 짜증이 섞여 나온다는 것이다. 혹시 대답을 잘 못하는 경우라면 '네가 그러니까 이 모양이지.' 하는 생각이 절로 든다고 했다. 평상시 그 학생을 바라보는 마음을 들키지 않으려 해도 수업 속에서 자꾸만 그것이 드러나고, 이는 학생들의 소리를 제대로 듣지 못하게 되는 결과를 빚고 있었다.

학생들도 선생님을 좋아할 리 없었다. 선생님이 남학생들을 무시한다면서 선생님을 의도적으로 멀리했고, 수업을 거의 들으려 하지 않았다. 선생님은 잠을 아껴 가며 수업 준비를 하지만, 학생들은 교사의 말을 듣지 않고 계속 장난만 쳤고 선생님의 질문에 대답하지 않아 냉랭한 분위기가 유지되었다. 이러한 문제는 선생님의 교과 지식이 부족하거나 전달 방법이 미숙해서가 아니라, 선생님이 학생들의 목소리를 끝까지 들어 주지 않았기 때문에 벌어진 것이다.

대개의 교사들은 급한 마음에 학생들의 소리를 끝까지 들어 주지 못한다. 그리고 그들의 생각을 읽으려고 하지 않는다. 한 번 물어보고 아니다 싶으면 다른 학생에게 질문을 던진다. 이것은 대화의 기술을 몰라서가 아니다. 교사가 질문을 통해 학생 한 명 한 명의 소리를 들으려 하는 것이 아니라, 자신의 생각을 대변해 줄 학생을 찾고 싶어 하기 때문이다. 다시 말해, 우리가 학생들에게 질문을 던지는 이유가 학생의 생각을 듣고 싶어서가 아니라, 내가 가르칠 내용을 학생의 입을 통해서 전달하려는 목적을 가지고 있기 때문이다.

교사가 대화 있는 수업을 통해 학생들과 소통을 하려면, '학생 개개인의 소리를 깊게 들어야겠다'는 마음 자세를 가져야 한다. 그렇지 않고 교사 자신을 위해 수업을 하게 되면, 학생들은 수업에서 소외되고 의미 있는 변화가 생기지 않는다. 교사가 먼저 마음을 다해 학생들에게 다가서야 한다. 이름을 부르고 눈을 마주치며 그들의 생각을 들어 주어야 한다. 혹시 주제에 어긋난다 싶으면 다른 질문을 통해 주제에 맞는 생각을 하도록 유도해야 한다. 한 학생이 발표할 때 다른 학생들이 경청을 하지 않으면, 주의를 환기시키고 친구의 생각을 잘 듣게 해야 한다. 결국 교사가 학생 한 명 한 명의 소리를 주의 깊게 듣는 것을 통해, 학생은 존중받고 그 속에서 경청의 관계가 만들어진다. 발표한 학생의 이야기를 깊게 듣고 그 생각에 공감을 하고 칭찬을 하면, 학생은 웃기 시작하고 다음 수업에도 자신의 생각을 발표하려 애쓸 것이다.

권 선생님도 이러한 차원에서, 수업 준비만 열심히 할 것이 아니라 수업 속에서 남학생들에게 더 다가서 보기로 했다. 의도적으로 남학생들에게 질문을 하고, 그들의 이야기를 끝까지 들어 주었다. 그리고 가능하면 발표한 내용에 공감을 해 주고 칭찬을 해 주었다. 수업 외 시간에도 붕어빵을 사 주며 남학생들과 사적인 이야기를 나누었고, 서로 주먹을 부딪치며 인사도 친근하게 나눴다. 그랬더니 말썽만 부리던 남학생들이 조금씩 마음을 열고 선생님과 친밀해지기 시작했다. 이런 친밀함은 그대로 수업 속에 드러났다.

교사 : 왜 화자는 빈집에 갇혀 있죠? 김쭌이 말해 볼래요?

김준 : 글쎄요. 외로워서요?

교사 : 외롭다. 왜 외롭다고 생각하는 거죠?

김준 : 빈집에 혼자 있으니까요.

교사 : 좋아요. 혼자 있으니까 외롭겠죠. 그렇다면 이 사람은 왜 혼자 있게 된 걸까요?

김준 : 글쎄요. 잘 모르겠어요.

교사 : 잘 모르겠어요? 그렇죠. 조금 어려운 질문이죠. <u>근데 김쭌은 집에 혼자 있고 싶을 때 없어요?</u>

김준 : 있죠. 그냥 집 밖에서 어려운 일 당했을 때요.

교사 : 예를 들면요?

김준 : 친구랑 싸웠을 때나 시험 성적이 좋지 않을 때요.

교사 : 그렇죠. 친구랑 싸웠을 때. 시험 성적이 좋지 않아 열 받았을 때. 우리는 누군가로부터 간섭받지 않고 나만의 공간에 있고 싶죠. 우리 쭌이가 잘 말한 것처럼 시적 화자도 지금 그런 감정에 사로잡혀 있는 것 같아요. 잘 말해 준 쭌이에게 박수 한번 쳐 주세요.

김준 : (머쓱해하며 웃는다.)

밑줄 친 부분은 내가 무척 인상 깊게 들었던 대목이다. 이 대화가 나왔을 때 나도 모르게 무릎을 딱 치고 싶을 정도였다. 준이는 "모르겠어요."라고 말했지만, 선생님은 김준 학생의 대화를 정말 듣고 싶었기 때문에 삶의 영역으로 다시 돌려서 질문함으로써 준이의 생각을 더 끌어낼 수 있었다. 이는 대화의 기술을 익혀서가 아니라, 선생님이 김준과 친밀함이 생겼기 때문에 그의 말에 더 귀 기울일 수 있었던 것이다. 물론 수업이

때론 소란스럽기도 했다. 하지만 예전과는 다른 친밀한 기류가 생겨서, 선생님이 무엇인가를 진지하게 물으면 여러 학생들은 스스럼없이 말을 하려 했고, 교사와 학생 간에 대화가 시작되었다. 하나 둘 학생들이 수업 시간에 주도적으로 동참하기 시작했다. 선생님의 수업이 바뀐 이후로 발표를 열심히 하게 된 한 학생에게 아래와 같이 물어보았다.

태현 : 예전과 다르게 수업 시간에 남학생들이 발표를 많이 하는 거 같은데 그 이유가 뭘까?
학생 : 글쎄요. 그런가요? 특별한 거 없는 거 같은데.
태현 : 내가 볼 때 석 달 전하고는 분위기가 많이 달라. 예전엔 선생님이 질문하면 거의 발표도 안 하고, 특히 남학생들은 떠들기 바빴잖아.
학생 : 그랬나요? 그냥 선생님이 친해진 거 같은 느낌은 있어요.
태현 : 왜 친해진 거 같은 느낌이 드는데? 선생님이 예전하고 달라진 것이 있나?
학생 : 글쎄요. 우리 이야기를 잘 들어 준다는 거? 아, 맞다. 선생님이 우리 얘기에 맞장구를 많이 쳐 주는 거 같아요. 그러니까 더 신이 나고 인정받고 싶은 느낌 그런 게 있어요.

위 대화를 보면 수업을 개선한다는 것은 결코 어려운 일만은 아니라는 생각이 든다. 학생들의 생각을 조금 더 들어 주는 것만으로도 학생들은 그 수업에 동참하려고 한다! 이렇게 분명하고 단순한 사실이 존재하는데도 불구하고, 우리는 수업 개선을 위해서 새로운 수업 방법을 익히고 정교하게 수업을 디자인하는 등 수업을 대폭 혁신해야 한다고만 생각한다. 수업 개선의 열쇠는 오히려 작고 소박한 데 있다. 학생들이 발표할 수 있도록 기다려 주고, 학생들이 말하는 소리에 귀를 기울여 주고, 그 이야기에 공감해 주는 것이다.

성찰하기

1. 수업에서 학생들의 소리를 들으려고 하는가? 만약 그렇지 않다면 그 이유는 무엇인가?

2. 학생들의 소리를 들을 때 잘 공감해 주고 정서적으로 반응해 주고 있는가? 만약 그렇지 않다면 그 이유는 무엇인가?

3. 학생들의 생각을 잘 기다려 주고 들어 주고 공감해 주려고 할 때 무엇이 필요하다고 생각하는가?

대화 보기 4
수업 속에서 학생들의 생각이 서로 잘 연결되고 있는가?

교사 : 이 소설을 해피엔딩으로 바꾸려면 어떻게 하는 것이 좋죠?

학생 1 : 주인공이 다른 나라로 도망가면 돼요.

교사 : 좋아! 다른 것은?

학생 2 : 숨어 지내는 것도 있어요.

교사 : 좋아요. 또 다른 것을 이야기해 볼 사람.

학생 3 : 왕을 죽여요.

교사 : 왕을 죽인다. 흐음, 아주 극단적인 방법이군요. 또 다른 것은 없나요?

위 내용은 우리 수업에서 흔히 발견되는 대화의 모습이다. 교사는 교과 내용을 통해 학생들과 대화하기 위해서 적절한 질문을 찾았고, 학생들에게 질문을 했다. 그리고 학생들의 생각을 들어 주고 있다. 수업의 여백 속에서 학생들의 대답도 잘 일어나고 있다. 물론 대화가 전혀 없는 수업보다는 이런 대화라도 생기는 것이 좋을 것이다. 그러나 이 수업 속 대화에서는 사람과 사람이 단절되고 있다. 좋은 수업이라면 학생과 교사, 혹은 학생과 학생이 대화를 통해서 서로 하나가 되어 점차 깊은 수준의 배움으로 나아가야 하는데, 여기서는 그런 지점이 보이지 않는다. 이것은 교사가 단절의 대화를 사용하고 있기 때문이다. 교사를 통해 학생들 사이에 연결이 이루어져야 하는데, 교사에 의해 모든 대화가 판단되고 끊어지고 있다. 학생들의 여러 발표가 병렬적으로 나열되고 있을 뿐 교사의 안내에 따라 학생과 학생이 연결되지 못하고 있는 것이다.

교사 : 이 소설을 해피엔딩으로 바꾸려면 어떻게 하는 것이 좋죠?
학생 1 : 주인공이 다른 나라로 도망가면 돼요.
교사 : 좋아요. 다른 나라로 도망을 간다. 학생 2는 이것에 대해 어떻게 생각해요?
학생 2 : 그것보다 더 좋은 방법이 있어요. 두 남녀가 신분을 숨기고 시골에 들어가면 좋겠어요. 그게 더 현실적인 방법인 거 같아요.
교사 : 왜 그것이 현실적이라고 생각하는 거죠?
학생 2 : 도피하려면 국경을 넘어가야 하는데, 공간적으로 제 나라에서 숨어 지내는 것이 좋잖아요.
교사 : 그렇군요. 학생 2의 말에 대해 학생 1은 어떻게 생각해요?
학생 1 : 숨어 지내는 것이 오히려 발각될 위험이 있고, 아주 다른 나라로 가는 것이 더 좋지 않을까요? 저는 오히려 제 방법이 더 실제적인 거 같은데.
교사 : 좋아요. 그런데 저는 학생 1과 학생 2의 이야기를 들으면서 이상한 점을 발견했어요. 해피엔딩으로 만들려면 도피, 은둔과 같은 소극적인 방법밖에 사용할 수 없는 걸까요? 여러분은 어떻게 생각하나요?
학생 3 : 저는 오히려 주인공이 민란을 일으켜 왕을 없애는 것도 좋은

방법이라고 생각해요.
교사 : 왕을 죽인다. 앞선 이야기보다 훨씬 극단적이고 적극적인데 여러분들은 어떻게 생각하세요?

같은 내용이지만 앞의 것과는 전혀 다르게 수업이 진행되고 있다. 밑줄 친 대화를 통해 교사는 학생1과 학생2의 연결을 시도했고, 두 학생의 이야기를 자신의 생각과 연결했고, 다시 이 내용을 학생3과 연결하여 수업을 진행하였다.

'배움의 공동체'를 주창한 사토 마나부는, 배움이 있는 수업에서는 이와 같은 '연결하기'와 '되돌리기'가 많이 일어난다고 말한다. '연결하기'라 함은 위 대화처럼 교사와 학생, 학생과 학생이 대화적으로 연결되는 것을 말한다. '되돌리기'라 함은 과거에 일어났던 대화들을 다시 현재로 가져와서 과거와 현재가 맞물리게 만드는 작업을 말한다. 위 대화에서도 학생1과 학생2의 이야기를 교사가 되돌리기를 하여 학생3의 답변을 끌어내는 것을 볼 수 있다.

최근에 이처럼 대화를 통해 몰입이 잘 일어나는 수업을 본 경험이 있어 잠깐 소개해 본다. 초등학교 6학년 사회 수업이다.

교사 : 현대에 이르러 더 나빠진 것들을 칠판을 보고 읽어 보세요.
학생들 : 주택 부족, 환경 파괴, 빈부 격차, 인간 소외.
학생 1 : (작은 목소리로) 그런데 선생님, 빈부 격차가 무슨 뜻이에요?
교사 : 빈부 격차의 뜻이 조금 어렵죠? 누가 설명해 줄래요?
학생 2 : 거지와 부자의 차이요.

교사 : 거지와 부자의 차이, 잘 말했어요. 누가 조금 더 설명해 줄래요?

학생 3 : 가난한 사람과 부유한 사람들 사이에 생활 수준의 차이가 생기는 거예요.

교사 : 잘 말했어요. 가난한 사람은 계속 가난해지고 부자들은 계속 부자가 되어서, 생활하는 데 있어 그 차이가 커지는 것을 빈부 격차라고 하지요. 그런데 이 빈부 격차가 왜 문제가 되는 거죠? 가난한 사람은 원래 가난한 것이고 부자들은 원래 부자일 텐데, 빈부 격차가 왜 문제가 되는 걸까요?

학생 4 : 그건 사람들은 다 평등해야 하는데, 소득에 따라 불평등한 일이 생기기 때문이에요.

 사실 이 수업을 처음 볼 때 조금 난감한 느낌이었다. 6학년이 '빈부 격차'를 모르다니! 보통 이런 질문이 들어오면 교사들은 재빨리 "그것은 이런 뜻이야."라고 설명을 한다. 그러나 이 수업을 한 교사는 침착하게 학생들에게 질문을 돌렸다. 그랬더니 학생2, 학생3이 발표하기 시작했다. 학생1의 질문이 교사를 통해 학생2와 학생3으로 연결되었다. 그리고 교사는 이에 그치지 않고 학생2, 학생3의 이야기를 되돌리기를 하면서 '그것이 왜 문제가 되는가?'에 대한 또 다른 질문을 만들어 냈다. 그리고 다시 이것은 학생4로 연결되었다. 작은 질문이 수업에 중요한 논의가 되어 수업이 유기적으로 연결되고 있었다. 그냥 흘려 버릴 수 있는 질문인데 교사는 이것을 놓치지 않고 깊은 수준의 대화를 만들어 냈다.

 이와 같이 배움이 있는 수업을 하려면 학생들과의 대화는 필수적이다. 대화 없이는 학생을 배움으로 초대할 수 없다. 교사들은 교수법에 굉장히 관심이 많은데, 사실 가장 훌륭한 교수법은 다름 아닌 대화이다. 협동 학습, 프로젝트 학습, 미디어 활용 학습, 문제 해결 학습 등 좋은 수업에 널리 쓰이는 교수법의 핵심이 바로 대화인 것이다. 여러 교수법들은 궁극적으로 교사와 학생, 학생과 학생 간에 효율적인 대화를 하기 위해서 사용되는 것일 뿐이다. 그런데 많은 교사들은 바쁘게 혼자서만 열심히 설명하다가 수업을 끝내곤 한다. 대화를 하고 싶지만, 상황과 학생 탓을 하며 대화하기를 포기하고 마는 것이다.

처음에는 학생들과 대화를 시도하는 것이 두렵고 어색하겠지만, 학생의 소리를 듣기 시작하면 수업을 하는 교사도 수업이 재미있어진다. 그동안 우리 수업이 힘들었던 것은 교사 혼자 이 멍에를 짊어지고 자신만의 수업을 했기 때문이다. 이제는 우리 제자들을 믿고 그들과 대화하며 수업의 짐을 나누어 보자! 그러할 때 우리는 비로소 수업에서 교사로서의 정체성을 회복하게 될 것이다.[44]

성찰하기

1. 수업에서 연결의 언어를 사용하고 있는가, 단절의 언어를 사용하고 있는가?

2. 학생과 학생, 교사와 학생이 연결되는 대화를 하기 위해서는 어떤 노력을 기울여야 한다고 생각하는가?

3. 수업 시간에 연결하기와 되돌리기를 하려고 할 때, 어떤 두려움이 생기는가?

수업 속 대화 상황을 살펴보기

수업에서 대화 상황을 살피기 위해서는 수업을 촬영하고, 수업에서 이루어지고 있는 대화 내용을 전사(傳寫)해 보는 것이 중요하다. 조금 힘이 들더라도 학생의 대화와 교사의 대화를 일일이 워드로 기록하면서 교사가 어떤 대화를 사용하고 있는지를 깊게 살펴야 한다. 특히 교사가 학생들에게 어떤 질문을 하는지, 학생의 대답을 듣고 어떻게 대화를 연결하고 전체로 되돌리기를 하는지 유심히 살핀다. 아래 내용을 참고해서 수업 속 대화 상황을 살펴보면 좋을 것이다.

질문	성찰 내용
수업에서 대화를 할 만한 관계가 잘 구축되어 있는가?	
수업에서 학생들이 참여할 여백을 만들고 있는가? 그 속에서 학생들은 잘 참여하고 대화하고 있는가?	
교사가 학생들의 이야기를 잘 공감하고 경청해 주고 있는 지점은 어디인가?	
교사가 학생들의 이야기를 잘 듣지 않고 흘려 버리는 지점은 어디인가?	
교사와 학생, 혹은 학생과 학생이 대화로 잘 연결되는 지점은 어디인가?	
교사와 학생, 혹은 학생과 학생의 대화가 이어지지 않고 단절되는 지점은 어디인가?	
이 수업에서의 전체적인 대화 상황은 어떠한가?	

수업 속 내용을 살피며 성찰하기

재미있는 영화를 만들기 위해서는 좋은 감독과 배우가 있어야 하지만, 무엇보다 중요한 것은 영화 시나리오이다. 아무리 제작비를 많이 들여서 화려한 장면을 찍어도, 영화 시나리오가 탄탄하지 않으면 관객들에게 외면당할 수밖에 없다. 수업도 마찬가지다. 학생들과의 관계가 잘 맺어지고 수업 속에서 대화도 많이 오고 가지만, 정작 가르치는 내용이 부실하다면 결코 좋은 수업으로 나아갈 수 없다. 이번 장에서는 수업 내용을 학생 수준에 맞추어 잘 디자인하는 교사의 수업 기획력에 대해 이야기해 보자.

한 선생은 수업 속에서 깊이 있는 대화를 나누기 위해, 미리 토의 과제를 잘 선정하여 학생들에게 질문을 던졌다. 그러나 예상외로 학생들은 조용했다. 학생들로부터 생각을 이끌어 내기 위해 갖은 노력을 다했지만 학생들은 전혀 반응하지 않았다. 눈만 껌벅거릴 뿐 자신들의 생각을 말하려 하지 않았다. 한 선생은 더없이 허탈했다. 나름대로 수업의 여백을 만들어 학생들을 참여시키고 학생들의 이야기를 끝까지 경청하려고 했는데, 학생들은 여전히 침묵하고 있다. 한 선생은 어쩔 수 없다는 생각에 다시 예전의 수업 형태로 돌아가기로 했다. 교사가 일방적으로 설명하고 간단한 풀이만 학생들에게 시키는 수업. 의욕적으로 수업 개선에 열을 올렸지만, 학생들은 아직 그럴 준비가 되어 있지 않은 것 같다.

・・・

수업에서 학생과 대화를 시도해 보면 대부분은 난관에 봉착하게 된다. 여러 가지 이유가 있겠지만, 가장 큰 문제는 수업 내용이 학생들이 반응할 만한 것이 아니기 때문인 경우가 많다. 초등학교 저학년이라면 특유의 에너지로 교사가 의도한 것보다 더 큰 반응을 보이며 교사의 기를 세워 주지만, 중고등학교로 올라갈수록 학생들은 거의 반응을 하지 않는다. 간혹 대답을 하더라도 자신의 생각을 이야기하기보다는 정답만을 말하려는 경향을 보일 뿐이다.

많은 교사들이 정답만을 맞히는 수업보다 학생들의 다양한 생각이 표현되는 수업을 하고 싶어 한다. 학생들에게 적절한 질문이나 활동을 주어서 자기의 생각을 표현하게 하고, 그것을 바탕으로 학생들과 대화를 하고 싶어 한다. 그러나 이를 위해 교사가 수업 내용을 재구성하고 학생들과 함께 배움이 있는 수업을 하는 것은 마음만큼 쉽지가 않다. 그렇다 보니 우리는 학생들의 시선을 끌 만한 자료, 학생들이 좋아할 만한 수업 방법을 찾으러 다닌다. 이런 시도가 꼭 나쁜 것만은 아니지만, 좋은 연수와 남이 사용한 좋은 수업 자료에 자꾸만 의존하게 되면 수업 기획가로서의 교사는 사라지고 만다. 남의 수업만 흉내 내는 것이 과연 진정한 교사의 모습일 수 있겠는가.

 진정한 교사로 서기 위해, 교사는 교과서를 벗어나 수업 내용을 새로이 기획할 수 있어야 한다. 의미, 의문, 논리, 성찰, 창의, 위계가 있는 내용을 통해 학생들을 의미 있는 배움으로 이끌어야 한다. 이것은 혼자서는 하기 힘든 일이다. 수업 재구성에 대한 두려움을 극복하고, 동료 교사와 함께 수업을 나누면서 새로운 수업을 만들어 볼 수 있을 것이다.

내용 보기 1
교과서를 벗어나 수업을 재구성할 용기가 있는가?

　지휘자는 작곡가들이 남긴 악보를 자기 나름대로 해석해서 단원들과 함께 연주해 낸다. 같은 곡이지만 누가 지휘하느냐에 따라서 그 느낌은 달라진다. 악보 위에 음표와 기호가 그려져 있지만, 그 의도와 느낌을 살려 내는 것은 전적으로 지휘자의 몫이다. 그래서 지휘자는 어떤 부분은 원곡의 의도가 훼손되지 않는 범위 내에서 더 빠르게, 아니면 좀 더 약하게 연주하도록 하면서 곡에 새로운 느낌을 부여한다. 여기서 중요한 것은 지휘자가 악보를 악보대로만 연주하는 것이 아니라, 작곡가의 생각을 읽어 내고 해석을 해야 한다는 것이다. 만약 그런 능력이 없는 지휘자라면 컴퓨터를 이용해 연주하는 음악과 다를 바가 없게 된다.

　교사는 어찌 보면 지휘자와 같은 속성을 가지고 있다. '교육과정'이라는 악보에 적힌 '교과서'라는 음표를 정해진 질서대로 지휘하되, 자신만의 해석을 더할 수 있어야 한다. 교사가 수업 기획력을 갖지 못하면 명시되어 있는 내용만을 전달하려고 애쓸 것이다. 그렇게 되면 수업 내용은 교과서에 매이게 되고, 교과서의 활동만을 기계적으로 수행하는 수업이 되고 만다. 당연히 이런 상황에서는 학생들에게 내용적 몰입이 생기지 않고 학생들은 수업을 지루하게 생각할 수밖에 없다. 반면 교사가 교육과정과 교과서의 내용을 살피면서 자신의 느낌과 색깔로 수업을 재구성한다면 이야기는 달라진다. 비록 처음에는 조금 힘들겠지만, 점차 교사가 수업을 진행함에 있어 좀 더 확신이 생기고 내용들 사이의 연결도 자연스러워질 것이다. 수업에서 배움의 지점이 분명해지면서, 교사는 교과서의 활동을 빼기도 하고 더 첨가하기도 한다. 이렇게 하여 재구성한 수업에는 학생들의 몰입도가 높아질 수밖에 없다.

그런데 문제는, 이렇듯 교사의 해석에 따라 수업을 재구성해 진행하려 할 때 교사가 가지는 부담감이 너무 크다는 것이다. 무엇보다 '닫힌 교재관'에서 벗어나 '열린 교재관'을 가지는 것 자체가 교사에게는 큰 부담이 된다. 교과서에 수록된 글과 활동들은 교육과정 그 자체는 아니다. 그러므로 우리는 교육과정을 준수하면서 교과서의 내용 글과 활동을 자신의 의도에 맞게 다른 것으로 대체해 수업을 할 수 있다. 교과서에만 갇힌 채 수업을 진행하지 않아도 되는 것이다. 하지만 교사들은 교과서 내용을 벗어나서 수업을 하려 하면 '나만 이렇게 해서 학생들이 시험에서 피해를 보면 어떻게 하지?', '괜히 내용을 재구성해 내신 평균이 낮게 나오기라도 하면 어쩌지?' 하는 두려움이 생긴다. 이런 두려움 때문에 수업 내용에 새로운 아이디어가 생기더라도, 다른 반과 다르게 가면 안 된다고 생각하여 교과서에 적힌 대로 수업을 하게 된다. 마음은 '열린 교재관'을 지향하지만 상황 탓을 하며 '닫힌 교재관'으로 회귀한다. 하지만 이러한 문제는 교사 간 합의를 통해서 얼마든지 조절하고 극복해 갈 수 있다. 국어, 수학, 영어, 과학과 같이 여러 선생님이 동시에 한 학년을 가르치는 경우라면, 학년 교사가 함께 모여 시험 범위나 수행 평가 비율만을 논의할 것이 아니라 수업 내용에 대한 진지한 토의를 자주 해야 한다.

물론 이것이 생각만큼 쉽지는 않다. 일단 시간적으로 바쁘기 때문에 교사들이 일과 시간에 같이 모이는 것 자체가 어렵다. 그리고 교사 간에 상이한 수업 철학을 가지고 있으면 마음을 모으기가 쉽지 않다. 하지만 일단은 시도를 해야 한다. 시간이 없다면 일과 이후에라도 토의를 해야 한다. 서로 마음이 맞지 않는다면 후배 교사가 먼저 선배 교사의 권위를 인정하면서 허심탄회한 대화를 시도해야 하고, 선배 교사라면 후배 교사를 돕겠다는 마음으로 대화의 시간을 가져야 한다. 결국 이는 절박함의 문제다. 학교에서의 우선순위를 행정 업무가 아닌 수업에 둔다면, 아무리 바쁘더라도 교사 간에 수업 내용을 협의하는 시간을 가질 수 있을 것이다.

교과서를 벗어난 수업을 하려고 할 때 생기는 또 다른 두려움은 '교사 개인의 능력에 대한 의구심'에서 시작한다. 많은 선생님들은 교과서보다 더 좋은 활동과 제시글로 수업을 진행하고 싶어 한다. 그런데 이렇게 진행하려면 교사 스스로가 창의성이 있어야 하는데, 한국의 교사들은 대개 자신이 창의력이 없다고 생각한다. 교사들은 대체로 틀에 맞는 행동을 할 때 안정감을 느끼고 그 틀을 벗어나면 불안해하고 자신 없어 하는 성격이라고 한다. 게다가 우리는 교과서를 벗어난 수업에 대해서 스스로도 많이 경험해 보지 못했기에, 새로운 수업 방식이 더욱 낯설고 자신감을 갖기가 어렵다. 중고등학교뿐 아니라 대학에서조차 생각을 나누고 토의하는 수업보다는 정해진 지식을 잘 이해하고 저장하는 훈련을 받아왔기 때문에, 교사들은 늘 새로운 수업을 갈망하면서도 스스로는 이것을 잘할 수 없다고 생각한다.

이 문제 역시 혼자서는 해결하기 어려운 숙제이다. 교사 간에 집단 지성을 모아 이 문제를 극복해 나가야 한다. 혼자 끙끙거리면서 수업 내용을 재구성하려면 시간도 많이 걸리고 힘에 부칠 수밖에 없다. 그러나 둘 이상이 모여 같은 문제를 고민하게 되면, 동료애도 싹트고 새로운 생각들이 다양하게 터져 나온다.

몇 년 전에 선배 교사 한 명, 후배 교사 한 명과 함께 시 수업을 하게 되었다. 처음으로 수업을 같이 하는 것이라 뜻을 모으기가 쉽지 않을 거라고 예상했다. 그러나 새 학기가 시작되기 일주일 전 함께 모여 식사를 하면서 '교과서대로 수업을 하면 학생들에게 새로운 배움을 주기 힘들고 시 해석이 사람마다 다를 수 있으므로, 교과서를 벗어나 통일된 관점으로 가르치자'고 이야기를 하니 모두가 흔쾌히 응해 주었다. 처음에는 이런 합의를 하는 것이 매우 힘들 것이라 생각됐지만, 막상 이야기를 꺼내니 일사천리로 일이 진행되었다. 매주 모여 같이 밥을 먹고 차를 마시면서 수업에 대한 토의를 하기로 했다. 먼저 교과서의 내용을 살피고, 교육과정이 잘 구현되지 않은 부분들은 과감히 뺐다. 교과서에 수록된 시들이 학생들에게 시 감상의 즐거움을 주지 못한다고 생각될 경우에도 수업 계획에 포함시키지 않았다. 교과서에 명기된 소단원 핵심 주제는 살리되 서로가 좋아하는 시들로 그것을 설명하기로 하고, 각각 한 가지 소단원을 맡아 1주일 4차시 수업 분량을 준비해 오자고 했다. 이후에도 이렇게 계속해서 수업을 놓고 함께 토의를 했더니, 정말 새로운 아이디어가 많이 나왔다. 시를 바탕으로 자서전 쓰기, 패러디 시 쓰기, 시 표지 만들기, 시 광고 문안 만들기 등 교육과정을 준수하면서 학생들이 시를 내면화할 수 있는 활동을 많이 만들어 학생들과 정말 재미있게 수업을 했다. 처음에는 서로의 생각이 잘 맞지 않을 거라 예상했지만, 수업의 중심에 학생을 놓고 논의를 했더니 무척이나 즐겁고 유익하게 토의를 진행할 수 있었다. 이를 통해 우리 모두의 수업 능력이 향상된 것은 물론이고, 무엇보다 동료애가 매우 깊어졌다.

교과서의 개념을 설명하고 그것을 잘 정리하는 수업, 이것은 교사의 특별한 지침 없이도 학생들이 보조 자료를 활용하여 얼마든지 잘할 수 있다. 그런데도 많은 수업에서는 학생들이 스스로 할 수 있는 것들을 교사가 지루하게 설명한다. 그리고 학생들은 그것을 기계적으로 적고 정리한다. 이런 사실적 이해 수준에 수업이 머물게 되면 학생들은 그 수업을 지루해할 수밖에 없다. 관계를 통해 선생님의 수업에 참여하고 싶어도, 수업 내용이 자신이 참여할 만한 것이 아니면 학생들은 이내 배움에서 이탈한다. 학생들을 배움으로 초대하려면 수업 내용 그 자체를 가지고 학생들의 흥미를 끌어야 한다. 단순히 시각적 자료로 시선만을 사로잡는 것이 아니라 수업 내용 그 자체에 몰입을 시키고, 그것을 바탕으로 학생들의 사고를 높은 수준으로 고양시켜야 한다. 이를 위해서는 교사가 교과서를 벗어나는 두려움을 극복하고, 동료 교사와 수업 내용을 같이 토의할 수 있는 문화를 만들어야 할 것이다.

성찰하기

1. 수업을 준비할 때, 어떤 식으로 준비를 하고 있는가?

2. 교과서 내용을 재구성해 가르친 적이 있는가? 그 내용을 가지고 수업을 할 때 어떤 느낌을 받았는가?

3. 교과서의 내용을 재구성해서 가르친다고 할 때 생기는 두려움은 무엇인가?

내용 보기 2

수업 속에서 학생들이 의미를 발견하고 있는가?

교사 : 자! 오늘은 박자에 따른 지휘법에 대해서 배워 볼 거예요. 박자는 곡의 일정한 빠르기를 말하는데, 여기에는 지휘법이 있어요. 2/4박자 지휘는 이렇습니다. 3/4박자 지휘는 이래요. 하나, 둘, 셋! 4/4박자 지휘는 하나 더 있겠죠? 하나, 둘, 셋, 넷! 자, 따라 해 보세요. 그러면 노래 한 곡을 같이 지휘해 볼까요?

학생 : 선생님! 저는 지휘자가 안 될 텐데 지휘법을 배울 필요가 있나요?

교사 : 그래요. 지휘자가 안 되면 박자법은 쓸모가 없죠. 하지만 이번 중간고사에 지휘법이 나옵니다.

학생 : 네, 일단 외워야겠군요.

교사 : 그렇죠. 자, 다시 한 번 해 볼까요?

박자에 따른 지휘법을 배우는 음악 수업의 한 장면이다. 이 수업 속에서 학생들은 박자를 배운다는 것이 어떤 의미인지를 결코 알 수가 없다. '박자'를 통한 음악의 가치를 알지 못한 채, 교사가 알려 주는 지식을 시험을 위해 기계적으로 외울 뿐이다. 무의미한 교과 지식을 아무런 의미 없이 받아들이고 있는 것이다.

내가 그의 이름을 불러 주기 전에는

그는 다만

하나의 몸짓에 지나지 않았다.

내가 그의 이름을 불러 주었을 때

그는 나에게로 와서

꽃이 되었다.

(하략)

-「꽃」, 김춘수

    좋은 수업은 무의미한 교과 지식에 이름을 붙여 의미 있는 지식으로 바꿔 주는 수업이다. 수업 속에 의미가 부여될 때, 학생들은 국어 수업에서는 언어를 통해 나와 대화하고 타인과 대화하는 법을 알게 되고, 수학에서는 수가 가지는 질서와 체계 속에서 세계를 이해하게 된다. 역사를 통해 현재 일어나는 사건들을 과거와의 관계 속에서 이해하려 들 것이고, 미술을 통해 선과 색이 주는 아름다움에 심취할 것이다. 그러나 현실 속 우리의 수업에서는 좀처럼 이런 의미가 발견되지 않는다. 대부분의 교과 수업이 정보를 나열하는 수업으로 왜곡된 채 차가운 정보만을 전달할 뿐이다. 학생의 마음에 울림을 주지 못하는, 영혼 없는 수업만이 우리의 곁을 떠돌아다니고 있다.

    교사의 역할은 교과 지식을 하나의 '몸짓'에서 의미 있는 '꽃'으로 만들어 주는 데 있다. 이것이 교사의 전문성이다. 교사는 일반인도 할 수 있는 요약 정리를 잘해 주는 사람이 아니라, 교과 지식 속에 담긴 의미와 가치를 학생들이 발견하게 하고, 이를 통해 학생들이 세계를 더 깊고 즐겁게 바라볼 수 있게 하는 역할을 해야 한다. 교사용 지도서나 자습서에 나오는 지식을 전달하는 수준으로 교사의 전문성을 낮게 생각해서는 안 된다.

 인간은 늘 목적을 찾고 밝히는 존재다. 이런 규명 없이는 어떤 행동도 만족스럽지 않다. 지금 이 책을 평범한 가정주부가 독후감을 쓰기 위해 읽는다고 생각해 보자. 그 주부는 교사들이 보는 이 책이 자신의 삶과 아무런 관련이 없다고 생각하기 때문에 정말 억지로 책을 읽어야 할 것이다. 학생들도 마찬가지다. 지금의 학생들은 자신이 수많은 지식을 배워야 하는 이유를 상실해 버렸다. 이전의 세대들은 생존하기 위해, 가문의 영광이 되기 위해 열심히 공부했지만 지금은 그렇지 않다. 결국 학생들 스스로 지식 속에서 의미를 찾게 해야 하는데, 이것이 쉽지가 않다.

 교과 지식이 학생들에게 '꽃'이 될 수 있는 수업을 위해, 교사는 교과 수업 속에 '이야기'를 만들어야 한다. 수업 시간에 '이야기'를 복원해야 한다는 것은 단순히 흥미를 끌기 위한 농담이나 잡담을 늘어놓으라는 것이 아니라, 교과 지식을 전달하는 삶의 이야기를 수업 속에서 나눌 수 있어야 한다는 뜻이다.

 다음의 논술 수업이 그 예가 될 수 있을 것 같다. 일반적으로 논술 수업의 첫 시작에서는 논술의 개념, 연역법, 귀납법 등을 차갑게 설명하곤 한다. 그러면 학생들은 전혀 흥미를 느끼지 못한 채 입시를 위해서 억지로 논술을 배운다. 글쓰기가 아닌 글짓기를 익히는 것이다. 그런데 나는 이와 달리 학생들이 써 놓은 반성문을 가지고 논술 수업의 시작을 열었다. 다음과 같은 반성문을 보여 주고 "과연 너희들이 교사라면 이 글을 읽고 어떤 반응을 하겠냐?"라고 질문을 던졌다.

편지 1

존경하는 담임 선생님께

존경하는 선생님께 거듭 사과드리며 이 글을 쓰게 되었습니다. 우선 제가 이러한 사과문을 쓰게 된 것은 저의 잘못으로 인해 선생님이 압수하고 계시는 저의 엠피 때문에 쓰게 되었습니다. 저의 잘못을 구체적으로 설명하자면, 오늘 6월 2일 토요일 저는 어제 택배로 도착한 새 엠피를 자랑하기 위해 학교로 가져오게 되었습니다. 옆에 있는 치호한테 보여 주는 동안 명사 특강이 시작되었는데 그걸 무시하고 저의 엠피를 끄지 않은 일 때문에 이렇게 되었다고 생각합니다. 참고로 절대로 치호한테는 잘못이 없다고 말씀드립니다. 공부 열심히 하라고 사 주신 엠피를 고작 자랑을 하기 위해 가지고 온 제가 너무 부끄럽습니다. 또한 어머니께도 너무 죄송스럽습니다. 앞으로 이런 일이 없도록 노력하겠습니다.

우선, 첫째로 어머니께 불효자가 되지 않게 열심히 공부하겠습니다. 둘째로, 선생님에게 충성을 다하는 좋은 학생이 되겠습니다. 마지막으로 엠피를 잘 활용하여 공부에 도움이 많이 되도록 사용하겠습니다. 존경하는 선생님, 앞으로 선생님께 좋은 모습만 보여 드릴 수 있도록 노력하는 사람, 그리고 성적 향상을 해서 부모님에게 기쁨을 안겨 줄 수 있는 사람, 마지막으로 나 자신에게 최대 만족을 줄 수 있는 사람이 되겠습니다. 엠피를 수업에서 사용한 점 사과드리며 앞으로 쉬는 시간 이외에는 듣지 않도록 하겠습니다. 사랑하고 존경하는 선생님, 제 엠피를 돌려주세요. 감사드립니다.

편지 2

선생님, 저 P입니다. 어제 또 죄송한 일을 해서 얼굴 뵐 면목이 자꾸만 없어져 가네요. 수업 시간에 핸드폰을 하지 말아야 한다는 점 알고 있었지만 지켜 내지 못한 것에 먼저 죄송하다는 말을 하고 싶네요. 친구들 분위기가 좋지 않아 공부도 안 될뿐더러 수업과 관계되지 않은 아이들의 질문으로 수업에 흥미를 잃어버린 저는, 시형이가 우리 반 친구들의 핸드폰 번호를 알려 달라기에 그것을 입력해 주다가 선생님께 걸려서 혼난 것입니다. 물론 수업 시간에 했다는 점, 그 점은 용서받지 못하는 행동이었음에 틀림없습니다. 죄송합니다. 반성하겠습니다. 하지만 선생님! 염치없지만 제 부탁 좀 들어주실래요? 저희 어머니께서는 제가 학원이 새벽 1시 넘어서 끝나기에 주무시지도 않고 제가 돌아올 때까지 기다려 주십니다. 밤에 위험하고, 수업이 늦게 끝나는 등 피치 못할 사정으로 제가 집에 들어오지 않으면 어머니께서는 저에게 연락을 하실 텐데, 핸드폰을 한 달이나 뺏긴 저는 어머니를 불안하게 하는 것이 더욱 저를 괴롭게 합니다. 그래서 말인데요, 선생님! 다시는 핸드폰을 학교에 가지고 오지 않을 것이며, 만약 가져온다면 아침에 선생님께 맡겨 두었다가 종례를 마치고 가져가는 것을 선생님께 약속드리겠습니다. 물론 이번 일에 대한 다른 처벌을 받을 것이니 한 번만 더 제게 기회를 주셨으면 합니다.

대부분의 학생들은 편지2에 손을 들어 주었고, 이어서 그 이유에 대해 토의하기 시작했다. 학생들은 이 과정을 통해서 논술이 입시에만 필요한 것이 아니라, 삶의 영역에서도 필요한 활동이라는 것을 새롭게 이해할 수 있었다. 그리고 반성문의 논거를 토의하면서 논술에 필요한 논리적 사고를 차근차근 배우기 시작했다. 학생들이 썼던 반성문이 수업 시간으로 들어와 논술의 개념과 논리 전개 방법을 설명하는 데 효과적으로 사용된 것이다.

안양에서 역사를 가르치는 황 선생님의 수업도 매우 흥미로웠다. 황 선생님은 중학교 역사 교사인데, 역사를 배워야 하는 이유를 다른 선생님들처럼 '역사란 무엇이다.'라는 식으로 학생들에게 전달하지 않았다. 선생님은 먼저 아이돌 그룹 '빅뱅'의 공연 장면을 보여 주면서, 그간 아이돌 그룹이 어떤 변천사를 겪어 왔는지를 '소방차-서태지와 아이들-H.O.T.-빅뱅'의 공연을 가지고 설명했다. 그 속에서 학생들은 아이돌의 역사를 이해하게 되었고, '빅뱅'의 화려한 공연이 20년 전 '소방차'로부터 왔음을 깨달았다. 이런 일련의 과정을 통해 학생들은 '역사를 안다는 것, 역사를 배운다는 것'이 '현재 우리가 보고 즐기고 있는 것에 대한 탐구'라는 결론에 이르게 되었다.

> 예전엔 저도 E. H. Carr의 말을 빌려서 '역사란 과거와 현재의 끊임없는 대화고, 그래서 이거고 저거고' 이렇게 설명을 했어요. 5.18 광주민주화운동, 6.29 민주화선언 등을 예로 들어 설명했고요. 그런데 그것은 386세대에서는 적절한 이야기이지만, 학생들에게는 현실적인 역사가 아니었어요. 그래서 고민 끝에 생각한 것이 아이돌에 대해 이야기하는 것이었죠. 내게 역사는 민주화 운동이지만 학생들에게 역사는 아이돌이다. 이런 결론을 내렸어요. 그리고 그들 수준에 맞는 토의 활동

과 이야기를 꺼내니 학생들의 눈빛이 살아나더군요. 물론 학생의 흥미를 끄는 수준에만 머문다면 역사 수업이 이상한 방향으로 흘러가겠지요. 저는 늘 '내가 가르치는 역사 지식이 학생들에게 어떻게 들릴 것인가'를 고민하면서, 최대한 학생들의 삶과 연관을 지으려고 노력해요.

이처럼 교과 지식은 삶 속에서 복원되어야 한다. 하나의 교과 지식이 이야기가 되어 학생들에게 다가가고, 그것이 그 학생에게 의미를 지니는 꽃이 될 수 있을 때, 학생들은 그 수업에 자연스레 몰입하게 된다. 이것은 비단 인문학과 관련된 수업에만 국한되는 것이 아니다. 과학, 수학, 기술 등 모든 수업에서 얼마든지 교과 지식을 삶의 맥락 속에서 복원시킬 수 있다. 우리가 가르치는 교과는 결국 우리 삶과 관련된 것들이기 때문이다.

예를 들어 과학 수업에서 마찰력을 배우려고 할 때도, 아래와 같이 이야기와 함께 수업 속 의미를 찾아본다면 이것을 바탕으로 수업은 훨씬 의미 있게 진행될 것이다.

수업을 위한 성찰 질문	내용
가르쳐야 할 핵심 지식은?	마찰력
수업을 통해 주고 싶은 의미는?	마찰력이 우리 삶에 많은 영향을 주고 있다.
교사의 이야기(교사가 경험한 이야기는 없는가?)	대학교 때 얼음판에서 미끄러져 손이 부러진 사건
학생의 이야기(학생들이 경험한 이야기는 없는가?)	눈썰매나 스키 탔던 경험들
세상 이야기(우리 주변의 환경 속에서 드러나는 이야기는 없는가?)	타이어 주름, 썰매 제동 장치
미디어 이야기(영화, 음악, 드라마, 책 등에 등장하는 이야기는 없는가?)	등산화 광고, 영화에서 스파이더 맨이 건물 벽을 타는 장면

교사인 우리도 그간 삶의 맥락을 잃어버린 채 교과 지식을 분절적으로 익혀 왔기 때문에, 이야기로 수업하는 것에 그다지 익숙하지 않다. 그렇지만 이러한 낯섦을 극복하고, 교사들은 자신의 교과에 대한 이야기를 수집해야 한다. 교사의 이야기, 학생의 이야기, 세상 이야기, 미디어 이야기 등 다양한 이야깃거리를 찾아보는 것이다. 자신의 경험담을 이야기하고 학생들과 대화하면서 학생들의 문화적 기호가 어느 정도인지를 파악하고, 영화와 책, 음악 속에서 교과와 관련된 이야기를 끄집어내야 한다.[45]

앞서 살펴봤던 수업의 신념 세우기, 관계 맺기, 대화 만들기 등은 마음을 다잡는 것만으로도 얼마든지 실천할 수 있는 덕목이다. 그러나 수업 내용을 개선하기 위해서는 교사 스스로 적극적인 연구를 해야 한다. 내용을 재구성할 수 있는 교양을 쌓고 창의적인 사고를 할 수 있어야 한다. 그리고 이야기를 찾아야 한다. 이런 노력들이 있을 때 수업 속에서 '의미'를 발견하고 그 의미를 학생들과 나누는 진정한 수업이 이루어질 수 있다.

성찰하기

1. 나의 교과 수업 가운데 삶의 의미가 잘 드러난 수업은 어떤 것이 있었는가?

2. 내가 가르치는 교과가 학생들의 삶에 어떤 의미가 있다고 생각하는가?

3. 내 수업이 의미가 있는 수업이 되려면 어떤 노력을 해야 한다고 생각하는가?

내용 보기 3

수업 속에서 학생들이 의문을 가지고 있는가?

아래 사진을 보자. 누군가는 이를 보고 시계가 잘못 만들어졌다고 생각할지도 모르겠다. 이 시계는 어떤 시계 디자이너가 의도적으로 숫자 5만 그리고 나머지 숫자는 그려 넣지 않고서 만든 것이다. 왜 시계를 이렇게 만든 것일까?

디자이너는 사람들이 지나치게 시간에 매여 있는 삶을 비판하고 싶었다고 한다. 그래서 사람들에게 가장 중요한 시간인 퇴근 시간만 표시하고 나머지 시간은 표시하지 않았다. 퇴근 시간만 확인하면 되지 나머지는 알 필요가 없다는 것이다. 이 작품을 이해하기 위해서는 추론적 사고를 해야 한다. 추론적 사고란 사실적 이해를 넘어서서 보이지 않는 또 다른 맥락을 추리해 보는 사고를 말한다. '왜?'라는 질문을 던지면서 자기 스스로 의문을 던지고 답을 찾아가려는 사고 과정이다. 이런 추론의 과정 속에서 인간은 더 많은 몰입을 하게 되고, 지적으로 탐구하는 재미를 맛볼 수 있다.

수업도 마찬가지다. 교사 스스로 개념만을 나열하는 수업에는 학생들이 몰입할 수 있는 지점이 하나도 없다. 적절한 질문을 통해 '왜?'라는 의문을 품게 하고 그것을 탐구하게 해야 수업 속에 몰입이 생기고 배움이 만들어진다.

> 개가 밥을 다 먹고
> 빈 밥그릇의 밑바닥을 핥고 또 핥는다
> 좀처럼 멈추지 않는다
> 몇 번 핥다가 그만둘까 싶었으나
> 헛바닥으로 씩씩하게 조금도 지치지 않고
> 수백 번은 더 핥는다
> 나는 언제 저토록 열심히
> 내 밥그릇을 핥아 보았나
> 밥그릇의 밑바닥까지 먹어 보았나
> 개는 내가 먹다 남긴 밥을
> 언제나 싫어하는 기색 없이 다 먹었으나
> 나는 언제 개가 먹다 남긴 밥을
> 맛있게 먹어 보았나
> 개가 핥던 밥그릇을 나도 핥는다
> 그릇에도 맛이 있다
> 햇살과 바람이 깊게 스민
> 그릇의 밑바닥이 가장 맛있다
>
> — 「밥그릇」, 정호승

이 시에서 시인은 개가 밥그릇을 핥는 것을 보았다. 그 시작은 '개가 밥그릇을 왜 핥느냐?'라는 의문에서 시작되었다. 그리고 이것을 바탕으로 개 속에 있는 생(生)의 의지를 읽었고, 그것을 자신의 삶에 적용하고 있다. '왜?'라는 질문이 개, 개의 밥그릇, 화자의 밥그릇으로 연결되어 전혀 예상치 않은 깨달음을 만들어 내고 있다. 수업도 마찬가지다. '왜?'라는 질문 속에서 다양하게 수업 내용이 확장되어서, 정보를 넘어선 새로운 깨달음을 학생들에게 주어야 한다.

최근에 아주 흥미로운 중학교 1학년 수학 수업을 본 적이 있다. 오 선생님은 1차 함수 그래프를 가르치면서 굉장히 도발적인 질문을 던졌다. '왜 우리는 그래프를 배워야 하는가. 그것이 도대체 우리 삶과 어떤 연관이 있는가.'라는 심오한 질문이었다. 학생들은 처음에는 조금 당황스러워했다. 보통 수학 수업이라면 원리를 설명하고 문제를 풀어야 하는데, 철학이나 도덕 수업에서 나올 법한 질문을 던졌기 때문이다. 그런데 이 질문은 곧 학생들의 호기심을 강하게 불러일으켰다.

> 교사 : 여러분은 라면 하나를 끓이는 물의 양을 아시나요?
> 학생 1 : 550cc요.
> 교사 : 잘 맞혔어요. 그렇다면 라면 두 개를 끓이는 물의 양은요?
> 학생 2 : 550cc를 두 번 넣으니까 1100cc요.
> 교사 : 네, 저도 그렇게 생각했는데, 라면 전문가들 얘기로는 50cc를 늘어난 라면 수만큼 덜어 내야 한다는 거예요. 그렇다면 이것을 그래프로 나타내면 어떻게 될까요? y를 라면에 들어가는 적당한 물의 양이라 하고, x를 라면 개수라고 하죠.

학생 3 : y=550x-50(x-1)이요.

교사 : 오, 잘했어요. 계산을 해 보면 y=500x+50이네요. 이것을 그래프로 그리면 이와 같이 되겠죠.

학생 4 : 그런데 선생님, 지금 이 풀이 과정이 선생님이 던진 질문하고 어떤 연관이 있는 거죠?

교사 : 좋은 질문이에요. 그래요, 무슨 연관이 있을까요? 왜 저는 여러분에게 어려운 질문을 던져 놓고 이런 허접한 그래프를 그리고 있을까요?

학생 5 : 라면 끓이는 물의 양은 일정하다, 고로 그것을 그래프로 그려 낼 수 있다. 뭐 이런 거 아닐까요?

교사 : 와우, 좋은 대답이에요. 그렇다면 라면 끓이는 물의 양이 일정하다는 것은 여러분 삶과 어떤 관계가 있는 거죠? 그리고 그것을 왜 그래프로 그려 낼 수 있는 거죠?

학생 5 : 우리 삶에는 어떤 법칙이 있다는 거죠. 질서라는 것이 우리 삶에 있기 때문에 그래프로 그려 낼 수 있는 거겠죠.

교사 : 맞아요. 우리가 숫자로 기호화해서 일차 함수 그래프를 그려 내지만, 이 속에는 어떤 질서가 있는 거예요. 그 질서를 기호화해서 배우는 것이 함수이고, 우리는 그것을 그래프로 그려 내는 것입니다. 곧 우리 삶에 있는 일정한 질서, 법칙들을 기호화 추상화한 것이 함수 그래프입니다. 함수 그래프도 하나의 언어인 것입니다.

수학 선생님의 도발적인 질문이 학생들에게 굉장한 몰입을 가져오고, 그것을 바탕으로 학생들은 의미 있는 사고를 하고 있었다.

그런데 이런 장면이 일상의 수업 속에서 구현되기란 쉽지 않은 일이다. 교사 스스로 교과 지식에 대해 추리를 하는 것에 익숙하지 않기 때문이다. 교사들은 개념적 정보를 잘 정리하고 요약하는 데는 능숙하지만, 새로운 맥락을 생각하면서 의문을 던지고 답을 찾아가는 추론은 좀처럼 하지 않는다. 교사 자신부터 이런 경험을 별로 해 보지 않았기 때문이다. 압축적이고 효율적인 수업에만 길들여진 우리들이기에, 생각의 주체가 되어 질문을 던지는 것은 학생들뿐 아니라 교사인 우리에게도 힘든 일이다. '나는 생각한다. 고로 존재한다.'라고 하지만 그간 우리는 밀려드는 정보를 받아 먹는 데만 힘을 기울였지, 새로운 대안을 만들어 내고 숨겨진 의미를 파헤치는 훈련은 제대로 받지 못했다. 중고등학교뿐 아니라 대학 시절에도 사정은 마찬가지였다. 그러다 보니 교사가 된 지금, 수업 시간에 '왜?'라는 질문을 던져 보고는 싶지만 그것이 어렵게만 느껴져, 결국 오늘도 교사용 지도서와 자습서를 벗어난 이야기는 꺼내 놓지 못하는 것이 우리의 현실이다.

수업 시간, 지식에 대한 본질적 의문이 없으니 수업의 활력은 좀처럼 생겨나지 못한다. 교사들이 간혹 던지는 의문조차도 대부분은 자습서에 나와 있는 종류의 것이어서, 선행 학습이 된 학생들은 쉽게 답을 내놓는다. 이렇듯 무의미한 수업의 상황을 만들지 않기 위해서는 학원에서도 배우지 않고 자습서에도 나오지 않는 정말 도전적인 질문을 교사가 만들어야 한다.

여기서 또다시 우리는 교사의 전문성에 대해 심각하게 고민하게 된다. 상황 속에 매몰되어 일반인과 동일한 수준의 가르침을 보인다면 이는 진정한 교사라 할 수 없다. 좋은 교사는 단순히 말을 잘하는 교사가 아니다. 똑같은 내용 속에서도 학생을 도전하게 하고 몰입하게 하는 과제를 만드는 교사가 진정한 의미의 '좋은 교사'이다. 이것이 교사의 전문성이다. 수업의 프로인 교사는 학생의 지적, 문화적, 정서적 상황을 고려하여 정교한 활동 과제를 만들 수 있어야 한다.

때로는 바쁜 행정 업무와 생활 지도에 힘을 쏟느라, 좋은 수업을 위한 교육적 상상력을 오롯이 지켜 가기 어려울 때도 많다. 그러나 상황이 어렵다고 해서 언제까지나 핑계를 댈 수만은 없다. 조금 힘이 들더라도 교사는 교사로서의 소명을 다시금 회복하고 교과 연구에 몰입해야 한다. 단순히 정보를 암기하는 식의 공부가 아니라, 스스로 질문을 던져 보면서 학생의 호기심을 자극할 수 있는 질문을 만들어야 한다. 교사가 던지는 질문 속에서 학생은 수업에 몰입하게 되고, 이를 통해 의미 있는 수업이 이루어지는 행복한 경험을 할 수 있을 것이다.

성찰하기

1. 수업 준비를 할 때 교사 스스로 의문을 품으면서 공부한 적이 있는가? 혹은 의문을 통해 수업을 배움으로 이끈 경험이 있는가?

2. 내 수업 속에 의문을 일으키는 질문이 있는가? 그렇지 않다면 그 이유는 무엇인가?

3. 의문이 있는 수업을 만들기 위해 노력해야 할 부분은 무엇인가?

내용 보기 4

수업 속에서 창의가 생기고 있는가?

    언제부턴가 학생들의 창의력을 길러야 한다는 것이 교육의 중요한 화두가 되었다. 특히 요즘은 아이폰과 아이패드의 성공으로 스티브 잡스와 같은 혁신적이고 창의적인 사람을 길러야 한다는 이야기가 이곳저곳에서 들려온다. 그런데 또 다른 쪽에서는 현재 우리의 교육 시스템으로는 한국의 스티브 잡스는 절대 나올 수 없을 것이라고도 이야기한다. 이는 틀린 말은 아닐 것이다. 우리의 학교가 창의성을 기를 수 있는 시스템이 아니기 때문이다. 창의성은 한 번에 만들어지는 것이 아니라, 어렸을 때부터 서서히 창의적인 표현을 훈련받아야만 조금씩 길러질 수 있다.

    하지만 현재 우리의 수업 속에서는 새로운 생각을 표현하는 것 자체가 무척 어려운 일이다. 교과서의 정답만을 잘 말하고 답하는 학생들만 인정받을 수 있기 때문이다. 그래서 학생들은 정답을 외우고 말하는 데는 익숙하지만, 새로운 무엇인가를 만들어 내는 것에 대해서는 불안해한다. 학생들과 말하기 수업을 해 보면 많은 학생들은 스스로 생각을 만들어 발표하는 것을 굉장히 쑥스러워한다. 친구들끼리는 그렇게도 잘 떠드는 아이들이 나와서 발표를 할 때면 몸을 비비 꼬고 목소리는 기어 들어간다. 자신의 발표 내용이 정답이 아니라고 스스로 판단을 내리기 때문이다. 이런 상황 속에서 21세기를 이끄는 창의적인 리더 양성은 먼 나라 이야기일 뿐이다.

창의적인 인간을 만들어 내기 위해서는 교사들의 일상적인 수업 속에 창의적인 요소가 있어야 한다. '창의력'이란 여러 가지 의미를 지니는 것이지만,[46] 그 가운데서도 핵심적인 내용은 '서로 다른 것을 연결해 새로운 의미를 만들어 내는 것'을 말한다. 즉 무(無)에서 유(有)를 만들어 내는 것이 아니라 유(有)와 유(有)의 결합 속에서 새로운 것을 만들어 내는 것이 창의력의 한 속성이다. 기존의 것을 서로 통합하고 연결하여 또 다른 무언가는 만들어 내는 능력이 바로 창의력인 것이다. 사람들이 그토록 칭송하는 아이폰과 아이패드를 보라. 여기에는 새로운 기술만이 있는 것은 아니다. 기존의 기술력을 잘 연결하고 통합하여 사람들이 쓰기 편한 미디어 기기를 만들어 낸 것이다.

아래 광고가 어떤 광고인지 한번 생각해 보자!

경찰이 이상한 자세로 웅크리고 앉아 구두를 통해 무엇인가를 보고 있다. 이 광고는 구두약 광고이다. 자사의 구두약으로 구두를 닦으면 구두가 거울처럼 된다는 내용을 창의적으로 보여 주고 있다. 여기서 확인할 수 있는 기발함은 '구두'와 '거울'의 조합이다. 서로 이질적인 요소 두 가지를 연결하여 새로운 느낌을 우리에게 선사한다. 이렇듯 창의적 사고란 성질이 다른 두 가지의 것을 임의적으로 조합하여 새로운 의미를 재탄생시킬 수 있는 능력을 지닌다.

나는 언어를 가르치는 국어 혹은 문학 선생님으로서 학생들의 창의적인 표현을 매우 강조한다. 서로 다른 것, 언뜻 떠올리기에는 관련이 없는 것을 연관 지어 생각해 보는 훈련을 많이 하려고 노력한다.

언젠가 했던 기행문 수업의 한 장면을 소개해 보겠다. 나는 그림 하나를 학생들에게 보여 주고, 여기에 제목을 붙여 보라고 했다.[47] 학생들은 '88만원 세대', '그리움', '사춘기' 등 알 듯 말 듯한 제목을 붙여 주었다.[48] 그림에 대한 각자의 이야기들을 발표하던 중 한 학생이 "선생님, 기행문 수업과 그림에 제목을 붙이는 것이 어떤 관계가 있는지 궁금해요."라고 질문을 했다. '기행문'과 '그림 제목 붙이기'의 이질적인 요소가 학생들에게 몰입을 가져온 것이다. 나는 다음과 같이 수업에 대한 이야기를 시작했다.

야, 모두들 정말 대단한 생각을 했군요. 선생님이 그림을 가지고 이런 활동을 한 것은 기행문의 의미를 알려 주기 위해서입니다. 언뜻 이해가 잘 안 되지요? 우선 그림에 대해 이야기해 봅시다. 여러분은 저 그림을 보며, 그것에 이름을 붙여 주었어요. 사실 이 그림은 여러분과 관련도 별로 없고, 선생님이 제목을 붙여 보라고 하지 않았으면 관심도 없이 지나쳤을 여러 그림 중의 하나일 뿐이지요. 그런데 여러분은 지금 잠시 멈춰 서서 이 그림에 대해 관찰을 하고 질문을 하고 의미를 부여하는 과정을 거쳤어요. 그 과정을 통해 이 그림은 여러분만의 그림, 여러분만의 의미가 되었습니다. 여러분이 그림에 이름을 붙여 줌으로써, 그 그림은 여러분에게 다가와 꽃이 되었어요. 누구에게는 '사춘기'에 대해 한 번 더 생각하는 그림이 되고, 누구에게는 '88만원 세대'로 대변되는 우리 사회 청년층의 아픔을 짚어 보는 그림이 되었지요. 기행문도 마찬가지입니다. 기행문을 쓰는 과정에서 여러분은 여행의 기억을 꼼꼼히 되짚으며 그 가운데 여러분의 마음을 사로잡은 순간을 포착해 내겠지요. 다양했던 여행의 경험 가운데 여러분이 이름을 불러 준 바로 그 순간, 기행문을 통해 기록하지 않았다면 스쳐 지나갔을지도 모를 기억이 여러분의 호명을 통해 또 다른 의미를 갖게 되는 거예요. <u>이와 같이 기행문이라는 것은, 여러분이 그림에 제목을 붙이듯이 삶에 제목을 붙이는 것이라 할 수 있습니다.</u>

이것은 비단 기행문에만 해당되는 이야기가 아닙니다. 수필을 비롯해 우리의 일상을 기록하는 모든 글들, 사소하게 지나쳐 버릴 수 있는 일상이 한 편의 글을 통해 '의미'를 가지는 것을 우리는 알 수 있습니다.

자! 우리 모두 오늘 등교하기 전까지의 과정을 생각해 보세요. 여러분들은 많은 것을 보며 학교에 왔습니다. 그런데 그 가운데 기억에 남은 사물들이 있나요? 또는 의미 있는 무언가가 있었나요? 아마 여러분은 별생각 없이 그냥 지나쳐 왔을 거예요. '오늘도 이렇게 시작하는구나!' 하면서 조금은 절망스러운 마음으로 학교에 왔을지도 모르지요. 이 모든 순간이 별 의미를 지니지 못한다고 생각했을 겁니다. 그러나 오늘 우리가 그림에 대해 생각을 하고 이름을 붙였던 것처럼, 우리 일상에도 의미를 부여해 본다면 내 주변의 삶이 조금 달라 보이지 않을까요.

이 이야기를 듣고 학생들은 기행문과 그림 제목 붙이기의 상관관계를 이해했고, 이를 바탕으로 등굣길의 과정을 짧은 글로 표현하였다. 평소에 글을 잘 쓰지 못하던 학생들임에도, 창의적인 수업 설계를 통해 학생들은 제각기 아침의 경험을 의미 있는 글로 표현하고 있었다.

● 버스를 소재로 한 글

오늘도 역시 버스를 타고 백영고등학교로 향했다. 버스를 탈 때마다 항상 드는 생각이 있다. '왜 사람들은 두 명 이상 앉는 좌석에 한 사람이 앉아 있으면 앉으려고 하지 않을까?' 이런 생각을 할 때마다 사람들이 금을 긋고 살아가는 것만 같다. 그리고 '버스 기사는 사람이 다 차지도 않았는데 왜 정거장을 그냥 지나칠까?'라는 생각도 하게 된다. 이렇게 보면 버스 기사 또한 금을 긋고 있는 것이다. (하략)

● 신호등을 소재로 한 글

파란불이 연속으로 켜진다. 상태가 좋을 때는 죽도록 뛰지만 보통은 한 번 건너고 기다리고 또 건넌다. 기회가 한꺼번에 찾아왔을 때 나는 항상 고민한다. 나는 과연 언제나 최선의 선택을 할 수 있을까? 지금까지는 실패를 통해 배우면 된다고 생각해 왔다. 하지만 시간이 흐르고 있고 그 안에 내게 다가오는 기회가 몇 개나 있는지도 모르는 상태에서 이런 안일한 태도는 후회만 부를 것이다. 욕심을 부리고 그에 맞는 능력도 있으면 좋겠다. 내 기회를 알 수 있는 감각이 있으면 좋겠다. (하략)

학생들의 글을 자세히 읽어 보면 그들의 창의적인 생각에 놀라게 된다. 한 학생은 버스의 빈자리를 보고 정(情)이 사라진 인간의 모습을 떠올렸고, 한 학생은 신호등을 통해 최선을 다하는 삶을 묵상했다. 저마다 일상의 소재들을 창의적으로 연결해 '의미'를 발견하는 글쓰기를 해냈다. 이것은 학생들의 창의적인 생각을 여는 과정들이 있었기 때문에 가능한 일이다.

비슷한 예를 고전 시가 수업에서도 찾아볼 수 있다. 아래는 조선의 개국 공신 정도전의 노래다. 만약 수업 시간에 단순히 이 노래만을 가르쳤다면 학생들은 무감각하게 작품을 분석하고 외웠을 것이다.

신도가

정도전

예전에는 양주 고을이었던 곳이여
경계에 새 도읍지로서 좋은 경치로구나
나라를 여신 거룩한 임금께서 태평성대를 이룩하셨도다
도성답구나 지금의 경치가 도성답구나
임금께서 만수무강하시어 온 백성이 함께 즐거움을 누리는구나

앞에는 한강물이여 뒤에는 삼각산이여
복덕이 많으신 이 강산에서 영원한 생명을 누리소서

하지만 나는 '학생들의 반'과 '조선 왕국'을 창의적으로 연결하면서 현대판 「신도가」를 써 보라고 주문하였다. 특히 담임 선생님을 정도전처럼 찬양해 보라고 했다. 그랬더니 학생들은 무척이나 재기발랄하게 「신도가」를 패러디하고 있었다. 글에 자신이 없는 학생들은 그림으로 자신의 반을 찬양해 보았다.

용현 찬가

남자답지 않은 용현 선생님의 꼼꼼함이여
1학년 3반을 똑바로 세워 놓았군요.
무엇이든지 열심히 하겠다는 다짐으로
저희들을 가르쳐 주시옵소서
우리들을 더 높은 곳으로 이끌어 주시옵소서
아이어 아이어하이어하이어
절대로 포기하지 않고 실패는 해도 포기하지 않는 1학년 3반이여
열정을 가지고 나아가시옵소서

혜송 찬가

예전에는 서로 알지 못하던 아이들이

백수고에서 만나 하나가 되었구나

까칠함이 매력적인 혜송 씨가 우두머리 되었구나

아휴, 꼴랑뿔랑 아흐히 달링둉성

아름답구나, 미모들이 아름답구나

혜송 씨께서 아름다우셔서 온 12반 학생들도 빛이 나는구나

공부면 공부 얼굴이면 얼굴

복덕이 많으신 12반에서 영원한 생명을 누리소서.

이런 창의적인 수업은 국어 수업에만 국한되는 것이 아니다. 가장 건조한 과목인 수학에서도 얼마든지 창의적으로 수업을 할 수 있다. 충남에서 중학교 수학을 가르치는 김은남 선생님은 수학적 개념을 가르치면서 항상 그것을 시로, 그림으로 표현하라고 하는데, 학생들은 '0'의 개념을 배우고 다음과 같은 작품을 남겼다. 수학이 수필로, 그림으로, 시로 연결되었다.

'0'을 다른 숫자로 나누면 그 수는 '0'이 됩니다.

'0'은 나눌 것 없지만, 기꺼이 나눠 줍니다.
나도 가진 것 없지만 기꺼이 희생하고
헌신하여 빈손으로 돌아갈 수 있는,
인정 많고 쿨한 사람이 되고 싶습니다.
다른 숫자에 '0'을 곱하면,
그 수는 '0' 자신이 됩니다.
어떤 문화, 환경 속에서도
그 문화, 환경에 동원되거나 중심 잃지 않고
'나 자신'으로 온전히 떳떳하게
설 수 있는 당당한 사람이 되고 싶습니다.

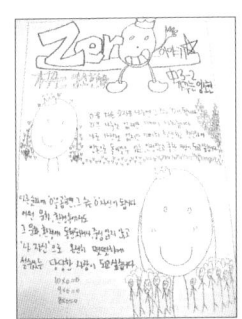

앞에서 바라본 원과 옆에서 바라본 원.
같은 원이지만 90°의 차이가 만들어 낸
신선한 충격.
내가 세상을 어떤 시선으로 보냐에 따라
세상은 어둡게 다가올 수도
환하게 다가올 수도 있다.
세상을 보는, 세상을 바꾸는 세계관, 가치관,
그것은 내가 무엇을 원(want)하는가에 달려 있다.

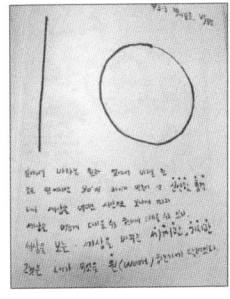

저는 수학의 본질이 숫자에 있는 것이 아니라 사고에 있다고 봐요. 그래서 학생들에게 늘 낯설게 사고하는 법을 알려 주려고 해요. 수학적 개념을 배울 때 삶과 연관해서 자신이 원하는 방식으로 그 개념을 표현해 보게 하지요. 물론 처음에는 조금 힘들었지만, 시간이 지나면서 학생들이 곧잘 표현해 내더라고요. 이런 과정을 통해 학생들은 수학에 대한 새로운 흥미를 갖게 되고, 수학과 삶을 창의적으로 연결 짓는 법을 배우죠. 참 신기해요. 수학이 30점인 학생도 이 활동은 매우 흥미로워하면서 열심히 참여해요. 그리고 참 기발한 생각들을 많이 내놓고요.

이러한 창의적인 수업을 만들기 위해 교사들은 교과 장벽을 넘어설 필요가 있다. 국어 수업이라고 해서 국어만 가르치는 것이 아니라 미술과 음악도 함께 이야기할 수 있고, 사회 수업에서 도덕과 과학을 함께 가르칠 수도 있다. 이런 통합의 형태가 초등학교에서 좀 더 수월하겠지만, 중고등학교 교사들도 얼마든지 이런 통합을 시도해 볼 수 있다. 중요한 것은 교사가 얼마나 깨어서 연구하는가이다. 가능하면 동료 선생님들, 특히 중고등학교 선생님들의 경우 여러 과목의 교사가 함께 만나 독서 동아리를 만들어, 다양한 책을 같이 읽으면서 통합 수업을 만들어 간다면 수업 기획력은 한층 더 계발될 것이다.

결국 교사가 스스로 배우고 깨닫지 않으면 좋은 수업은 만들어지지 않는다는 결론에 이른다. 아무리 좋은 자료를 얻는다 해도 몇 차시 수업만 적당히 때울 수 있을 뿐 총체적으로 내 수업이 바뀌지는 않는다. 스스로 창의적인 수업을 만들기가 어렵다면, 동료 선생님과 작은 독서 모임[49]을 시작해 보자! 아니면 선생님들과 함께 영화, 연극, 미술 전시회를 같이 보면서 삶의 이야기를 나눠 보자! 그 속에서 내 교과를 벗어난 다양한 창의적인 이야기들을 듣는 기회가 마련될 것이다. 창의적인 수업은 다른 사람과 대화하고 여러 문화 체험이 내면화될 때 비로소 시작될 수 있다.[50]

성찰하기

1. 당신은 창의적인 사람인가? 그렇지 않다면 그 이유는 무엇인가?

2. 지금까지의 수업 가운데 가장 창의적으로 구성했던 수업에 대해 이야기해 보자.

3. 창의적인 수업을 만들기 위해서 어떤 노력을 기울여야 한다고 생각하는가?

내용 보기 5

수업 속에서
삶을 성찰하고 있는가?

입시 원서를 쓰는 철이면 교사는 상당히 곤혹스러워진다. 학생들이 원서를 들고 와 교사 추천서를 써 달라고 하기 때문이다. 대학에 가고 싶어 하는 학생들의 눈빛을 보면 온갖 미사여구를 동원해 좋은 말을 써 주고 싶지만, 솔직히 그 학생에 대해 써 줄 이야기가 별로 없다. 부끄러운 일이지만, 내 눈에 그 학생이 변화하고 성장된 삶이 별로 보이지 않기에 그저 피상적으로 추천서를 써 주고 만다. 학생들이 자기소개서를 쓸 때 반드시 적어야 하는 것 중에 하나가 '고등학교 시절에 어떤 고난을 겪었으며 그것을 어떻게 극복했는가?' 혹은 '고등학교 시절에 어떤 의미 있는 경험을 했으며 그것은 당신을 어떻게 성장시켰는가?'라는 항목이다. 우리 학생들이 이 항목에 대해 쓰는 것을 특히 어려워하는데, 그 이유는 학창 시절을 통해 성장하고 변화된 부분이 별로 없기 때문이다. 매일 '집-학교-학원-집'의 생활을 반복하는 처지이다 보니, 고등학교 3년 동안 특별한 경험을 하기도 어렵고 세상을 바라보는 안목도 달라질 일이 없는 것이다. 사실 이것은 학생들만을 탓할 일이 아니다. 수업 속에서, 그리고 삶 속에서 학생들의 삶을 실제적으로 변화시킬 만한 동력을 주지 못한 어른들의 책임이 크다.

남미의 빈민가 교육을 위해 힘썼던 파울로 프레이리는 참된 교육을 위해서라면 교사들은 '은행 저금식 교육'을 멈추고, 학생들의 의식을 깨우고 학생들이 어떤 삶을 살아가야 할지를 성찰하게 하는 '문제 해결식 교육'을 해야 한다고 했다.[51] 하지만 프레이리의 이 멋진 말은 한국의 상황에는 어울리지 않아 보인다. 한국의 학생들은 '입시'라는 커다란 장벽으로 인해, 수업 속에서 삶에 대한 문제 해결력은 기르지 못하고 입시에 대한 적응력만을 기르고 있다. 학년이 올라간다고 해서 삶을 더 깊이 배우게 되는 것이 아니라 문제 풀이 요령만 나날이 늘어 갈 뿐이다. 사정이 이렇다 보니 자연스레 삶에 대한 고민이나 성찰과는 거리가 멀어지고, 입시를 위한 자기소개서조차 스스로 쓰지 못해 남에게 맡기는 현상이 벌어지고 있다.

참 이상한 일이다. 12년간 학교에서 수많은 시간 동안 교육을 받았건만, 학생들은 삶을 행복하게 만드는 지혜에 대해서는 전혀 알지 못한다. 이것은 학교가 '진로 지도'가 아닌 '진학 지도'에만 열을 올렸기 때문이다. 학교가 입시 교육을 완전히 배제할 수는 없을 것이다. 그렇지만 최소한의 교육다운 교육, 수업다운 수업을 학교는 담당해야 한다. 수업을 통해 학생들에게 '나'를 만나고, '너'를 이해하고, '세계'를 탐구하는 시간을 제공해 주어야 한다. 더 이상 삶과 분리된 지식만을 가르칠 것이 아니라, 지식 속에서 삶을 성찰하고 변화시킬 수 있는 경험을 맛보게 해야 한다.

삶을 성찰한다는 것은 도덕 수업에만 해당하는 영역이 아니다. 모든 과목의 수업을 통해 우리는 삶에 대해 돌아보는 시간을 가질 수 있다. 이를테면 국어 시간에는 언어의 왜곡 문제를, 사회 시간에는 정의의 부재함을, 과학 시간에는 환경 파괴 문제를 생각해 볼 수 있을 것이다. 이렇듯 수업 속에서 다양한 교과를 통해 '삶'에 대해 고민하고 같이 토의함으로써, 교사는 학생들에게 '인간으로서 삶의 문제를 고민한다는 것이 얼마나 가치 있는 행동인지'를 알려 주어야 한다. 이런 성찰의 과정 속에서 학생들은 자신의 삶을 변화시키는 노력을 조금씩 할 수 있게 될 것이다. 그렇지 않고 지금까지 해 온 것처럼 개념적인 지식만을 나열하는 수업을 계속한다면, 학생들은 수업을 통해 아무런 깨달음을 얻지 못한 채, 성인이 되어서도 삶에 대해 진지하게 고민하지 않는 '성인 아이'가 되어 버릴 가능성이 크다.

예전에 진행했던 한시 수업의 한 장면을 소개해 볼까 한다. 보통의 한시 수업은 한자 풀이를 하고 본문에 나오는 내용을 이해하는 순서로 진행된다. 그런데 나는 그런 일반적인 방법으로 수업을 진행하지 않았다. 본문 내용을 통해 학생들의 내면을 성찰하는 시간을 수업 속에서 만들어 보았다. 수업에서 다룬 본문은 최치원이 당나라에 유학할 때 지었던 시 「추야우중(秋夜雨中)」이다.

秋風唯苦吟(추풍유고음)
世路少知音(세로소지음)
窓外三更雨(창외삼경우)
燈前萬里心(등전만리심)

가을바람에 오직 괴로운 마음으로 읊조리니
세상에 나를 아는 사람이 적구나
창밖에 밤 깊도록 비가 내리고
등불 앞에는 만 리를 향한 마음만이 서성이네

시를 읽게 한 후 바로 내용 분석으로 들어가는 대신 학생들에게 "외로움을 가장 크게 느낄 때가 언제였나요?"라고 질문을 던졌다. 그 내용을 잠시 적어 보게 하고 그것을 짝과 나누게 했다. 그리고 나는 학생들이 본문 내용에 감정 이입할 수 있도록 내 삶의 이야기를 펼쳐 냈다. '내가 외로움을 가장 많이 느꼈을 때', '가족들이 가장 그리웠던 때'를 학생들에게 이야기해 주면서 본문의 내용을 학생들의 삶에 자연스럽게 연결했다. 이런 이야기는 수업 속에 새로운 의미를 창출했고, 학생들에게 강력한 몰입을 가져왔다. 그런 다음 본문 내용을 설명하고, 설명한 내용을 바탕으로 삶을 성찰할 수 있는 활동을 하였다.

> **활동1.** 시를 읽으면서 가장 마음에 와 닿았던 부분을 고르고, 그 이유를 자신의 경험에 비추어서 설명하세요.
>
> **활동2.** 아래 제시한 것 중에 하나를 선택해서 활동해 보세요.
> - 시의 내용을 패러디해 보세요.
> - 시의 내용을 그림으로 그려 보세요. (가능하면 현대적으로 재구성할 것)
> - 시를 만화로 표현해 보세요.
> - 시에 대한 감상을 자유롭게 적어 보세요.

이 활동에 주어진 시간은 딱 10분이었다. 그런데 예상외로 학생들은 활동을 잘해 내면서 삶을 새롭게 성찰하고 본문 내용을 내면화하고 있었다.

부모님은 내가 춤추는 걸 반대하셨다. 성적도 무난했음에도 부모님은 내가 춤추는 것을 강하게 반대하셨다. 나갈 대회도 많았고 참가 신청서도 많이 날아왔으나, 부모님에게 허락받는 과정에서 모두 무산되었다. 그러나 같은 팀 형들이나 친구들은 내 사정을 알아주지 않고 화만 냈다. 나는 아직 춤에 미련이 좀 남아 있다. 아니, 많이 남아 있다. 예전 실력에 그냥 머물 수는 없다. 팝핀이라는 장르에만 얽매이지 않고 여러 장르를 느껴 보고 싶다. 타향에서 자신을 알아주는 이가 없다고 울고 있는 최치원도 나와 비슷한 생각을 하지 않았을까?

이 시가 마음에 드는 이유는 나도 인정받고 싶을 때가 있기 때문이다. 내가 막내여서 그런지 엄마는 내가 무엇을 하려고만 하면 자꾸 대신 해 주려고 한다. 좋은 뜻으론 나는 사랑을 받고 있는 것이다. 하지만 나쁘게 생각하면 엄마는 아직도 나를 인정하지 않는다는 것이다. 엄마는 나를 아직도 애로만 보고 있다. 이것은 최치원이 신분, 출신 때문에 인정받지 못하는 것과 유사하다. 엄마에게 인정받지 못하는 나는 최치원의 감정을 잘 이해할 수 있다.

학생들은 스스로 한시를 감상하면서 '세상에 나를 아는 사람이 적구나'라는 구절이 가장 마음에 와 닿았다고 했다. 빡빡한 학창 시절에 자신의 마음을 잘 이해해 주지 못하는 여러 주변 환경들이 한시를 읽으며 떠오른 것이다. 10분이라는 짧은 표현 시간을 주었음에도 학생들은 깊이 있게 자신과 대면하는 시간을 가졌고, 한시를 통해 삶을 성찰하게 되었다. 성찰을 유도하는 교사의 적절한 활동 제시가 학생들에게 삶을 돌아보는 기회를 제공해 준 것이다.

이와 같이 학생들은 늘 자신의 삶에 대한 고민을 하고, 그것을 어떤 형태로든 표현하고 싶어 한다. 그런데 우리는 수업 속에서 스스로 그러한 통로를 차단하고 있다. 조금만 열어 주면 학생들은 기대 이상으로 큰 반응을 보일 텐데, 우리는 상황 탓을 하며 학생들의 마음을 더욱 꽁꽁 얼어붙게 하는 것이다. 페이스북, 트위터 등 소셜네트워크의 발달로 학생들은 많은 정보를 흡수하면서 세상의 문제에 대한 관심이 높아지고 있다. FTA 문제, 환경 문제, 교육 문제 등 다양한 시사 문제에도 깊은 관심을 가지고 여러 형태로 자신의 생각을 표현하고 있다. 그런데 수업 시간에 이런 문제에 대한 성찰의 시간을 주지 못한다면, 학생들은 수업 시간을 답답해하고 학교가 시대의 흐름에 뒤처져 있다고 생각할 것이다.

다양한 세상의 이야기 가운데 학생들이 공감하는 문제를 교사가 미리 찾아서 제시하고 그것을 교과 수업과 연결시킨다면 학생들은 저절로 수업 시간에 몰입할 수밖에 없다. 이를 위해서는 교사가 먼저 삶의 문제에 깊은 관심을 가져야 한다. 교과서에 있는 내용만을 그대로 전달하고 가르치는 것이 아니라, 자신이 교육자로서 먼저 이 세상을 성찰하는 자세를 가져야 한다. 지금 학생들에게 어떤 고민이 있고, 이 시대에 어떤 문제가 오고 가고 있는지를 늘 살펴야 한다. 대중 매체를 통해 나타나는 여러 시대 문제들을 재빨리 읽고 그것을 수업 속에 녹여 낼 수 있어야 한다.

또한 삶의 성찰은 단순히 돌아보는 데 그치지 않고 반드시 표현과 함께해야 한다. 표현해 내지 않으면 삶에 대해 고민만 하다가 오히려 괴로워할 수 있다. 표현을 통한 내면화 과정을 통해 성찰의 결과물을 만들어 주어야 한다. 교과 지식과 관련된 삶의 문제를 제시하고 학생들이 적절하게 표현할 수 있는 공간을 만들어 주어야 한다. 글쓰기, 그림, 사진 등 여러 형태로 자신의 생각을 표현하게 하고, 그것을 통해 교과 지식이 자신의 삶 속에 내면화되게 만들어야 한다. 물론 모든 차시마다 이러한 성찰의 시간을 가질 필요는 없다. 하지만 적어도 한 단원을 마칠 때에는 의미 있는 주제, 시사 사건을 하나 선정해서, 학생들과 같이 토의하고 발표하는 시간을 가져야 한다. 이것을 통해 학생은 비로소 세상과 자아에 대한 눈을 뜨게 되고, 더 많은 공부를 하려고 할 것이다.

신영복 선생은 '세상에서 가장 먼 거리는 머리에서 가슴으로 가는 거리이고, 또 다른 하나는 가슴에서 발과 손으로 가는 거리'라고 했다. 그런데 한국의 교육은 머리에서만 멈춰 서 있다. 성찰의 수업을 통해 교과 지식이 가슴으로, 발로, 손으로 전해질 수 있게 해야 할 것이다. 그 시작은 교사가 수업 속에서 성찰의 지점을 어떻게 만들어 내느냐에 달려 있다.

성찰하기

1. 나의 수업은 '은행 저금식 수업'인가, '문제 해결식 수업'인가?

2. 교과 지식과 관련해 성찰해야 할 삶의 문제는 무엇이 있는가?

3. 성찰이 있는 수업을 만들기 위해서 나는 어떤 노력을 기울여야 하는가?

내용 보기 6

수업 속에 위계가 있는가?

    교육학 공부를 할 때 가장 많이 나오는 단어 중에 하나가 '구성주의'였다. '학생들은 스스로 지식을 구성하는 존재이기 때문에, 대화를 통한 상호 작용으로 수업을 진행하라'는 말을 많이 들었다. 그러면서 나오는 학자가 비코츠키(L. Vygotsky)였다. 특히 그의 비계이론이 나올 때쯤이면 교수님들은 침을 튀기며 학생들의 '실제적 발달 능력'과 '잠재적 발달 능력'의 차이를 잘 고려하는 수업을 해야 한다고 말씀하셨다. 그런데 문제는 그 비계가 실제 현장에서는 잘 고려되지 않는다는 것이다.

    좋은 수업을 위해서는 학생들의 실제적인 능력과 잠재적인 능력을 판단해 수업을 디자인해야 하지만, 현실의 우리는 그저 개념 지식을 순차적으로 설명하면서 수업을 할 뿐이다. 학생의 수준을 고려하지 않고, 개념을 병렬적으로 나열하는 것이다.

    학생들과 함께 '꿈이 없는 사회'에 대해서 토의하려 할 때, 비계가 없는 수업의 장면은 어떠할까. 교사는 학생들에게 "자, 우리 지금부터 '꿈이 없는 사회'에 대해 토의해 보자."라고 하면서 학생들에게 이런저런 말을 하라고 시킬 것이다. 하지만 사실 이 토의 과제는 학생들 수준에서 이야기하기에는 어려운 주제여서, 학생들이 자신의 생각을 토의한다고 해도 일반적인 수준의 뻔한 내용이 오고 가기 십상이다. 이렇게 되면 교사는 토의를 대충 마무리하고 자신이 준비한 내용을 다시 일방적으로 설명하게 된다. 이렇듯 토의 수업이 무의미하게 흘러가는 것은 학생들의 배경지식이 얕아서이기도 하지만, 교사가 생각을 적절히 유도하는 위계 있는 수업을 디자인하지 않았기 때문이다. 교사가 학생의 수준을 미리 고려해 다음과 같은 비계 활동을 만들어 낼 수 있어야 한다.

> ● ● **노래 1 신해철의 〈도시인〉**
>
> (아침엔 우유 한 잔 점심엔 fast food 쫓기는 사람처럼 시계 바늘 보면서 거리를 가득 메운 자동차 경적 소리 어깨를 늘어뜨린 학생들 This is the city life) 모두가 똑같은 얼굴을 하고 손을 내밀어 악수하지만 가슴속에는 모두 다른 마음 각자 걸어가고 있는 거야 아무런 말 없이 어디로 가는가 함께 있지만 외로운 사람들 (어젯밤 술이 덜 깬 흐릿한 두 눈으로 자판기 커피 한 잔 구겨진 셔츠 샐러리맨 기계 부속품처럼 큰 빌딩 속에 앉아 점점 빨리 가는 세월들 This is the city life) (한 손에 휴대전화 허리엔 삐삐 차고 집이란 잠자는 곳 직장이란 전쟁터 회색빛의 빌딩들 회색빛의 하늘과 회색 얼굴의 사람들 This is the city life)
>
> 1) 나의 삶을 가장 잘 반영하는 부분에 밑줄을 그어 보세요.
> 2) 짝과 함께 왜 그곳에 밑줄을 그었는지 이유를 나눠 보세요.
> 3) 'This is the city life'에서 'this'가 의미하는 부분은 무엇일까요? 짝과 토의해 보세요.

> ● ● **노래 2 김광석 〈서른 즈음에〉**
>
> 또 하루 멀어져 간다 내뿜은 담배 연기처럼 작기만 한 내 기억 속에 무얼 채워 살고 있는지 점점 더 멀어져 간다 머물러 있는 청춘인 줄 알았는데 비어 가는 내 가슴속엔 더 아무것도 찾을 수 없네 계절은 다시 돌아오지만 떠나간 내 사랑은 어디에 내가 떠나보

> 낸 것도 아닌데 내가 떠나온 것도 아닌데 조금씩 잊혀져 간다 머물러 있는 사랑인 줄
> 알았는데 또 하루 멀어져 간다 매일 이별하며 살고 있구나
>
> 1) 가장 가슴에 와 닿는 부분에 밑줄을 그어 보세요.
> 2) 짝과 함께 왜 그곳에 밑줄을 그었는지 이유를 나눠 보세요.
> 3) 마지막 구절 '매일 이별하며 살고 있구나'의 의미는 무엇일까요? 짝과 토의해
>   보세요.

위의 활동에서는 대중가요가 토의 과제로 준비되었다. 이것을 통해 학생들은 '꿈이 없는 사회'란 어떤 것인지, 그 절망감에 대해 느끼면서 수업 내용에 더욱 몰입을 하게 될 것이다. 또한 노래를 감상한 후 제시되는 활동 '1)-2)-3)'이 서로 위계 있게 연결되어 있음을 알 수 있다. 1)에서 순간적인 느낌을 짚어 내게 하고, 2)에서 그 이유를 짝과 토의하게 한다. 그리고 3)에서 조금 더 깊이 있게 주어진 텍스트를 추론하는 위계로 구성되어 있다. 수준이 있는 학생이라면 바로 3)으로 갈 수도 있겠지만, 그렇지 않다면 1)과 2)의 활동을 거쳐서 3)의 활동을 진행해야 한다. 이와 같이 작은 활동을 수행할 때에도 일정한 목적을 가지고 비계 있는 활동을 잘 만들어야 학생들은 서서히 자기만의 사고를 해 나갈 수 있다. 노래 두 편을 활용한 활동이 끝나면 교사는 수업에서 이 사회 속에 꿈이 없는 이유에 대해 훨씬 폭넓은 이야기를 학생들과 나눌 수 있다. 노래를 이해하고 감상하면서 선생님이 내건 주제에 대한 맥락을 짝과 함께 충분히 토의했기 때문이다.

이와 같이 비계 있는 수업을 하려면, 먼저 학생들을 배려해 주어야 한다. 그들의 지적 수준을 고려하여 적절한 순서로 생각을 확장할 수 있

도록 몇 가지 사고의 단계를 마련해 두는 것이다. 그 단계는 앞서 1장에서 언급한 배움의 수준과 동일하다. 첫 번째 단계는 '사실적 사고'에서부터 시작해야 한다. 글을 읽고 내용을 확인하는 단계이다. 그런 다음 '추론적 사고'로 넘어가, 상식 수준에서 의문을 품고 '왜?'라는 질문을 하게 해야 한다. 보이지 않는 부분까지도 추리하게 만들어야 한다. 그 다음에는 '비판적 사고'를 해야 한다. '왜?'라는 질문을 던지고 합리적인 대답을 스스로 찾게 한다. 정확하게 개념을 정리하게 하고 논리적 근거를 찾게 한다. 마지막으로는 '창의적 사고'이다. 배운 내용을 바탕으로 새로운 것으로 연결하여 창조적인 적용을 하게 하는 단계이다. 반드시 이런 순서를 따를 필요는 없겠지만, 적어도 이런 사고의 확장 순서를 고려하면서 학생들의 생각을 서서히 끄집어낼 필요가 있다. 너무 저차원적인 사고에만 머무르게 해서도 안 되고, 학생들에게 너무 빨리 고차원적 사고를 요구해서도 안 된다. 긴 호흡을 가지고 학생들의 사고 수준을 고려하면서 서서히 생각을 유도해 낼 때, 학생들은 안정감을 가지고 수업에 임할 수 있다.

수업의 전체 흐름도 마찬가지다. 논술 수업에서 '대중 매체에 나타난 사랑 표현의 문제점을 밝히고, 그것이 왜 문제가 되는지 논술하시오.'라는 주제가 있다면, 위계를 고려하지 않는 수업의 경우 대중 매체의 문제점을 설명하고 바로 학생들에게 글쓰기를 하게 할 것이다. 그러나 비계 있는 수업을 한다면, 먼저 학생의 관점에서 이 논술 과제를 수행하기 어려운 지점을 미리 예상해야 한다. 사랑 표현의 문제점을 밝히기 위한 학생의 사고 과정을 예측해 봐야 하는 것이다. 사랑의 개념이 정의되어야 하고, 문제가 되는 표현을 대중 매체에서 찾아 왜 문제가 되는지를 교사가 시범을 통해 보여 주어야 한다. 그렇지 않고 논술 과제만 던져 둔다면 학생들은 혼자 헤매기만 하다 결국 글쓰기에 대한 공포를 가지게 될 것이다.

●● **위계가 없는 논술 수업**

1. 교사 주제 제시 : 대중 매체에 나타난 사랑 표현의 문제점을 밝히고 그것이 왜 문제가 되는지 논술하시오.

2. 글쓰기 실시

●● **위계가 있는 논술 수업**

1. 일상 속에서 사랑의 경험 말해 보기
2. 사랑에 대한 정의 내려 보기
3. 대중 매체 속에 나타난 사랑 표현 찾아보기
4. 사랑에 대한 정의를 바탕으로, 대중 매체 속에 나타난 사랑 표현 판단하기
5. 교사 주제 제시 : 대중 매체에 나타난 사랑 표현의 문제점을 밝히고 그것이 왜 문제가 되는지 논술하시오.
6. 학생들 글쓰기 실시

이렇듯 수업에서 중요한 것은 수업의 전체적인 주제를 정하고 그것에 맞는 수업 활동을 유기적으로 연결하는 것이다. 이것은 고도의 예술성을 기반으로 한다. 그런데 우리 교사들은 전통적으로 교과서의 내용을 몇 차시로 나누어서 '도입-전개-정리 및 평가'로 진행하는 틀에 익숙해져 있다. 이것은 학습자 중심의 수업을 하는 요즘 추세와는 전혀 맞지 않는다. 용어 자체가 교사 중심의 단어이다. 이는 교사에 의해 주도되는 강의에 맞는 틀이지, 학생들의 생각을 열고 도약하게 하는 틀로서는 적절

하지 않다. 그럼에도 우리 주변에는 '도입-전개-정리 및 평가'의 3단계 수업이 여전히 만연되어 있다.

도입 단계에서 배울 내용에 대해 설명하고, 전개 부분에서 교사 중심의 설명이 이어진다. 그리고 그 설명하는 문제를 확인하는 차원에서 몇 가지 활동을 하고 수업이 마무리된다. 이것은 교사의 수업 전문성을 오히려 퇴보시키고 학생들에게도 적절한 배움을 일궈 내지 못한다. 수업 속에서 의미를 발견하게 하고 탐구하게 하려면 소단원이 1차시 수업으로 병렬적으로 나열되기보다는 하나의 주제로 정교하게 디자인되어야 한다.

몇 해 전부터 나는 주제가 있는 수업, 하나의 주제로 응집되는 수업을 하기 위해 일정한 틀을 사용해 왔다. '마음 열기 - 생각 쌓기 - 생각에 날개 달기 - 삶에 접속하기'의 4단계 틀로, 기승전결의 4단계 글쓰기 구조를 변용한 것이다. '마음 열기'는 학생들의 마음을 여는 단계이다. 교과 지식은 차가운 개념들이 많기 때문에, 배울 교과 내용에 삶의 이야기 혹은 미디어 자료를 사용하여 따뜻함을 불어넣는 동기 부여의 단계이다. 두 번째 단계인 '생각 쌓기'는 개념 지식을 명확히 배우는 단계이다. 학습자 중심의 수업을 하더라도 학생들이 명확하게 개념을 인지하는 것은 여전히 중요한 일이다. 특히 지식이 가지는 의미에 대해 적절한 의문을 던지면서 수업을 진행할 필요가 있다. 이 과정을 통해 학생들은 교과 내용 속에 있는 핵심 지식을 삶의 맥락 속에서 이해하게 된다. 이를 바탕으로 심화 단계로 넘어가야 하는데, 그것이 '생각에 날개 달기'이다. 이 단계는 학생들의 추론적 사고 혹은 창의적 사고가 발휘되는 부분이다. 교사가 미리 준비한 협력적 활동을 통해 학생들이 자기 생각을 마음껏 펼치게 하는 단계이다. 마지막으로 '삶에 접속하기'는 이 단원에서 배웠던 내용을 복습할 뿐만 아니라, 그동안 배운 내용들을 현재 내 삶에 어떻게 적용할 것인지 성찰하게 하는 단계이다. 이 단원에서 최소한 우리가 기억해야 할 의미, 가치 등을 학생들에게 표현하게 하고 적어 봄으로써 내면화를 하는 과정이다.

단계	교사의 활동	학생의 반응
마음 열기	- 삶의 다양한 이야기를 통해 학생들의 마음을 열어 줌.	- 학습에 대한 불안감을 해소하고, 지적 흥미를 가짐. '왜'라는 의문을 품게 됨.
생각 쌓기	- 지식의 구조를 밝히고, 지식의 의미를 알려 줌. - 지식을 바탕으로 교과서의 내용을 바라보게 함.	- 지식의 체계 속에서 세계의 신비로움을 발견함. - 삶에서 지식의 의미를 발견함. - 교과서의 내용을 삶의 맥락에서 이해함.
생각에 날개 달기	- 교과서를 벗어난 다양한 삶의 영역에서 지식을 적용하게 함. - 협력적 활동으로 고차원적 사고를 유도함.	- 삶의 다양한 영역에서 생각하고 고차원적 사고를 하게 됨.
삶에 접속 하기	- 배운 내용을 바탕으로 삶에서의 실제적인 반응을 고민하게 함.	- 배운 내용을 바탕으로 삶에서 어떤 변화를 이룰 것인지를 고민함. - 직접적인 행동 변화도 생각해 보고, 당장은 내 생각을 어떻게 바꿀 것인지를 고민함. - 이번 수업 내용을 통해 새롭게 깨달은 점이 무엇이 있었는지를 고민함.

이것은 주제 중심의 수업 디자인으로, 한 차시 수업에 적용되는 것이 아니다. 현재 우리 수업의 문제는 1차시도 '도입-전개-정리 및 평가', 2차시도 '도입-전개-정리 및 평가'로 병렬적으로 나열되어 있어 단원의 클라이맥스가 없다는 점이다. 학생들이 이 수업의 흐름이 어떻게 진행되고 있는지를 느끼며 함께하기가 쉽지 않다. 단지 그날그날 배우는 개념적 지식이 다를 뿐 전체적인 수업의 꼴이 똑같기 때문이다. 이런 반복적

인 형태는 학생들에게 수업을 지루하게 느끼게 할 뿐이다. 이렇게 해서는 학생들의 배움이 확장되기 힘들다. 학생들 스스로가 몰입하려 할 때 더욱 몰입하게 만들고, 협력의 의지를 보일 때는 제대로 협력할 수 있게 하는 수업 자체의 리듬을 만들어야 한다. 이를 위해서는 소단원이 하나의 주제로 수업이 디자인될 필요가 있다.

이와 같이 수업을 디자인하려면 일단 수업 속에서 자신이 이끌어 갈 주제를 분명히 해야 한다. 교사용 지도서에 나오는 기계적인 학습 목표가 아니라, 교사 스스로가 학생들에게 주고자 하는 배움의 지점을 명확히 해야 한다. 수업은 그 배움의 지점을 핵심적으로 설계하여 진행해야 하기 때문이다. 아래 수업 내용에서도 윤동주의 시「서시」를 단순히 분석하고 정리하는 데 그치지 않고, 학생들이「서시」를 창작해 봄으로써 윤동주의 삶을 이해하는 것에 초점을 맞추고 있다. 또한 그것을 통해 학생들의 삶을 성찰하는 데까지 나아가고 있다. 그런 배움의 지점이 명확하였기에 윤동주의 이야기, 김연아의 이야기, 장기려 박사의 이야기가 적절하게 배치되고, '마음 열기 – 생각 쌓기 – 생각에 날개 달기 – 삶에 접속하기' 형태로 수업 내용이 유기적으로 배열되면서, 학생들에게 순차적인 배움을 줄 수 있도록 디자인되었다.

수업을 준비하며		윤동주의「서시」를 잘 이해하고, 어떤 시련 속에서도 자신의 길을 묵묵히 걸어가는 학생이 되었으면 좋겠다.「서시」가 가지는 위대함을 직접 체험했으면 좋겠다.
수업 목표	지식(이해)	「서시」를 이해하고, 문학 언어가 주는 기쁨을 맛보게 한다.
	기능(활동)	윤동주의「서시」를 감상하고, 자신의 삶을 성찰할 수 있다.
	태도(실천)	「서시」에 나온 내용처럼 자신의 길을 묵묵히 걸어가는 학생이 된다. 시의 언어가 가진 힘을 깨닫는다.

마음 열기	고난 속에서 힘들어하는 학생들의 이야기를 찾게 한다. 고난을 극복한 교사의 이야기를 말한다. 「서시」가 고난을 극복하려는 한 남자의 노래라는 것을 말한다.
생각 쌓기	문학적 언어의 특징을 이해시키고, 시적 화자의 마음을 헤아리며 시를 감상하게 한다. 윤동주의 마음을 상상하게 한다. (예 : 김연아의 이야기)
생각에 날개 달기	윤동주의 「서시」를 학생들의 상황에 맞게 패러디하게 한다.(자기만의 서시를 적게 함.) 윤동주의 시와 학생들의 패러디 시를 비교하며 문학 언어의 특징을 이해시킨다.
삶에 접속하기	장기려 박사의 삶을 살펴보면서, 나의 길을 묵묵히 걸어가는 자의 기쁨을 생각하게 한다. 「서시」를 배우고 난 후의 느낌을 적게 한다.

한 번쯤 우리는 내가 수업의 흐름을 어떻게 끌고 가는지를 조용히 묵상해 볼 필요가 있다. 그 속에 어떤 리듬이 있는지, 클라이막스의 지점이 있는지를 살펴야 한다. 사실 수업 속에서 입시 지식만을 병렬적으로 나열하려면 특별한 수업 모형이 필요하지 않다. 교사가 설명하고 학생들이 문제 풀고 교사가 정리하는 식으로 진행하면 된다. 하지만 교사로서 의미 있는 배움을 주고자 한다면, 자신의 수업 흐름을 고민해야 한다. 어떤 식으로 학생들에게 마음을 열고, 개념을 세우고, 활동을 시켜야 하는지 큰 그림에서 고민해야 하는 것이다.

나무를 심으려면 숲 전체를 보고 나무를 심어야 한다. 그런데 우리는 지금 숲은 보지 못하고 나무만 계속 심는 수업을 하고 있다. 자신만의 교과와 교육 철학에 맞는 수업 모형을 만들어서 주제 있는 수업, 성찰이 있는 수업에 도전해야 할 때다.

성찰하기

1. 내 수업 속에는 나만의 수업 흐름이 있는가? 지난 수업들을 돌이켜 보면서 자기만의 수업 흐름이 어떻게 진행되었는지 생각해 보자.

2. 내 수업은 위계적으로 디자인되어 있는가?

3. 위계 있는 수업을 위해서 어떤 노력을 해야 한다고 생각하는가?

tip 나만의 수업 모형을 만들자

이 책에서 제시하는 수업 모형은 나의 수업 모형일 뿐, 다른 모든 사람에게 보편적으로 적용될 수 있는 것은 아니다. 개인의 수업 철학, 교과 특성, 학교 급간에 따라 자신만의 수업 모형을 만들어야 한다. 그리고 그 수업 모형은 학생들에게 저차원에서 고차원으로의 배움을 경험하게 하는 위계로 구성되어야 한다. 수업 모형에 대한 책들이 많이 있지만, 대부분의 경우 공허한 이론에 그쳐 실질적으로 우리에게 도움이 되지 않을 수 있다. 그러므로 다른 사람의 모형을 인위적으로 사용하기보다는 교사 스스로가 만든 틀을 사용하는 것이 좋다.

또한 수업 모형을 만들지 못하는 경우라도, 앞서 제시된 핵심 키워드를 아래와 같이 질문하면서 수업을 준비하는 것이 좋다.
- 이 단원 속에서 내가 제시해야 할 의미는 무엇인가?
- 이 단원 속에서 던져야 할 의문은 무엇인가?
- 이 단원을 바탕으로 창의적으로 적용할 지점이 있는가?
- 이 단원 속에서 삶을 성찰해야 할 지점이 있는가?
- 학생들의 수준에 맞춰서 어떻게 수업 내용을 배열할 것인가?

이 질문은 내 수업을 보거나 다른 사람의 수업을 성찰할 때에도 아래와 같이 적용될 수 있다.

질문	성찰 내용
이 수업에서 학생들이 교과 지식의 의미를 발견하는 지점은 어디인가?	
이 수업에서 학생들이 의문을 품고 수업에 더 몰입하는 지점은 어디인가?	
이 수업에서 학생들이 배운 내용을 바탕으로 창의력을 발휘하는 지점은 어디인가?	
이 수업에서 학생들이 배운 내용을 바탕으로 삶을 돌아보는 지점은 어디인가?	
수업의 각 활동들이 하나의 목표로 유기적으로 연결되어 있는가?	
수업의 각 활동들이 학생들의 사고를 위계적으로 발전시키고 있는가?	
이 수업을 통해 느낀 점은 무엇인가?	

06

수업 친구와 수업 성찰하기

이번 장에서는 앞에서 논의된 여러 상황들을 실제적으로 내 삶에 적용하기 위해 '수업 친구 만들기'라는 실천 운동을 소개하고자 한다. 수업 친구 사이에 수업 나눔이 이루어지고, 이것이 발전해 동료 교사들이 함께하는 수업 동아리를 만들고, 또다시 학교 차원의 수업 공동체를 만드는 과정을 살펴보며, 새로운 수업 개선의 동력을 발견할 수 있을 것이다.

초년 교사 시절이 떠오른다. 수업을 어떻게 해야 하는지도 모르는 채 무작정 교실로 들어섰던 그날의 첫 수업! 나름대로 이런저런 이야기를 떠들다가 나왔는데, 그 수업은 내가 의도한 바와는 전혀 다르게 흘러갔던 것으로 기억된다. 준비해 간 말은 뒤죽박죽이 되었고, 수업의 분위기는 어수선하기만 했다. 문제는 이런 어수선함이 몇 달 내내 이어졌다는 것. 몇 달 동안 나는 수업 속에서 허둥대기만 했고, 내가 무슨 수업을 하고 있는 것인지 제대로 알지 못한 채 교과서에 있는 내용을 학생들에게 알려 주는 데 급급했다. 그리고 얼마 지나지 않아 연구 수업을 해야 했다. 나름대로 열심히 준비해 연구 수업에 임했지만 결과는 참혹했다. 수업은 실수투성이였고, 여러 선생님들로부터 호된 질책을 받아야 했다. 이후 시간이 쌓이면서 내 수업은 조금 나아지는 듯도 했지만, 본질적으로는 여전히 그 자리를 맴돌고 있었다.

그러던 중 나는 좋은교사의 '행복한수업만들기' 국어 모임에 본격적으로 나가기 시작했다. 사실 교사가 되고 나서 바로 이 모임에 참석했지만, 여러 일로 참여를 하지 못하다가 풀리지 않는 수업에 대한 갈증으로 다시금 모임을 찾게 된 것이었다. 그렇게 모임에 나가 선생님들과 대화를 나누면서, 나는 처음으로 '내 수업의 철학이 무엇인가', '내가 수업 속에서 힘들어하는 것이 무엇인가'와 같은 수업 이야기를 하기 시작했다. 참 희한한 것은 그곳에서 특별한 것을 배우고 오는 것도 아닌데, 모임에만 갔다 오면 수업을 다시 잘할 수 있을 것 같은 힘을 얻고는 했다. '나만 힘든 것이 아니구나!'라는 사실을 깨달으면서 현재 상황 속에서 조금 더 힘을 내야겠다는 생각을 했다. 그리고 이 모임을 오랫동안 지키다 보니, 수업 전문가로서의 안목이 생기고 이렇게 책까지 쓰는 호사를 누리게 되었다.

이렇듯 학교 밖 수업 공동체를 통해 교사로서 새로운 힘을 얻으면서 생각했던 것은 '학교 내에서는 왜 이런 모임을 갖지 못할까?' 하는 것이었다. 근본적으로 수업이 개선되려면 학교 밖 외부 모임이 아니라 내부에서 이런 모임을 가져야 하는데 '왜 이것이 힘들까?'를 늘 생각했다. 사실 교사가 수업을 바꾸지 못하는 근본적인 이유는 수업을 논하고 성찰할 수 있는 학교 내 공동체가 없기 때문이다. 학교 내에서 따뜻한 동료애를 바탕으로 수업을 같이 이야기하고 나눌 수 있는 관계가 없기 때문에 교사들은 수업에 힘을 잃고 말았다.

그런 의미에서 이러한 갈증에 화답해 주는 움직임들이 몇 년 전부터 일어나고 있는 것은 더없이 반가운 일이다. 이 책의 앞에서도 언급하였듯이, 수업 개선에 열정적인 교사들과 연구자들을 중심으로 새로운 수업 보기 흐름이 생겨나고 있다. 이혁규 교수의 '수업 비평'과 서근원 교수의 '아이의 눈으로 수업 보기', 사토 마나부 교수의 '배움의 공동체 운동'이 바로 그것인데, 이들은 기존의 관(官)에서 주도했던 수업 개선과는 다른 방식으로 수업을 좀 더 깊게 말하고 이야기하는 문화를 만들어 내고 있다. 그런데 이 세 운동들은 각각 미묘한 차이와 장단점을 지니고 있는데, 서로가 이를 각자의 운동에 반영하려는 움직임은 별반 일어나지 않고 있어 아쉬움을 남긴다. 그런 의미에서 우리는 현장 교사로서 이들의 장단점을 취사선택하고 통합하여 현실에서 활용해 볼 필요가 있다. 여기에 소개하는 좋은교사의 '수업 친구 만들기' 운동 역시, 이와 같은 차원에서 수업 운동들을 통합적으로 실천해 보려는 움직임의 일환이다. 이러한 소박한 움직임을 통해 교사 주도의 수업 개선 운동이 학교 내에서 좀 더 강하게 일어나기를 소망해 본다.

수업 변화를 위한
실천의 여정

수업 비평 – 수업에 대한 새로운 눈을 뜨다

이혁규[52] 교수는 수업 비평을 "교사와 학생들이 함께 구성해 가는 수업 현상을 하나의 분석 텍스트로 하여 수업 활동의 과학성과 예술성, 수업 참여자의 의도와 연행, 교과와 사회적 맥락 등을 종합적으로 고려하면서 수업을 기술, 분석, 해석, 평가하는 비판적이고 창조적인 글쓰기다."라고 규정하고 수업을 예술적인 비평 대상으로 보기 시작했다. 이에 힘입어 교사들은 수업을 '자극-반응', '투입-산출'의 단순한 기계적인 작용으로 보는 것이 아니라, '교사의 교육적 선택에 의해서 교수 결과가 어떻게 달라지는가', '교사들의 수업 속 행동이 교육적으로 어떤 의미가 있는가' 등 일정한 주제를 가지고 수업을 보게 되었다.

개인적으로도 이혁규 교수가 쓴 책들을 접하면서 '수업 비평'에 대해 상당한 매력을 느끼고 이를 실천해 보기도 했다. 동료 교사들과 함께 수업 동영상을 촬영하여 이 교수가 말한 대로 수업 상황을 전사(傳寫)하고 수업을 해석하고 비평해 보면서, 수업을 보는 안목이 깊어지고 이 과정에서 수업을 개선할 수 있는 새로운 지점을 많이 발견하게 되었다.

그런데 이러한 수업 비평은 학교 내에서 교사 개인이 하기에는 벅찬 감이 있었다. 일단 수업 비평을 하려면 비평적인 시선이 있어야 하는데, 이러한 시선을 갖기가 쉽지는 않았다. 이것은 피카소의 그림을 처음 본 사람들이 쉽사리 그 아름다움을 느끼지 못하는 것과 같은 맥락이다. 교사가 수업의 전문가이긴 하지만, 수업을 보고 그 속에서 비평을 할 수 있는 주제를 찾기란 그리 쉬운 일이 아니다. 초반에는 평상시에 생각했던 지점들을 수업을 통해 나누었지만, 점점 시간이 지나면서 이야기를 나눌 수 있는 주제가 더 이상 생겨나지 않았다. 그리고 비평을 하려면 수업 자체가 예술적인 요소를 지니고 있어야 하는데, 진도만 나가는 수업 속에서 이런 지점을 찾는 것 역시 그리 쉬운 일은 아니었다. 또한 비평을 위해서는 수업 내용을 전사하고 수업 장면을 오래도록 되씹어 보아야 하는데, 바쁜 일상 속에서 수업 비평을 위해 이렇듯 많은 시간과 노력을 투자하는 것 자체가 조금은 버거웠다.

이렇듯 현장에서 그대로 활용하기에는 조금 아쉬운 면이 있으나, 수업 비평은 학교 내에서 수업 개선을 위한 작은 실천을 할 때 우리에게 중요한 지점을 알려 준다. 그것은 모든 수업 속에 나름대로의 의미가 있다는 사실이다. 그래서 수업 비평은 '교사가 예술가로서 수업에서 어떤 목적과 의미를 가지고 이 수업을 하는가', '교사가 이 수업을 통해서 의미 있는 배움을 만들기 위해 어떤 행동을 하는가'를 질문하게 한다.

아이의 눈으로 수업 보기 – 학생을 중심으로 수업을 보다

수업 비평을 알고 나서 모든 수업을 비평적으로 보기 시작했다. 나름대로 수업을 보는 안목이 생겼지만, 그러면서 차츰 드는 생각은 수업 비평의 원래 취지와는 무관하게, 다분히 수업을 교사 중심을 보게 된다는 것이었다. 수업 속에서 학생들의 반응을 눈여겨보지 못하고, 수업을 지나치게 현상학(現象學)으로 보게 되는 것은 아닌가 싶었다. 수업이 개선되려면 교사의 가르침과 학생의 배움을 유기적으로 살펴보면서 수업의 문제점을 성찰해야 하는데, 그 의도와는 달리 수업을 비평만 할 뿐 수업에의 적용점을 찾지 못하는 경우가 생겼다. 수업을 보는 눈은 높아지는데 실제로 수업이 개선되는 지점은 별로 없는 상황이었다. '수업 개선을 잘하기 위해서는 학생들의 반응을 주의 깊게 살펴야 하는데, 이런 식으로 수업을 볼 수 있는 방법이 없을까?' 하고 고민하던 중, 서근원 교수의 '아이의 눈으로 수업 보기'에 대해 알게 되었다.

서근원[53] 교수의 '아이의 눈으로 수업 보기'는 '수업 비평'에 비해 수업을 보는 관점이 명확하다. 수업 비평은 관찰자의 시선에 따라서 보는 영역이 다양한데, 이것은 수업을 보는 여러 가지 시선을 우리에게 가져다주지만, 한편으로는 '무엇을 어떻게 봐야 하지?'라는 과제가 남는다. 반면 '아이의 눈으로 수업 보기'는 '교사'의 시선이 아닌 '학생'의 시선에서 수업을 볼 것을 강조한다. 특정한 아이 하나의 행동을 유심히 관찰하고 해석해서, 그 아이가 '이 수업에서 무엇을 어떻게 경험하는지, 왜 그렇게 경험하는지'를 학생의 관점에서 파악하라고 한다. 이것은 학생의 시선으로 수업을 보는 훈련을 하게 해 줘서, 학생들의 배움을 중심으로 수업을 성찰할 수 있는 단초를 제공하였다. 그리고 수업 속에서 소외되는 학생들을 다시 배움으로 들어올 수 있게 하기 위한 적절한 대안을 제시해 주었다.

'아이의 눈으로 수업 보기'에서 특히 인상적인 것은 수업 속 학생의 생각을 추론해 보는 부분이다. 다음의 표와 같이 교사의 가르침이 진행될 때 학생이 어떤 배움을 경험하고 있는지를 꾸준히 추적하면서, 교사의 가르침 속에서 학생이 어떤 지점에서 배움으로 들어오고 나가는지를 확인할 수 있게 하고 있다. 이를 통해 교사는 자신의 수업을 어떻게 개선해야 할지를 더 실제적으로 파악할 수 있다.

● ● 수업 과정 분석 및 학생의 학습 경험 추론[54]

시간	교사				중심 학생			다른 학생
	주변 활동	중심 활동	자료 매체	경험 내용	자료 매체	중심 활동	주변 활동	

그래서 나도 서 교수의 '아이의 눈으로 수업 보기'를 경험하고 난 후에는, 수업을 볼 때 비평적인 시선만으로 보는 것이 아니라 학생에게 어떤 배움이 경험되는지를 계속 생각하게 되었다. 그리고 이것은 수업을 성찰할 수 있는 직접적인 계기가 되어 주었다. 나는 '수업 비평'을 통해 교사의 시점에서 수업 상황을 잘 이해하게 되었고, '아이의 눈으로 수업 보기'를 통해 학생의 시점에서 수업 상황을 읽어 내는 데 큰 도움을 받았다. 그리고 수업을 볼 때 이 두 가지를 동시에 고려함으로써, 수업을 예전보다 더 깊게 보고 수업을 개선할 수 있는 실제적인 영감을 얻게 되었다.

배움의 공동체 – 수업을 중심으로 학교의 변혁을 꿈꾸다

'수업 비평'이나 '아이의 눈으로 수업 보기'가 수업을 보는 것에 대한 새로운 관점을 주었지만, 학교 내에서 한두 명이 실천하기에는 상당히 버거운 측면이 있다. 비평적인 시선이나 아이의 눈으로 수업을 보려면 상당

수준의 안목이 필요하고, 수업을 분석하는 것 자체가 치열한 연구자의 자세를 필요로 하기 때문에 시간적 여유가 없으면 시도하기가 쉽지 않다. 두 가지 모두 수업을 전사하고 수업을 깊게 보는 것을 전제로 하고 있기에 일 년에 한 번 정도 큰맘 먹고 해 볼 수는 있겠지만, 정기적으로 이 작업을 하기란 만만치 않은 일이다. 그래서 '수업 비평'이나 '아이의 눈으로 수업 보기'는 학교 내 모임을 통해 실천되기보다는, 학교 밖 수업 연구 모임을 중심으로 많이 이뤄지고 있다.

이에 나는 또 다른 목마름을 느끼지 않을 수 없었다. '좀 더 손쉽게 동료 교사와 수업을 성찰하고 개선할 수 있는 모임을 학교 안에서 만들 수는 없을까'를 깊게 고민했다. 그러던 중에 만난 것이 사토 마나부[55]의 '배움의 공동체'였다.

'배움의 공동체'는 앞선 '수업 비평'이나 '아이의 눈으로 수업 보기'와는 그 출발 지점이 다르다. '배움의 공동체'가 궁극적으로 바라보는 지점은 수업을 통한 학교 혁신이기 때문이다. '배움의 공동체'의 기본 전제는 학교 교사들의 자발적인 수업 공개로 수업의 공공성을 확보하고, 이를 통해 동료 교사와 학생들의 배움 상태를 살펴 수업 혁신을 이루고, 나아가 학교 혁신을 이루는 것을 골격으로 하고 있다.

배움의 공동체의 경우, 수업을 배움의 관점에서 보자는 것은 '아이의 눈으로 수업 보기'와 흡사하다. 사실 학문적으로 더 정교한 틀은 서근원 교수의 '아이의 눈으로 수업 보기'이다. 서 교수는 중심 학생을 선정하고 그 학생의 경험을 계속 떠올리면서 수업 상황을 이해하는 반면, 사토 마나부의 '배움의 공동체'는 정교하게 학생의 경험을 떠올리기보다는 교사가 직관적으로 수업 속 배움을 보게끔 되어 있다. 그런 점에서 '아이의 눈으로 수업 보기'나 '수업 비평'보다 좀 더 손쉽게 수업을 볼 수 있다. 그리고 '배움의 공동체'는 다른 수업 보기와는 달리 학교 내에서 수업을 보고 나누는 절차까지도 알려 주어, 동료 교사들 간에 상처받지 않고 수업을 보는 문화를 가능하게 했다.

●● 수업 공개 참관록

I. 학습자의 배움	(1) 학습자는 어디에서 배우고 어디에서 주춤거리고 있는가?	
	(2) 교사의 지도에 학생들은 어떻게 배우고 있는가?	
	(3) 학생들은 학습 내용을 잘 이해하며 배우고 있는가?	
	(4) 학습과 관련된 의미 있는 모둠 활동이 이루어지고 있는가?	
	(5) 학습자의 점프가 있는 배움은 이루어지고 있으며, 어느 지점에서 이루어지고 있는가?	
II. 교사의 활동	(1) 교사는 학습자 한 명 한 명에게 주목하며 수업을 하고 있는가?	
	(2) 학습자와 '학습자, 사물, 사건'과의 연결 및 되돌리기가 어떻게 이루어지고 있는가?	
	(3) 교실에서 배움과 상관없는 불필요한 언어와 행동은 없었는가?	
III. 교실에서의 관계	(1) 서로 가르쳐 주고 배우는 관계가 잘 형성되어 있는가?	
	(2) 협동적인 배움이 일어나고 있는가?	
IV. 느낀 점 (배운 점)		

'배움의 공동체' 운동은 위와 같은 틀[56]로 동료 교사와 같이 수업을 보면서, 배움에 대해 자유롭게 이야기를 하고 학교 차원에서 수업 혁신을 논의하게 하였다. 이를 통해 수업이 바뀌면 학교가 바뀔 수 있다는 꿈을

꾸게 해 주었고, 교사들은 더욱 큰 열정을 가지고 동료 교사와 함께 자신의 수업을 바꿔 갈 수 있었다. 그 결과 혁신학교의 대부분이 '배움의 공동체' 식 수업 연구회를 실시하여, 학교를 '행정 중심'에서 '배움 중심', '학생 중심'으로 바꾸어 가는 데 커다란 역할을 했다.

하지만 '배움의 공동체' 운동 역시 평범한 학교에서 교사 개인이 실천하기에는 어려움이 있다. 관리자의 승인 없이 다른 반 수업을 본다는 것이 불가능하고, 본다 할지라도 집단적으로 수업을 나눠야 하는데 이런 시간을 공식적으로 확보하기가 쉽지는 않기 때문이다. 그런 점에서 배움의 공동체 운동은 교사 개인보다는 학교 차원에서 함께 움직일 수 있는 운동이다. 또한 배움의 공동체를 운영하고 있는 몇몇 학교를 방문해 보니 '배움이 일어났다, 일어나지 않았다'를 기계적으로 말할 때가 많아서, 집단적으로 학생들의 상황을 살피기만 하고, 교사 개인이 가지고 있는 수업 속 고민과 개선 방향을 깊게 이야기하지 못하는 듯해 아쉬움을 남겼다.

교사 개인이 실천할 수 있는 수업 운동을 모색하다

결국 교사 개인이 학교 내에서 조용히 수업 혁신을 이루려면 '수업 비평', '아이의 눈으로 수업 보기', '배움의 공동체' 등 어떤 한 운동만을 고수하기보다는, 각각의 장점들을 잘 조합하고 이 세 운동이 놓치고 있는 지점을 찾을 수 있어야 한다.

세 운동의 공통분모는 수업을 보는 안목을 강조한다는 것이다. 기존의 수업 장학, 수업 연수는 체크리스트에 의한 '양적', '공학적', '평가적' 수업 보기를 했다. 그래서 교사들은 자신의 의도와는 달리 획일화된 체크리스트에 의해 평가를 받았고, 그런 평가는 실제 체감하는 좋은 수업과 거리가 멀었다. 체크리스트에서 만점을 받아도 교사는 그 수업에 별다른 감흥을 느끼지 못하는 경우가 많았다. 그러나 '수업 비평'은 '예술가'의 관점에서 수업을 깊게 들여다보게 했고, '아이의 눈으로 수업 보기'는 '아이'의 시선에서 수업 상황을 추론해 보도록 했으며, '배움의 공동체'는 수업의 본질인 '배움'으로 수업 보기를 가능하게 하여, 교사들에게 교육의 본질에 맞는 수업 보기로 전환할 것을 촉구했다.

또한 이 세 운동은 동료 교사들 간에 수업을 공개하고 나누는 것을 강조한다. 지금까지 교사들은 수업을 공개한다는 것을 자신의 수업 능력을 평가하는 것으로 생각했다. 그래서 수업을 여는 것에 대해 늘 두려움을 가졌다. 그러나 이 운동들은 수업을 본다는 것이 수업 능력을 평가하기 위함이 아니라 수업 속에 있는 교육적 현상을 논의하기 위한 것이라는 인식을 갖게 해 주었다. 그래서 많은 교사들이 여전히 두렵긴 하지만 조금씩 수업을 공개하게 되었고, 이를 통해 교사들은 수업을 개선할 수 있는 실제적인 기회를 가질 수 있었다.

세 가지 운동이 가지는 또 다른 공통점은, 교사들에게 배움을 공동체적으로 경험하게 해 주었다는 점이다. 한국의 교사들은 교사로 임용되고 난 후에는 새로이 성장할 수 있는 토대를 거의 갖지 못한다. 대학 시절에 쌓아 온 학문적 지식과 교사를 하면서 가지는 경험적 지식만으로 수십 년 동안 교직 생활을 한다. 더 성장하고 싶지만 마땅한 계기가 없기에, 교사들은 성장하지 않는 교사가 되어 하루하루를 버틴다. 그런데 이상에서 살펴본 수업 운동은 수업에 대한 본질적인 논의를 본격화하면서, 교사들에게 공동체적으로 수업을 이야기하는 기회를 열어 주었다. 이런 과정을 통해 많은 교사들이 수업에 대해 새로운 눈을 뜨고 '더 열심히 공부해야겠다'는 배움의 열정을 갖게 되었다. 또한 여기서 더 나아가 교사들이 자발적으로 학습 동아리나 공동체를 만드는 데 큰 영향을 미쳤다.

결론적으로 '수업 비평', '아이의 눈으로 수업 보기', '배움의 공동체'가 지향하는 바는, 교사 개인이 학교 내에서 수업 개선을 이루려면 일단 수업을 보는 눈을 바꿔야 하고 수업을 동료 교사와 함께 나눠야 한다는 것이다. 그리고 이 과정 속에서 교사 스스로 배움을 경험해야 한다는 것을 강조하고 있다.

그러나 한편으로는 이 운동들이, 교사들이 자발적으로 수용해 퍼져 가고 있긴 하지만 그 시작점은 여전히 연구자라는 점에서 아쉬움을 남긴다. 수업을 말하는 데 있어서 연구자의 관점으로 예전보다 훨씬 더 깊은 수준의 이야기를 끄집어냈지만, 그것은 수업 자체의 기술(記述)이지 교사의 내면을 이야기하는 데는 소홀했다. 이런 의미에서 나는 기존의 세 운동이 가지고 있는 공통의 지향점을 기반으로, 동료 교사들 간에 서로의 내면을 말하고 무너진 마음을 세워 줄 수 있는 '수업 친구 만들기' 운동을 제안하기 시작했다.

교사의 내면을 세우는
'수업 친구 만들기' 운동

사실 '수업 친구 만들기'는 앞선 세 운동과 다른 성격의 운동이 아니다. 그 세 운동이 가지는 장점을 모두 취하면서 '수업 친구'들 간에 내면적 대화를 더 깊게 하자는 것이다. 그래서 '수업 친구'와 함께 '수업 비평'을 할 수도 있고, '아이의 눈'으로 혹은 '배움 중심'으로 수업을 볼 수도 있다. 다만 이 속에서 동료 교사들 간에 서로의 무너진 내면을 나누지 않는다면 본질적인 수업 개선이 어려울 수 있기에, 나는 교사의 내면적 성찰에 대해 큰 관심을 가졌다. 그리고 이 책 1장에서 언급했듯이 비평적인 관점으로 수업 보기, 배움을 중심으로 수업 보기, 내면을 중심으로 수업 보기, 각각으로 수업을 성찰할 수도 있지만, 가능하면 이 세 가지를 동시에 취하면서 수업 친구 간에 질문을 통해서 내면적 성찰을 유도하고, 그것을 통해 교사 스스로 수업에 대한 새로운 변화를 추구하게 했다.

'수업 친구', 참 좋은 말이다. 인디언 문화에서 '친구'란 남의 무게를 대신 지어 주는 자라고 한다. 그만큼 친구는 팍팍하기만 한 현대인의 삶 속에서 그 존재만으로도 힘이 된다. 초년 교사 시절, 나는 참 많이도 허둥댔었다. 이런저런 실수와 과오가 많았지만, 그중에서 지금도 잊을 수 없는 실수가 하나 있다. 기말고사를 앞두고 인쇄물을 만들어 학생들에게 나눠 주었는데, 그 인쇄물에는 기말고사 시험을 치르는 데 유용한 정보가 들어 있었다. 그런데 나는 그 인쇄물을 모든 반에 돌리지 않고 내가 수업 들어가는 반에만 나눠 주었다. 결국 다른 반에서 항의가 들어왔고, 이로 인해 기말고사를 다시 치러야 하는 엄청난 상황까지 벌어졌다. 정말 그때는 쥐구멍이라도 있으면 들어가고 싶은 심정이었다. 무슨 생각으로 그런 실수를 했는지, 지금 생각해도 그저 황당하기만 하다.

그런데 가만히 생각해 보면 겉으로는 삶을 바꾸는 국어 수업을 하겠다며 잘난 체했지만, 사실은 내가 가르치는 아이들 성적이 낮게 나오면 안 된다는 불안이 무의식 속에 있었던 것은 아닐까 싶다. 그 무의식이 그런 황당한 행동을 하게 만든 것은 아니었을까. 이 사건을 겪고 나서 나는 커다란 후폭풍에 시달려야 했다. 동료 교사들 사이에서 위선적인 교사로 낙인찍히고, 학생들에게도 신뢰할 수 없는 교사라는 시선에 시달려야 했다. 그런데 이때 나에게 먼저 손을 내밀어 주는 선생님들이 있었다. "괜찮다, 신규 때는 잘 몰라서 그럴 수도 있다."라며 어깨를 두드려 주는 선배 교사들이 있었다. 그때 그 선배들의 지지와 격려가 없었다면, 어쩌면 지금 나는 교단에 서 있지 못할지도 모른다. 끊임없이 터져 나오는 후회와 자책으로 인해 교사 생활을 계속하기 어려웠을 것이다. 그러나 동료 교사들의 진정 어린 위로와 격려가 있었기에, 나는 그 어둠의 터널을 무사히 지나올 수 있었다.

이렇듯 교사들 간에 서로의 무너진 마음을 위로해 줄 수 있는 동료애는, 실수와 실패를 딛고 교사로 다시 서게 하는 중요한 전환점을 만들어 준다. 그러나 우리네 학교를 돌아보면 이런 동료애가 점점 사라지고 있다. 정신없이 수업을 하고 생활 지도를 하고 행정 문서를 처리하느라 교사들은 '친구'를 잃어버렸다. 늘 혼자 답답해하고 숱한 어려움 속에서 가슴앓이를 한다. 그렇기에 더더욱 학교 안에서 '수업 친구'를 만드는 일은 무척이나 긴요한 일이 아닐 수 없다.

'수업 친구 만들기'는 학교 동료 선생님 한 명과 함께 서로 수업을 공개하고, 수업에 대해 내면적인 대화를 하는 것으로 시작한다. 적어도 한 달에 한 번은 '수업 친구'에게 수업을 공개하고, 같이 촬영한 영상을 보면서 스스로 수업을 성찰할 수 있는 기회를 만들어 가는 것이다. 그래서 '수업 친구 만들기'는 일대일의 관계를 중요하게 생각한다. 우리는 보통 수업을 이야기할 때 집단적으로 수업을 살펴보는 경향이 있다. 물론 집단 대화를 통해 훨씬 더 풍요로운 이야기를 얻을 수 있다. 그러나 다수와 함께하는 집단 대화는 동료성이 제대로 구축되지 않은 상태에서 개인 내면의 은밀한 고민을 나누는 데는 적절하지 않다. 특히나 수업 속에서 겪는 여러 좌절과 상처들, 나만이 알고 있는 여러 문제들은 깊고 친밀한 관계가 아니면 선뜻 꺼내 놓기가 어렵다. '수업 친구 만들기'는 일대일의 관계 속에서 이런 숨은 고민들을 말해 보자는 것이다. 동료 교사들 간에 서로 지지하고 위로하며 서로의 마음을 나누자는 것이다. 이런 깊은 수업 나눔이 있을 때, 교사들은 내면으로부터 가르칠 수 있는 용기를 얻게 되고, 이를 바탕으로 수업을 개선할 수 있는 동력을 얻게 된다.

우리가 그동안 수업에 대해 자신감을 가지지 못했던 이유는, 스스로 자신의 수업을 성찰하지 않았기 때문이다. 동료 교사와 마음을 열고 수업 나눔을 시도하는 것은, 수업에서 스스로 자립할 수 있는 힘을 길러 준다. 교사가 수업을 개선함에 있어 연수나 수업 자료에만 기대는 '의존적' 존재가 아니라, 수업 전문가로서 수업을 스스로 바꿔 갈 수 있는 '능동적' 존재임을 인식하는 것이다. 교사는 지식적으로는 이미 수업의 전문가이기에, 수업을 보면 그 수업에 대한 분석들을 스스로 할 수 있다. 수업 보기를 자주 못하는 것이 문제일 뿐, 어느 정도 숙달이 되면 교사들은 풍요롭게 수업 성찰을 할 수 있다. 우리가 친한 친구와 수다를 떨 때 마음에 안정감을 느끼는 것은, 대화를 통한 성찰이 이루어지기 때문이다. '수업 친구 만들기' 역시 바로 이 수다의 힘을 통해 마음의 위로를 얻고 수업에 대해 성찰할 수 있는 소중한 기회를 만들어 준다.

이러한 '수업 친구 만들기'는 더 나아가 학교 문화를 바꿀 수 있는 작은 시작점을 제공한다. 끈끈한 '1:1'의 수업 친구 관계가 수업에 대해 자유롭게 이야기할 수 있는 수업 동아리로 발전하고, 이것은 학교 문화까지 바꿔 내는 '변혁성'을 가질 수 있다.

올해 나도 수업 동아리를 하나 만들었는데, 그 계기는 참 단순했다. 우연히 같은 학년 선생님들과 커피를 마시면서 수업에 관한 이야기를 나누게 되었다. 수업이 예전 같지 않다는 푸념들을 하다가 자연스럽게 "그럼 우리 서로 수업을 봐 주고, 수업 나눔을 하는 게 어떨까?"라고 내가 제안을 했다. 그러자 선생님들은 "수업 공개는 싫은데 남의 수업은 보고 싶다"고 말했다. 그래서 우리 가운데 '긍정의 힘'이 가장 넘치는 한 분을 설득해서 수업을 촬영했다. 그리고 그 선생님과 내가 앞서서 수업 친구를 맺고, 1:1로 깊이 있게 수업 나눔을 진행했다. 선생님은 영어 교사로서 가지는 어려움을 토로하였고, 이런 두려움 때문에 교사 주도의 수업을 할 수밖에 없다고 이야기했다. 그리고 이후에 우리는 같은 내용을 가지고 다시 여러 선생님들과 함께 수업 나눔을 가졌다. 역시나 수업에 대한 깊은 이야기가 터져 나왔고, 이 과정 속에서 선생님들은 많은 힘과 위로를 얻었다. 먼저 공개한 수업이 특별한 수업이 아니라 일반적으로 흔히 볼 수 있는 수업이었기에, 다른 선생님들도 용기를 갖고 자신의 수업을 공개하기 시작했다. 수업 나눔이 거듭될수록 우리는 내면의 상처와 두려움을 하나 둘 꺼내 놓게 되었고, 이 과정을 통해 우리의 수업은 교사 중심에서 학생 중심으로 바뀌어 갔다. 학생들의 이름을 불러 주고 그들과 대화하는 수업을 하기 시작한 것이다. 인문계 고등학교라 교사 중심의 강의식 수업만 가능할 줄 알았는데, 이제는 서로가 수업을 성찰하면서 배움이 있는 수업으로 조금씩 변화하기 시작했다. 수업 친구만이 가지는 끈끈한 동료애가 담보된 것은 물론이었다. 그리고 점차 만나는 횟수가 많아지면서 수업 이야기뿐 아니라 학생 이야기, 학교 이야기로 주제가 확대되어, 단순히 우리의 수업에 대해서만이 아니라 학교를 위해 '우리가 무엇을 할 수 있을까'를 고민하게 되었다. 결국 이런 고민은 다른 학년 선생님들에게로 이어지고, 더 많은 교사들이 같이 모여 학생들을 위한 새로운 방과후학교 프로그램 개발과 진로 프로그램 개발 등 다양한 이야기를 나누게 되어, 학교에 대한 새로운 꿈을 꿀 수 있게 하였다.

사실 많은 수업 운동들은 관리자가 바뀌지 않으면 실천하기가 어려운 지점이 있다. 태생적으로 위에서 아래로 내려가는 특성을 지니기 때문이다. 하지만 '수업 친구 만들기'는 아래에서 위로 점진적으로 올라가면서 학교를 개혁할 수 있는 단초를 제공한다. 두 명의 '수업 친구'는 예닐곱의 '수업 동아리'로 확장되고, 이 '수업 동아리'는 수십 명의 교사가 함께 학교를 바꿔 가는 '혁신 공동체'가 될 수 있다.

'수업 친구'는 어떻게 만드는가?

'수업 친구'의 존재가 필요하다는 것을 명확하게 인식하고 있어도, 막상 현실에서 이를 실천하기란 쉽지가 않다. 마음은 있지만 선뜻 행동으로 옮기기 힘든 선생님들을 위해 여기에 수업 친구를 만드는 과정을 소개한다. 일정한 절차가 있는 것은 아니지만, 대략 다음과 같은 방식으로 수업 친구를 만들고 수업을 나눔으로써 의미 있는 수업 성찰을 할 수 있을 것이다.

1단계 : 수업을 공개하고 나눌 수 있는 친구 찾기

같이 밥 먹을 동료 교사는 많아도 수업을 공유할 친구를 고르라고 하면 선뜻 이름을 대기가 어렵다. 그만큼 아직도 내 수업을 보여 준다는 것이 부끄럽고 쑥스러운 행위이기 때문이다. 하지만 용기를 내서 수업 친구 한 명을 선택해 보자. 동료 교사 가운데 내 이야기를 잘 들어 주고 마음이 통하는 수업 친구를 선택해, 수업을 보고 피드백을 해 달라고 부탁해 본다. 정성스럽게 편지를 써서 '수업 친구 만들기'를 하는 이유를 설명해 볼 수도 있다. 이 책을 비롯해 수업 개선 운동과 관련된 책들(이혁규, 서근원, 사토 마나부의 저작물)을 선물하여 수업 보기에 대해 제안해 볼 수도 있을 것이다. EBS 다큐멘터리 〈선생님이 달라졌어요〉 역시 수업 친구 만들기의 취지에 대해 보여 줄 수 있는 좋은 예이다. 편지나 책, 다큐멘터리 등을 통해 동료 교사가 수업을 같이 나누는 것에 충분히 공감할 수 있도록 적극적인 설명을 해 본다.

수업에 대해 이야기를 나누고 싶은 수업 친구가 학교 내에 없을 때는, 다른 학교 선생님이나 학교 밖 모임에서 만난 선생님들과 함께 수업을 나눌 수도 있다. 직접 수업을 볼 수는 없지만 촬영한 동영상을 서로 공유하면서 수업에 대한 깊이 있는 이야기를 나누면 된다. 만나서 대화하기가 어렵다면 전화로도 충분히 수업 나눔을 할 수 있다.[57]

2단계 : 서로의 수업을 공개하고 '수업 나눔' 하기

수업 친구와 함께 수업 나눔을 할 때에는, 내 수업만을 보여 줄 것이 아니라 수업 친구의 수업도 함께 살펴봐야 한다. 처음에는 좀처럼 자신의 수업을 보여 주려 하지 않겠지만, 찬찬히 설득을 해 서로의 수업을 나누도록 한다. 사실 모든 교사들에게 수업을 보여 준다는 것은 두려운 일일 수밖에 없다. 수업 공개란 곧 자신의 수업 능력을 평가받는 일이라고 생각하기 때문이다. 그러므로 수업 친구에게 평가자가 아닌 조력자로서 '수업 도우미가 되어 주겠다'는 것을 설명하며 설득할 수 있도록 한다. 수업 능력을 측정하는 것이 아니라 내 수업을 정확히 아는 것이 목표임을 거듭 이야기하면서 수업 공개의 필요성을 설명한다. 그리고 1장에서 언급한 대로 비평적인 관점에서, 배움을 중심으로, 내면을 중심으로 수업 보는 방법을 함께 이해하고 서로의 수업을 보여 주어야 한다.

서로의 수업을 공개한 후에는 수업 나눔을 실시해야 한다. 먼저 수업 속에서 교사가 의도한 배움이 무엇인지를 묻고, 관찰자는 그 의도대로 의미 있는 배움이 생겨났는지를 설명해 준다. 그 과정에서 수업을 준비하고 진행하면서 느꼈던 교사의 내면을 이야기하게 하고, 다음 수업에서는 어떤 지점을 더 새롭게 할 것인지를 나누어 본다. 처음에는 이런 과정이 어색하고 쑥스럽겠지만, 이러한 나눔을 통해 수업이 개선될 수 있음을 깨닫는다면 더욱 적극적으로 수업 나눔을 진행할 수 있을 것이다.

이러한 수업 나눔은 최소한 한 달에 한 번 이상 서로의 수업을 공개하고 나누어야 하고, 수업 공개 날짜는 서로 의논해 미리 정해 두는 것이 좋다. 그렇지 않고 불특정한 날에 하게 되면, 처음에는 조금 하다가 나중에 흐지부지되는 경우가 많다.

3단계 : 수업 공동체 만들기(혹은 찾아가기)

1단계와 2단계의 실천을 하다 보면 수업에 대해 더 깊이 있게 이야기하고 싶은 열망에 사로잡히게 된다. 개인적인 차원에서 수업을 나누다 보면, 수업에 대한 성찰이 자책으로만 이어질 뿐 그 이상으로 나아가지 못할 수도 있기 때문이다. 이때 수업 친구와 함께 수업 동아리를 만들어 보는 것도 좋은 방법이다. 이러한 수업 동아리는 가능하면 학교 내에서 만드는 것이 가장 바람직하다. 두 명의 수업 친구가 몇 사람을 더 모아 학교 내 수업 동아리를 만들고, 이 동아리가 확대되면 학교 차원의 혁신 공동체가 될 수 있다. 학교 안에서 공동체를 이루기가 힘들다면 학교 밖 교사 모임을 찾아가, 수업에 대한 이야기를 나누며 더욱 깊이 있는 전문성을 쌓아 가면 된다.

학교 내에서 수업 동아리를 만들려면, 수업에 관계된 책을 읽고 함께 스터디를 하면서 분위기를 만들어 가는 것이 좋다. 이 책에 나와 있는 성찰 과제들을 바탕으로 수업 나눔을 시도하면, 서로의 수업을 공개할 수 있는 분위기가 만들어진다. 사실 모든 교사들은 수업 변화에 대한 갈망을 지니고 있다. 계기가 없어서 실천하지 못하고 있을 뿐, 누군가가 깃발을 꽂고 사람을 모은다면 하나 둘씩 사람들이 모이기 시작할 것이다.

전북 익산의 최 선생님의 경우도 그러했다. 최 선생님은 처음에는 학교 차원의 혁신 공동체를 만들어서 학교 혁신을 이루고 싶었다고 한다. 그러나 전근 간 지 얼마 안 된 곳이라 학교 차원의 모임을 선뜻 제안하기가 망설여져 소규모 동아리를 만들었다. 독서 모임을 꾸려 일주일에 한 번 방과 후에 모여 서로의 삶에 대해 이야기하고 수업 속 고민을 나누는 시간을 가졌다. 처음에는 두세 명이 모이다가 점차 인원이 늘어났는데, 2학기에 들어서는 여덟 명의 선생님이 함께해 서로의 삶을 공유하고 수업까지도 서로 봐 주는 모임으로 발전했고, 점점 더 많은 선생님들이 동참하여 결국 학교 차원의 혁신 공동체가 되었다. 최 선생님의 학교는 이 모임을 바탕으로 혁신학교로 지정되는 기쁨까지 누렸다고 한다.

물론 수업 친구 만들기를 할 때 꼭 학교 차원의 혁신 공동체까지 고려해야 하는 것은 아니다. 수업 친구 단둘이 수업을 나누거나 소수의 사람들이 모여 동아리를 꾸리는 것도 그 자체로 충분히 의미가 있다. 다만 모임을 꾸려 가는 과정 속에, 현실에서 쓰러지고 아파하는 교사들이 몰려든다면 이들과 함께 기꺼이 서로의 아픔을 나누면서 따뜻하게 손을 잡아 주어야 한다. 이를 통해 동병상련의 마음을 느끼며 함께 수업을 바꿔 가기 위해 노력하고, 더 나아가 학교 자체를 바꿀 수 있는 공동체로까지 성장하게 된다면 더할 나위 없이 좋은 결과를 가져올 것이다.

'수업 친구 만들기'의 '수업 나눔'

'수업 친구 만들기'의 핵심은 수업을 보고 깊이 있게 '수업 나눔'을 하는 데 있다. 수업 친구와 함께 진한 수업 나눔을 하다 보면, 그 속에서 위로와 격려를 받을 수 있고 수업을 실제적으로 성찰하게 된다. 이러한 수업 나눔에는 사실 특정한 방법이 없고, 그냥 자유롭게 이야기를 나누면 된다. 그러나 처음 몇 번은 자연스럽게 이야기가 이루어지지만, 만남이 지속되면서 구체적인 이야깃거리를 찾기 어려워질 수도 있다. 그래서 여기서는 앞서 1장에 제시했던 '비평적인 관점으로 수업 보기, 학생의 배움을 중심으로 수업 보기, 교사의 내면을 중심으로 수업 보기'를 바탕으로 수업 나눔의 일정한 절차를 제시해 보고자 한다. 그러나 이것은 하나의 예일 뿐, 수업을 나누는 방법은 각자의 개성에 맞게 다양한 방식으로 실천할 수 있을 것이다.

1단계 : 수업을 한 교사의 생각을 듣고, 수업에 관해 질문하기

'수업 나눔'을 할 때 가장 중요한 것은 수업을 한 교사의 생각을 듣는 것이다. 그렇지 않고 자기만의 기준으로 수업을 보게 되면, 자신도 모르게 수업을 평가하고 분석하려 들 것이다. 그래서 처음에 수업을 볼 때는 비평적인 관점으로 수업을 보는 것이 중요하다. 최대한 수업을 한 교사의 입장에서 '이 교사가 의도하고 있는 배움은 무엇인가', '의미 있는 배움을 만들기 위해서 교사는 어떤 교육적 선택을 하고 있는가'를 질문하면서 수업 속 의미를 찾아내려고 노력해야 한다. 특히 수업을 보면서 의미 있다고 생각하는 지점과 질문을 통해 수업의 의도를 확인해야겠다는 지점은 메모를 하고, 수업이 끝나고 나서 그때 그렇게 했던 이유를 질문하면서 수업의 상황을 총체적으로 이해하려고 노력해야 한다. 이렇게 하면 수업을 한 교사가 '수업 나눔'을 통해 '평가'받는다는 느낌이 아니라 '이 사람이 내 수업을 이해해 주고 있다'는 생각을 하게 되어 수업을 좀 더 효과적으로 나눌 수 있고, 이 과정 속에서 수업을 한 교사도 자신의 수업을 스스로 성찰할 수 있게 된다. '공감'과 '격려'의 느낌을 받도록, 아래 예를 참고해서 수업을 한 교사에게 질문을 해 보자!

> ●● **질문의 예**
>
> 1. 이 수업에서 선생님이 의도하고 있는 배움은 무엇인가요? 그리고 그 의도대로 수업이 진행되었나요?
> 2. 선생님이 이 수업에서 주로 사용한 몰입의 기제들은 무엇이 있었나요?
> 3. 선생님께서 강의식으로 수업을 진행하면서도 학생들의 이름을 부르며 대화하려는 모습이 굉장히 의미 있게 다가왔어요. 이것은 특별히 선생님께서 의도하신 부분인가요?
> 4. 선생님은 이야기 전달 능력이 상당히 뛰어난 거 같아요. 아까 갑오개혁의 배경을 설명하시는데, 정말 그 이야기가 생동감 있게 들리더라고요. 혹시 그런 사실을 알고 계셨나요?
> 5. 아까 토의 시간에 선생님이 한 모둠에 계속 머물러 이야기를 주고받으시더군요. 특별한 의도가 있었나요?

2단계 : 수업 속 배움의 상황에 대해 같이 알아 가기

1단계에서 수업을 한 교사의 대답을 통해 수업 관찰자는 수업자의 의도를 알게 되고 어떤 맥락으로 수업을 했는지를 이해했을 것이다. 그렇다면 이제 수업 관찰자는 교사가 의도한 대로 수업 속에서 의미 있는 배움이 만들어졌는지를 판단해 주어야 한다. 1단계에서는 비평적인 관점에서 수업을 봤다면, 2단계에서는 배움 중심으로 수업 보기를 하는 것이다.

일단은 먼저 수업 속에서 만들어진 의미 있는 배움에 대해 말해 주도록 한다. 이때 수업을 공개한 교사는 큰 격려를 받을 것이다. 대체로 학생들 속에 배움이 일어나면 아래와 같은 현상이 나타나므로, 관찰자는 이런 지점이 있는지를 잘 찾아본다.

- 학생들의 눈빛이 반짝인다.
- 교사가 시키지 않았는데도 스스로 대답을 한다.
- 학생들 스스로 질문을 한다.
- 수업 내용에 대해서 짝과 대화하기 시작한다.
- 교사의 질문에 적극적으로 대답한다.
- 모둠 활동 시 적극적으로 대화한다.
- 모둠 활동 시 상호 간에 적극적으로 협력한다.
- 모둠 활동 시 학습이 떨어지는 학생을 스스로 도와준다.
- 수업 내용을 바탕으로 창의적인 표현을 한다.

그리고 그들에게 어떤 수준의 배움이 있었는지를 판단해야 한다. 앞서 1장에서 말한 대로 학생들의 사고 수준이 사실적 사고를 넘어 추론적 사고, 비판적 사고, 창의적 사고, 성찰적 사고로 넘어가고 있는지를 판단해 주는 것이다. 특히 수업을 한 교사에게 배움이 만들어졌던 시간, 관계된 학생들의 이름, 그들이 한 말과 행동, 배움의 수준 등을 구체적으로 알려 주면 굉장히 의미 있게 수업을 성찰할 수 있다. 아래와 같은 질문을 던지면 이에 대해 답하는 과정에서 수업 친구는 수업에 대한 자신감을 저절로 회복하게 된다.

> ●● **질문의 예**
>
> 1. 학생들의 눈빛이 굉장히 반짝이는데, 오늘만 그런 것인가요? 아니면 평소에도 이런 눈빛과 활기를 가지고 있나요?
> 2. 수업 5분 지점에 선생님의 질문에 여러 학생들이 대답을 하는데, 이렇게 학생들의 참여가 높은 이유는 무엇인가요? 특히 1분단 맨 앞쪽에 있는 학생은 정말 창의적인 대답을 하는데, 그럴 수 있는 이유는 무엇일까요?
> 3. 모둠 활동 시 3모둠에서 ○○ 학생이 처음에는 집중을 하지 않는 것 같다가 나중에는 모둠 활동에 적극적으로 동참했는데 혹시 이를 알고 계셨나요? 왜 갑자기 이 친구가 적극적으로 모둠 활동에 참여했을까요?
> 4. 선생님이 준비한 영상 자료를 보여 준 것보다, 수업 35분 지점에 선생님이 여러 학생들과 대화를 주고받는 과정 속에서 학생들의 참여도가 매우 높았던 것 같아요. 평상시에 대화를 깊게 주고받은 듯한 느낌을 받았는데, 선생님은 어떠셨어요?
> 5. 모둠 토의 시 ○○ 학생의 날카로운 질문 덕분에 모둠원들이 순간적으로 '추론적 사고'의 단계로 넘어가게 되었어요. 모둠 안에서 서로 나름대로 질문에 대한 답을 하는데, 정말 열의가 넘쳐 보이더군요. 평상시 ○○ 학생은 어떤 모습인가요?

그러나 수업 속에서 늘 의미 있는 배움이 만들어지는 것은 아니다. 교사가 의도한 대로 배움이 만들어지지 않을 수도 있다. 그래서 수업을 관찰하는 교사는, 수업 친구가 의도한 대로 배움을 끝까지 가져가고 있는지를 잘 봐 주어야 한다. 전혀 예상치 못한 요소 때문에 수업에서 교사가 내면적으로 흔들려 의미 있는 배움이 만들어지지 않을 수도 있기 때문이다. 의미 있는 배움이 만들어지지 않는 경우, 대체로 아래와 같은 상황이 나타난다.

- 학생들의 눈빛이 멍하거나 얼굴이 찌푸려져 있다.
- 교사가 반복해서 질문해도 대답하지 않는다.
- 특정 학생만 대답한다.
- 학생들이 자주 엎드리거나 존다.
- 수업 내용에 대해서 짝과 대화를 잘 하지 않는다.
- 교사의 질문에 아무런 반응이 없다.
- 모둠 활동 시 소극적으로 대화한다.
- 모둠 활동 시 상호 간에 협력하지 않고, 가만히 있다.
- 모둠 활동 시 탁월한 개인이 혼자 하거나, 활동에서 소외되는 학생이 있다.
- 모둠 토의를 통해 고차원적 사고로 잘 넘어가지 않고 사실적 이해 수준에 머무른다.
- 수업 내용을 받아 적기만 한다.

수업을 진행한 교사는 이런 상황들을 자세히 인식하기가 쉽지 않다. 그러므로 수업을 관찰하는 교사는 위와 같은 상황이 어떤 지점에서 나타났는지를 구체적으로 알려 주고, 수업을 촬영했으면 그 상황을 수업을 한 교사에게 보여 주면서, '이때의 상황을 어떻게 인식하고 있는지'를 질문하고 수업을 한 교사의 이야기를 들어야 한다.

> ●● **질문의 예**
>
> 1. 수업 초반부터 학생들이 굉장히 무기력해 보이던데, 선생님께서는 어떻게 보였나요?
> 2. 수업 10분경에 선생님께서 여러 학생들에게 질문을 했는데, 학생들은 대답을 거의 하지 않더라고요. 선생님은 이 학생들을 어떻게 느끼셨나요?
> 3. 수업 32분경에 선생님께서 학생들에게 모둠 활동을 제안했는데, 유난히 7모둠 학생들이 떠들기만 하고 활동을 잘 하지 않더군요. 선생님께서는 이 학생들이 어떻게 보였나요?
> 4. 영어 듣기 실력을 키운다고 뮤직비디오를 보여 주셨는데, 선생님께서 바로 해석을 하시더라고요. 이때 학생들이 스스로 영어를 듣기보다 선생님의 해석 내용에 더 관심을 갖게 되어, 의도한 대로 수업이 흘러가지 않는다는 느낌을 받았어요. 이 상황을 선생님께서는 어떻게 보셨나요?

여기서 중요한 것은 '배움이 이때 만들어지지 않았다'고 쉽게 단정 짓기보다는, 성찰적 질문을 던지고 수업을 한 교사가 스스로 수업 상황을 성찰하게 하는 것이다. 그러고 나서 수업을 관찰한 교사가 자신의 생각을 이야기하고, 학생의 관점에서 이 상황이 어떻게 받아들여질 것인지를 같이 고민해야 한다.

이런 일련의 과정을 수업 친구들과 함께하게 되면, 1단계를 통해 교사의 관점에서 수업을 총체적으로 이해하고 2단계에서는 학생의 관점에서 수업을 이해하게 되어, 앞으로 어떻게 수업을 개선해야 할지가 좀 더 분명히 보이게 될 것이다.

3단계 : 교사의 내면적 이야기 듣기

1~2단계에서 수업의 상황을 깊게 성찰하다 보면, 자연스럽게 '수업 속에서 의미 있는 배움을 만들어 내지 못하는 이유가 무엇인지'를 이야기하게 된다. 그러면서 교사가 겪고 있는 아픔과 상처들이 이야기될 것이다. 수업 관찰자는 이때 어떤 해결책을 이야기하기보다는 교사가 지금 수업에서 겪고 있는 두려움에 대해 들어 주는 것이 좋다. 아픔을 말하는 수업 친구의 손을 잡아 주기만 해도 수업을 한 교사는 큰 위로와 격려를 받을 것이다. 만약 수업 속 두려움을 잘 풀어 내지 못한다면, 억지로 그 부분을 이야기하라고 독촉하기보다는 수업 속에서 아래와 같은 상황을 찾아서, 그때 선생님의 생각과 느낌이 어떤 것이었는지를 질문하면 좋을 것이다.

- 자꾸만 억지로 웃긴 얘기를 하려고 한다.
- 학생들과 눈을 마주치지 못한다.
- 동선이 매우 짧다.
- 학생들에게 질문을 하지 않는다.
- 목소리가 빠르거나 지나치게 크다.
- 위압적인 권위로 학생들을 통제하려고 한다.
- 수업 질서를 제대로 잡지 못한다.
- 자는 학생들을 깨우지 않는다.

- 지나치게 많은 양을 가르치려고 한다.
- 학생들에게 생각할 수 있는 시간을 주지 않는다.
- 지식을 너무 기계적으로만 설명한다.
- 학생들을 바라보는 시선이 고정되어 있다.
- 쉬는 시간에 학생들과 자연스럽게 대화하지 못한다.
- 수업의 흐름이 좋지 않다.

●● **질문의 예**

1. 수업 시간이 20분 정도 지나면서부터 선생님이 학생들과 눈을 마주치지 않고 허공을 바라보며 설명하시더군요. 학생들의 눈을 보는 것을 조금은 두려워한다는 느낌을 받았는데, 이때 선생님의 느낌은 어떠셨어요?

2. 오늘 수업 속에서 전체적으로 선생님은 열심히 설명하고 계신데 학생들은 잘 듣지 않는 것 같더라고요. 그리고 선생님도 낙담이 되었는지 수업 후반부로 갈수록 말소리가 작아지고 그냥 혼자 빨리 설명하려는 조급함이 느껴졌는데. 선생님은 이때 어떤 마음이었나요?

3. 수업 12분경에 학생들이 질문을 했을 때, 선생님이 많이 당황해하시면서 그전에 가졌던 선생님의 수업 속 자신감이 확 떨어진다는 느낌을 받았어요. 그 학생이 질문을 했을 때 어떤 기분이 드셨나요?

위와 같이 질문하면 참 많은 이야기들이 나온다. 내면에 꾹꾹 눌러 놓았던 상처들이 서서히 끄집어져 나오는 것이다. 성적이 좋은 학생들에게 인정받아야 한다는 압박감, 나이가 들어 가면서 학생들과 긴밀하게 호흡할 수 없다는 절망감, 관리자로부터 강한 질책을 받아 수업을 잘할 수 없다는 자괴감, 스스로 교과 전문성이 낮다고 판단해 학생들로부터 질문이 들어오는 것을 꺼리는 두려움 등 평소에 잘 나누지 못했던 이야기들이 하나 둘씩 나오게 된다. 이때 수업 이야기를 들어 주는 수업 친구는 이 아픔을 공감하며, 자신이 겪었던 상처와 아픔들을 함께 나눌 수 있어야 한다. 이렇듯 진한 동료애 속에서 우리는 다시금 수업을 새롭게 시작할 수 있는 힘을 얻게 된다.

4단계 : 수업 속 토의 주제 찾기

수업 친구 간에 수업 나눔이 잦아지면, 자칫 같은 내용만 반복적으로 이야기하다가 지치게 될 수도 있다. 그러므로 더욱 깊이 있는 대화를 위해서는 수업 영상에 인상적으로 드러난 지점을 바탕으로 하나의 주제를 설정하고, 그것을 중심으로 이야기하는 것이 좋다.

이때 둘 사이의 대화 속에서 이 주제에 대한 답을 찾아내기란 쉬운 일이 아닌데, 그렇다고 해서 실망할 필요는 없다. 수업 나눔은 답을 찾는 것이 중요한 것이 아니라, 수업 시간에 내가 그것을 의식하고 관찰하고 성찰하는 것 자체로 의미를 지닌다. 게슈탈트 심리학에 따르면 내 감정, 육체, 생각 등의 '알아차림'을 통해서 많은 심리적인 변화를 가져올 수 있다고 한다.[58] 수업도 마찬가지다. 내가 알아차리지 못하는 영역에서 문제가 생기는 것이다. 그러므로 대화를 통해 그것을 의식하고만 있더라도 교사는 수업 속에서 어떤 식으로든 가르침의 변화를 주려고 할 것이다. 그것만으로도 수업은 달라질 수 있다. 수업 나눔에서 중요한 것은 해결의 '끝'

을 맛보는 것이 아니라 도전의 '시작'을 만드는 데 있다. 아래와 같은 주제를 가지고 서로 토의를 해 보면서 수업 개선에 많은 도움을 받을 수 있다. 그리고 이 책에서 던지는 주제대로, 수업의 신념, 수업의 관계, 수업의 대화, 수업의 내용 등을 순서대로 살펴봐도 좋을 것이다.

- 학생들에게 내용적 몰입을 어떻게 줄 수 있는가?
- 학생 주도로 진행되는 수업 속에서 교사는 언제 개입할 것인가?
- 소란스런 학생들을 어떻게 배움으로 들어오게 할 수 있는가?
- 모둠 토의 시간에 학생 상호 간에 협력적 배움은 어떻게 만들 수 있는가?
- 학생의 생각을 깨우는 발문은 어떻게 던질 수 있는가?
- 많은 교과 지식을 어떻게 효율적으로 잘 전달할 수 있는가?
- 무너진 학생들과의 관계를 어떻게 회복할 것인가?

5단계 : 수업 속 도전적 과제 찾기

수업에 대한 깊은 수준의 대화가 진행되었다면, 이제는 다음 수업에서 어떤 지점을 더 고민하며 진행할 것인지 서로 이야기를 나누어야 한다. 스스로 도전적 과제를 선정해서 이후의 수업을 어떻게 바꿀 것인지 약속하는 것이다. '학생들과 더 깊은 대화를 해 봐야겠다.', '학생들 간에 협력할 수 있는 토의 과제를 만들어야겠다.' 등 자기 수준 내에서 실천할 수 있는 과제를 찾아서 수업을 하도록 한다. 과제가 잘 해결되지 않는다면 될 때까지 도전하고, 안 되는 이유에 대해서 끊임없이 수업 친구와 대화해야 한다.

- 수업의 방향성 세우기
- 배움의 지점을 명확하게 하기
- 수업 속에서 학생들을 존중하기
- 학생들이 선생님을 존중하게 만들기
- 수업을 할 수 있는 조용한 상황 만들기
- 교사가 학생들과 대화하며 수업하기
- 학생들 간에 대화를 하게 하면서 수업하기
- 교사 스스로 주제가 있는 수업 만들기
- 학생들 스스로 생각을 표현하는 수업하기
- 의문이 있는 수업 만들기
- 의미가 있는 수업 만들기
- 위계가 있는 수업 만들기
- 창의적 사고가 있는 수업 만들기
- 삶을 성찰하는 수업 만들기

성찰적 질문으로
'수업 나눔' 하기

　이 책에서 소개하는 '수업 나눔'은 기존의 수업 연구회 혹은 수업 강평회 속에서 오고 가는 수업 대화와 완전히 다른 것이 아니다. 수업을 중심으로 내면적 대화를 열어 가는 것은 모두가 다 수업 나눔이라 할 수 있겠다. 다만 이 책에서는 일대일의 관계 속에서 수업을 깊이 나누는 것을 강조한다. 이것은 수업의 이야기를 개인적인 차원에서 한정 짓게 될 우려도 있지만, 집단적으로 수업을 나누는 것보다 더 깊은 이야기를 나눌 수 있는 장점이 있다. 하지만 막상 수업 친구와 함께 수업 나눔을 하려면 어디서부터 어떻게 해야 할지 막막해진다.

　이런 막막함을 조금이나마 덜기 위해, 경기도 모 중학교에서 사회를 가르치는 김영수(가명) 선생님과 '수업 나눔'을 했던 실제 장면을 축약해서 옮겨 본다. 참고로 김 선생님이 가르치는 학생들은 전체적으로 학력이 조금 떨어지는 아이들로, 김 선생님은 한부모나 조부모 가정이 많아 아이들의 생활 지도가 어렵다고 말했다. 그럼에도 선생님은 열정적으로 학생들과 호흡하며 90분 블록 수업을 하고 계셨다. 수업 목표는 '독과점에 대해 이해를 하고, 이것의 폐해를 찾을 수 있다.'였다.

1단계 : 수업을 한 교사의 생각을 듣고, 수업에 관해 질문하기
김태현(이하 태) : 와우! 선생님 수업 잘 봤어요. 제가 생각했던 것보다 학생들이 집중도 잘하고 열의가 있어 보였습니다. 이러면 안 되지만, 사실 염색한 남학생, 미니스커트를 입은 여학생을 보면서 오늘 수업이 잘될 수 있을지 조마조마했어요. 중간중간에 맥을 끊는 학생들이 있어서 수업 분위기가 잘 흘러가다가도 단절될 뻔하곤 했는데, 선생님은 끝까지 학생들을 몰입시키며 하나의 배움으로 학생들을 몰고 가는 것 같았어요. 이건 선생님 스스로 오늘 수업에서 이루고자 하는 배움의 지점이 명확했기에 가능한 일이라고 생각하는데, 오늘 선생님이 수업에서 의도한 배움은 무엇인가요?

김영수(이하 영) : 아이고, 오늘 수업 잘 못했는데 칭찬해 주시니 쑥스럽네요. 사실 저도 오늘 수업에서 맥이 끊기는 느낌을 여러 번 경험했는데, 그럼에도 제가 설정한 배움, 그러니까 학생들에게 '독점', '과점'이라는 다소 어려운 단어들을 학생의 삶과 연관 지어서 설명하고, 대기업의 독점과 과점이 우리의 삶을 힘들게 한다는 것을 실제적으로 깨닫게 하고 싶었어요.

태 : 수업을 해 보니까, 어떠신가요? 선생님이 의도한 대로 학생들이 배움으로 나아온 것 같은가요?

영 : 글쎄요. 사실 오늘 학생들이 좀 더 활발하게 대화를 할 줄 알았는데, 그러지 않아서 수업 진행하기가 조금 힘들었어요. 학생들 스스로 발표할 줄 알았는데, 교과 내용이 어려웠는지 학생들이 대답을 잘 안 하더라고요. 그러니까 자꾸 제가 학생들을 시키게 되고, 수업의 자발성이 조금 떨어진 것 같아요.

태 : 평상시에도 학생들의 반응이 이런가요?

영 : 아니에요. 이것보다는 조금 활발해요. 아마 오후 시간에 수업을 하다 보니 학생들이 조금 졸리기도 했고, 또 제가 교과 내용을 너무 개념적으

로만 설명한 것 같아요. 개념을 먼저 설명하지 않고 '통큰 치킨' 등과 같은 삶의 예로 바로 들어가면서 학생들의 마음을 사로잡았어야 했는데, 오늘은 수업의 시작점을 잘못 꿰었던 것 같아요. 수업의 초반을 잘해야 한다는 것을 늘 생각하면서도 막상 수업을 하면 그 지점에서 꼭 막혀요. 수업의 시작을 어떻게 할지 차분히 고민해야 하는데, 시간적 여유가 없다 보니 오랫동안 고민하지 못해서 그런 것 같아요.

2단계 – 1 : 수업 속 배움의 상황에 대해 같이 알아 가기
(배움이 만들어지는 지점 찾기)
태 : 그래도 저는 학생들이 스스로 문제를 해결하는 작업이 퍽 인상적이었어요. 처음에는 학생들이 조금 어려워했지만, 선생님께서 제시한 모둠 과제를 잘 해결해 나가던데요. 특히 창가 쪽 맨 뒤에 있던 학생.
영 : 병오(가명)요?
태 : 네, 병오요. 사실 그 학생이 수업 시작할 때부터 표정이 굉장히 어두웠잖아요. 선생님이 수업 초반에 병오에게 질문했을 때 대답도 잘 안 하고 무표정하게 있었죠. 그래서 그 학생이 이 수업에 참여하지 않고 있다고 생각했어요. 다른 학생들은 침묵하고 있긴 해도 시선을 모두 선생님께 두고 있었거든요. 그런데 병오만은 계속 창문 밖을 보고 집중하지 못하는 것 같더라고요.
영 : 네, 그 친구가 그런 면이 좀 있죠.
태 : 그런데 그 친구가 독과점에 대한 실제 사례를 찾을 때 굉장히 주도적으로 참여하더라고요. 신문에서 봤는지 MS 윈도우사가 익스플로러를 끼워 파는 얘기, 대형 신문사가 자전거 끼워 파는 얘기 등을 늘어놓으니까

모둠원들 이야기가 더 깊이 있게 진행되던걸요.

영 : 아, 그랬나요? 그 친구가 그렇게 주도적으로 참여하는지 몰랐어요. 사실 저도 마음속으로 이놈이 딴 생각 하고 있구나 싶어서 한 번쯤 주의를 주려고 했는데, 모둠 토의는 잘했군요. 걔가 좀 그런 것 같아요. 할 것다 하면서 겉으로는 안 하는 척하는, 말하자면 센 척하는 친구죠.

태 : (웃으며) 병오 학생이 모둠에 들어오는 것보다 더 인상적이었던 장면은, 전체적으로 모둠원들이 이런 토의를 하는 것에 익숙하다는 거였어요. 선생님은 사실 협동 학습 구조를 사용하지 않았잖아요.

영 : 네, 학기 초반에는 모둠원별로 역할 분담을 했는데, 나중에는 굳이 그렇게 하지 않아도 모둠 토의를 잘하더라고요. 협동 학습의 구조와 방법에 너무 매이게 되면, 오히려 학생들의 자발성을 저해하는 것 같아요. 학생들이 이 역할 저 역할을 동시에 협력해서 수행할 수 있는데, 기록이는 기록하는 활동만 하고 발표미는 발표만 하려고 하는 등 교사가 짜 놓은 구조에 학생들을 인위적으로 맞춘다는 느낌이 늘 들더군요. 그래서 언제부턴가 모둠원 역할을 부여하지 않고 그냥 토의하게 해요. 그리고 혹시 모둠 대화가 잘 안 되는 곳이 있으면 제가 적극적으로 도와주는 형태로 진행해요.

태 : 네, 실제로 저도 각각의 모둠을 다 본 결과, 소외되는 학생 없이 토의를 잘하더라고요. 혹시나 모둠에서 소외되는 학생이 있을 것 같으면 어느새 선생님이 찾아가서 먼저 대화를 나누시고, 모둠원들이 딴짓을 하고 있으면 선생님이 또 적절하게 개입을 하셨고요. 대부분 선생님들은 토의만 시키고 학생들 사이에 잘 들어가지 않거든요.

영 : 네, 그렇군요. 아무래도 모둠 토의를 하다 보면 그 지점을 늘 신경 쓰게 돼요. 토의를 하는 것이 좋긴 하지만, 학생들의 논의가 이상한 쪽으로

진행될 수도 있고 배움에서 이탈하는 학생들이 생기기도 하니까, 가능하면 각 모둠을 돌면서 학생들을 일일이 챙기려고 해요.

태 : 네, 선생님이 그렇게 적극적으로 학생들에게 다가서니까, 학생들이 선생님을 반겨 주고 서로 대화하는 모습이 너무 좋았어요. 그런데 학생들이 인터넷 검색이 아닌 국어사전과 시사사전을 보며 용어를 함께 풀이하는 습관이 몸에 배인 것 같던데, 선생님이 그렇게 학생들을 훈련시킨 건가요?

영 : 네, 아무래도 학생들이 어휘력이 부족하다 보니 토의를 하더라도 깊게 들어가지 못하는 경우가 많았어요. 그래서 도서 구입비로 구입해서 모둠 숫자만큼 국어사전과 시사용어사전을 나눠 줬어요. 그러면 학력이 떨어지는 학생이라도 사전을 찾아서 '이런 것은 이런 뜻'이라고 알려 주지요.

태 : 그런 활동이 있으니까 모둠원들 사이에 소외되는 학생이 없더라고요. 배움에 소외되지도 않고 자기 주도적으로 과제를 해결하는 모습이 너무 좋았어요.

영 : 아이고, 자꾸 칭찬을 해 주시니 몸둘 바를 모르겠네요.

2단계 – 2 : 수업 속 배움의 상황에 대해 같이 알아 가기
(배움이 멈춰지는 지점 찾기)

태 : 그런데 수업 속에서 선생님이 의도하신 대로 독과점의 문제가 단순히 지식으로 끝나지 않고 학생들 삶의 문제로 다가갔는지는 조금 의문이 들더군요. 선생님은 어떠세요? 선생님은 학생들이 이 수업을 통해 어떤 배움을 경험했다고 생각하시나요?

영 : 하하, 갑자기 자신이 좀 없어지는군요. 솔직히 이번 수업에서 조금

주저함이 있었어요. 수업 초반에 학생들의 참여가 적으니까 나도 모르게 수업에서 자신감이 떨어지는 거예요. 그래서 원래 하려던 활동이 '독과점을 행하는 대기업에 대해서 우리가 소비자로서 어떻게 대처할 수 있을까'에 대해 토의하는 것이었는데, 그냥 단순히 독과점의 사례만을 찾는 것으로 그쳤지요. 학생들의 초반 분위기에 눌려서 제가 자신 있게 수업을 진행하지 못했던 것 같아요.

태 : 네, 맞아요. 저도 독과점 사례를 찾는 것은 모둠 토의 과제로는 너무 쉽다고 생각했어요. 간단하게 학생들에게 질문을 던지고 사례를 찾고, 그것을 바탕으로 독과점의 개념을 명확히 인식하게 해도 되는데, 그것을 초반부터 모둠 토의 시간으로 돌려 버리니까 시간은 시간대로 흘러가고, 학생들이 더 수준 높은 사고를 할 시간이 사라지게 된 것 같아요.

3단계 : 교사의 내면적 이야기 듣기, 말하기

영 : 맞아요. 항상 그런 점이 고민이에요. 학생들의 시선과 상관없이 내가 의도했던 배움에 맞추어 쭉 나가야 하는데 '우리 학생들의 수준은 낮다. 이들은 지금 내 수업에 집중하지 않고 있다.'라는 내면적 두려움이 수업을 더 깊게 나아가지 못하게 하는 것 같아요. 사실 제가 가르치는 학급에는 아까 말했던 병오와 같은 애들이 많아요. 겉보기와는 다른 아이인데 자꾸만 겉모습만 가지고 학생들의 상황을 판단하고서 낮은 수준의 활동을 시키게 되는 것 같아요.

태 : 사실 그것은 선생님만의 고민은 아니죠. 저도 늘 학생들 눈치를 보며 수업을 하는 것이 문제예요. 마음에 여유를 갖고 조금 넉넉하게 수업을 진행해야 하는데, 누군가 수업에 집중을 하지 않고 있으면 그 학생에게

신경을 쓰느라 수업이 흔들릴 때가 많아요. 조금 더 자신감 있게 내가 의도했던 배움의 지점까지 나가도 되는데 말이에요.

영 : 그렇죠? 교사로서 가르침의 권위가 있는 건데, '학습자 중심의 수업을 하라! 배움에서 소외되지 않게 하라!' 이런 말을 많이 듣다 보니 너무 원칙적으로 이걸 실천하려고 해요. 신경은 쓰되 수업은 흔들리지 말아야 하는데, 교사 스스로가 자신의 수업 상황을 몇몇 학생의 태도만 가지고 부정적으로 평가하니, 학생들의 조그만 행동에도 마음이 흔들려요.

4단계 : 수업 속 토의 주제 찾기

태 : 그럼 오늘 이 문제에 대해서 더 깊게 이야기해 보죠. 어떻게 하면 학생들의 눈치를 보지 않고 자신감 있게 수업을 진행할 수 있는가.

영 : 먼저 우리가 왜 학생들에게 쫄고 있는지를 생각해 볼 필요가 있는 것 같아요.

태 : 맞아요. 원인 분석이 먼저겠죠. 아마도 우리가 대체로 수업에 대한 자존감이 낮아서 그런 게 아닐까요? 수업에 대한 열등감이 많다고 해야 하나? 아니면 수업 준비가 부족하다는 자격지심 때문에 자꾸만 학생들의 눈치를 보고 있는 것 같아요.

영 : 그렇네요. 교사들이 대부분 수업에 대한 자존감이 낮잖아요. 그래서 학생들 눈빛이 조금 어둡다 싶으면 '오늘 수업 망했다' 생각하고 지레 포기를 해 버리죠.

태 : 사실 그러지 않아도 되는데 말이에요. 배움은 단박에 이루어지는 것이 아니라, 교사와 학생, 학생과 학생이 대화하면서 천천히 만들어지는 것인데 우리가 너무 조바심을 내는 것 같아요. 그리고 수업 속 대화라는

것도 그래요. 수업의 대화가 계속 잘 이루어진다고 해서 꼭 배움이 생겨나는 건 아닌 것 같아요. 반대로 수업의 대화가 없더라도 배움이 갑자기 생겨날 수도 있고요. 오늘 같은 경우도 그랬어요. 아까 독과점에 대한 개념을 설명할 때, 종화(가명)였던가요? 종화가 이마트 롯데마트의 예를 드니까 학생들이 "우와~." 하고 반응을 보였거든요. 그전까지는 선생님의 개념 설명이 길어지니까 조금 힘들어하는 모습들이었는데, 종화의 한마디로 수업 속에서 아이들의 참여가 확 일어나더라고요. 결국 수업을 크게 보면서 모든 학생에 신경을 쓰되 흔들리지 않는 마음의 여유가 중요한 것 같아요.

영 : 맞아요. 그리고 내 수업 내용에 대해 조금 더 가치 있게 생각할 필요가 있는 것 같아요. 사실 저는 오늘 수업 주제가 굉장히 마음에 들었거든요. 제가 중학교 때 이런 내용을 배웠으면 제 소비 패턴이 달라졌을 수도 있다고 생각해요. 대기업에서 사은품 준다고 무턱대고 그것을 덥썩 사지는 않을 것 같아요. 결국에는 그것이 소비자의 부담으로 다가오니까요. 그런데 저는 이렇게 좋은 배움의 지점을 잡았음에도 그것을 끝까지 밀고 나가지 못했죠. 이 내용이 학생들에게 그만큼 가치 있다는 확신이 부족했던 것 같아요.

태 : 수업 내용에 대한 확신! 그거 참 좋은 말이네요. 그럼 오늘 내용을 정리하자면, 우리가 의도한 배움의 지점으로 학생들을 끝까지 데려가지 못하는 이유는 학생들의 눈치를 보기 때문이다. 이런 소심함에서 벗어나려면 일단 교사가 배움에 대한 조급함에서 벗어날 필요가 있겠다. 배움은 천천히 이루어질 수도 있으니 마음의 여유를 가지고 수업을 진행해야 한다. 모든 학생들에게 관심을 갖되 학생의 상황을 겉모습만 가지고 판단

하지 말자. 그 학생은 교사의 예상과 달리 수업에 잘 참여하는 것일 수도 있다. 이런 내용을 오늘 같이 나눴네요. 결론적으로는 내가 가르치는 내용에 대해 스스로 자신감을 갖자! 이 정도로 정리할 수 있을 것 같아요.

영 : 아이고, 정리도 잘하시네요. 이렇게 대화를 하니까 좋은데요. 뭔가 풀리는 느낌이 들어요. 여태껏 수업을 공개해도 그냥 선생님의 열정에 감동했다, 아이들의 의사소통이 부족했다 하는 식으로 피상적인 대화만을 했는데, 이렇게 제 수업을 보고 내면의 얘기를 하니까, 뭐랄까 다음 수업에는 더 잘할 수 있겠지 하는 용기가 생기는데요. 바쁜 시간에 누추한 수업을 봐 주셔서 너무 감사하네요.

태 : 아닙니다. 후배 교사에게 수업을 보여 준다는 것이 쉽지 않은 일인데 이렇게 흔쾌히 보여 주시고, 오히려 제가 더욱 감사한데요.

5단계 : 수업 속 도전적 과제 찾기

태 : 자, 그렇다면 선생님께서 다음 수업에서 도전해야 할 과제는 무엇일까요?

영 : 글쎄요. 아무래도 오늘 나온 내용처럼 '학생들 겉모습에 쫄지 말기'에 도전해 보고 싶은데요.

태 : 하하, 쫄지 않는 수업이라! 그렇다면 다음 수업에서 어떤 것을 기대할 수 있을까요?

영 : 좀 더 여유롭게 수업을 진행하고 싶어요. 학생들이 조금 버거워하더라도 차분하게 웃으면서 학생들의 생각을 끄집어내는 작업을 하고 싶어요. 그래서 조금 더딜지라도 학생들을 격려하면서, 제가 최초에 의도했던 목표만큼 학생들을 이끌고 싶네요.

태 : 와우! 어려운 과제인데, 다음 수업이 무척 기대되네요.

영 : 갑자기 부담스러워지는데요. 사실 부담되는 것도 있지만, 오늘 수업보다는 더 나은 지점을 만들어 낼 거라는 기대는 있습니다.

태 : 좋네요. 그러면 다음 수업에서도 이 측면에서 수업을 보면서 어디서 교사가 흔들리고 좌절하는지 더 이야기해 보면 좋을 것 같아요. 계속해서 좋은 수업을 보게 돼서 영광입니다.

영 : 어휴, 제가 오히려 영광이죠. 그럼 다음 수업 때 뵙기로 하지요.

컨설팅의 방법으로
'수업 나눔' 하기

작년에 나는 1년 동안 수많은 선생님들과 여러 가지 방식으로 수업 나눔을 하였다. 일대일로도 수업을 나누고, 여러 선생님들과 집단으로 수업 나눔을 하기도 했다. 심지어는 30여 명의 선생님과 수업 나눔을 모둠으로 한 적도 있다. 다루는 주제도 각양각색이었다. 어떤 경우는 선생님께서 한 학생을 중점적으로 봐 달라고 말씀하셔서, 그 학생만을 집중적으로 보면서 배움의 소외 문제를 깊게 이야기하기도 했다.

앞서 김 선생님과의 수업 나눔이 가장 기본적인 형태였다면, 이번에 소개할 최 선생님과의 수업 나눔은 조금 다른 방식으로 이루어졌다. 선생님의 고민을 먼저 듣고 그것을 중심으로 수업을 관찰하는 컨설팅의 방식을 취하였다. 원래 '수업 친구 만들기'는 내면적 대화를 통해 수업을 공개한 교사가 스스로 문제 해결의 답을 찾아 가는 방식이다. 하지만 그렇다고 이런 성찰의 방법만을 고수할 필요는 없다.

수업 변화에 대한 열망이 높은 교사는 직접적으로 수업의 문제점을 알려 달라고 하거나, 자신이 고민하고 있던 문제를 중심으로 조언을 해 달라고 한다. 이럴 때는 문제 사항에 대해 직접적인 조언을 하는 컨설팅의 방법을 사용하면 좋다.

그러나 전통적인 컨설팅 방식처럼 컨설턴트가 의뢰인에게 일방적으로 자신의 의견을 쏟아붓는 것이 아니라, 여기서도 성찰적 질문을 통해 수업을 한 교사가 스스로 수업을 성찰하게 만들어야 한다. 이를 위해 컨설턴트는 최소한의 분석만 하고 수업을 한 교사가 생각할 수 있는 시간을 주어야 한다. 아래에 소개하는 최 선생님과의 수업 나눔이 바로 이런 방식이다.

내게 수업을 공개한 수업 친구 최 선생님은 "학생들이 크게 차이가 있지는 않은 것 같은데, A반과 B반 수업의 차이가 너무 커요. A반은 뭔가 수업이 잘되고 기분이 좋은데, B반은 억지로 수업하는 느낌. 그래서 B반 수업할 때마다 참 부담스러워요."라는 말을 했다. 그래서 나는 수업을 비교 관찰하기로 했다. A반과 B반의 분위기가 어떻게 다른지, 선생님은 어떻게 다른 모습을 보이는지, 그리고 그 차이가 어디서 오는지를 유심히 관찰했다. 그리고 다음과 같이 수업 나눔을 하였다.

태 : 일단 학생들이 너무 좋아요. B반 학생들도 예상보다 구성원이 너무 훌륭한 것 같아요. 수업 속에서 선생님을 존중하는 모습이 많이 보였어요.
최 : 그런가요? 하지만 그래도 여전히 B반 수업은 힘들어요. 학생들이 이곳저곳에서 질문을 하고 그것에 일일이 응수해 줘야 하는 것이 늘 부담스러워요.
태 : 결국 B반 수업이 힘든 이유는 거기에 있는 것 같아요. 많은 질문들을 어떻게 처리해야 할지 모르겠다는 두려움!
최 : 맞아요. 솔직히 아이들의 질문을 끊고 싶어요. 그런데 그러자니 아이들을 무시하는 것 같고, 또 일일이 응하자니 제 에너지가 소진돼요.
태 : 그래서 저는 아이들이 왜 질문을 하는지를 생각해 봤어요. 혹시 선생님, 아이들이 어떤 질문을 많이 했는지 기억이 나나요?

최 : 글쎄요…….

태 : 대체로 수업 내용에 관한 질문보다 진행에 대한 질문이 많았어요. "선생님, 다 했는데 뭐 할까요?", "이건 이렇게 하는 게 맞죠?" 등등. 선생님이 제시한 활동을 손쉽게 빨리 처리한 다음 할 일이 없어서 선생님께 질문을 하거나, 자신이 이미 한 행동에 대해 확인 받고자 하는 질문이 많았어요. 이건 수업에 준비된 활동들이 대체로 너무 쉬웠다는 것을 의미해요.

최 : 네, 맞아요. 활동을 끝내고 노는 친구들이 B반에 많은 것 같아요. 학생들의 문제라고만 생각했는데, 제 과제가 너무 쉬웠던 것 같네요.

태 : 너무 자책하지 마세요. 선생님만 그런 게 아니라, 저를 포함한 대부분의 교사들도 마찬가지니까요. 그렇다고 과제를 어렵게 하면 또 학생들이 힘들어하잖아요. 그 속에서 우리는 늘 왔다 갔다 할 수밖에 없는 거니까, 선생님 자신에게 탓을 돌리지 마세요.

최 : (웃으며) 제가 그랬나요?

태 : 네, 갑자기 표정이 어두워지니까 괜히 제가 미안해지잖아요. 완벽한 수업은 없는 법이니 너무 괴로워하지 마세요. 이것보다 수업을 더 못하는 저는 어떡하라고요.

최 : 웃기네요. 내 수업에 문제가 있어 선생님에게 수업을 보러 오시라고 했는데, 오히려 수업의 문제가 드러나니까 마음이 무거워요. 우리 교사들이 이런 성장통을 참 버거워하는 것 같아요.

태 : 맞아요. 자신의 약점을 누군가에게 보인다는 것은 괴로운 일이죠. 하지만 우리는 수업 친구니까 그냥 편하게 생각하세요.

최 : 그렇네요. 선생님이니까 보여 주지, 다른 사람이라면 얼굴이 더 화끈거렸을 것 같아요. 자! 더 이야기해 보죠.

태 : 선생님과 학생들의 의사소통 과정을 유심히 관찰해 봤어요. 선생님 나름대로 질문을 많이 던지고 학생들이 답을 하지만, 그것이 수업 내용과 유기적으로 연결된 느낌이 없었어요. 선생님 혼자서 많은 학생들을 대한다는 느낌을 받았죠. 특히 B반에서는 아이들 생각이 다양하게 드러나서, 그들의 생각을 들어 주고 서로의 의견을 종합하는 지점이 있었으면 했는데, 선생님이 준비한 수업을 그냥 쭉 해 나간다는 느낌이 들었어요. 아이들의 이야기는 듣지만, 결국에는 선생님이 준비한 내용만 하신다는 거예요. 수업 방법은 학습자 중심인데, 수업 흐름은 교수자 중심의 수업이었던 거죠.

최 : 맞아요. 솔직히 저는 학생들의 생각을 듣고 종합하는 것에 대해 두려움이 있어요. 내가 이야기하려고 하는 부분에 대해서 학생이 먼저 이야기하고 준비하지 않은 내용을 학생들이 질문하면, 그 이야기를 잘 들어 주기가 힘이 들어요. 그들의 의견을 경청해 주어야 하지만, 내 스스로 그 의견에 대해 존중할 준비가 되어 있지 않은 것 같아요. 그래서 어떤 학생이 좋은 의견을 말하면 '그렇지.' 하고 끊어 버리지, 그것을 바탕으로 '아무개가 이런 이야기를 했어요. 이 생각에 동조하거나 다른 의견을 말해 볼 사람?' 이런 식으로 연결시키기가 힘이 들어요. 아무래도 저는 지식을 그대로 받아들이는 스타일이어서, 학생들이 질문을 할 때 왜 그런 의문을 갖는지 이해되지 않을 때가 많은 것 같아요. 그래서 어떤 학생이 자기만의 사고를 펼치면서 무엇인가를 물어보면 참 당혹스러워요.

태 : 선생님이 지금 아주 중요한 지점을 말하고 있는 것 같아요. 예상외로 많은 교사들이 학생들과 대화하면서 내용을 연결하는 '소통 능력'이 부족해요. 학생과 일대일의 대화를 하고 그 대화를 전체의 아이들에게 말하

면서 수업을 유기적으로 연결해야 하는데, 1차적인 동조나 반대로 대화를 끊어 버리는 경우가 많아요. 하지만 이것은 우리가 조금만 의식하고 연습하면 얼마든지 잘할 수 있는 부분인 것 같아요.

그리고 처음에 말한 도전적 과제도, 우리가 수업 준비를 할 때 학습자의 수준을 미리 고려해서 한 가지 도전적 과제는 미리 선정하고 들어가면 좋을 것 같아요. 그리고 그때그때 학생들의 반응에 맞춰서 수업 진행을 바꿔 가는 여유도 필요할 것 같고요. 학생들이 좀 더 수업 속에 동참할 수 있도록 여백을 만들 필요가 있어요. 특히 인문 분야 수업에서는 자유로운 토의를 통한 사고력 신장이 중요하니까, 교사 스스로 정한 방식으로 끌고 가기보다는 학생들의 생각을 천천히 묻고 들을 수 있어야 해요. 그 생각들을 칠판에 적고 교사와 학생이 같이 이야기하면서 토의 주제를 함께 정하는 등 교사와 학생이 서로 협력하는 교실을 만들 필요가 있어요. 학생에 대한 막연한 불신 때문에 이것이 굉장히 힘든 것 같은데, 조금씩 연습하면 수업에 상당한 활력이 생길 거예요.

최: 흐음, 힘든 일이지만 일단 도전해 봐야겠어요. 그래도 에너지가 넘치는 아이들이 여전히 조금은 부담스럽네요.

태: 그 학생들은 모둠으로 적절하게 배분하는 것이 좋을 것 같아요. 선생님이 미리 학생들의 성향에 맞는 모둠을 잘 만들어서 에너지 있는 아이들을 분산시키고, 모둠 안에서 에너지를 쏟게 하는 것이 좋아요. 그 아이들이 혼자서만 에너지를 쏟지 않도록 주의를 주시고 적절한 도전 과제를 선생님께서 잘 고안하시면, 그 학생을 중심으로 모둠이 살아날 것 같아요.

최: 말로는 다 이해되는데, 막상 하려고 하니까 두렵네요.

태: 하하, 그렇죠. 저도 말로는 잘 되는데, 제 실제 수업은 엉망이에요. 그

래도 이렇게 이야기하니까 다음 수업에 대한 기대가 조금 생기죠?
최 : 물론이죠. 수업에 문제가 있다는 것은 알지만 그것을 어떻게 바꿀지는 막연했는데, 선생님이 제 수업 친구로 와서 수업에 대해 이야기해 주니까, 이제는 어떻게 해야 할지 그 길이 보이는 것 같아요. 정말 감사해요.
태 : 그러면 다음 수업에 대한 도전 과제를 찾아볼까요?
최 : 그럴까요?

이렇듯 이번 수업 나눔은 기존에 해 온 것과는 많이 달랐다. 수업 그 자체를 이야기하기보다는 수업에 대한 직접적인 처방을 많이 했다. 고민을 먼저 듣고 문제를 해결하는 컨설팅 방식이었기에, 직접적으로 선생님께 수업적 조언을 한 것이다. 하지만 그 과정 속에서 최 선생님이 스스로 답을 찾아 갈 수 있는 질문을 계속 던졌다. 그래서 최 선생님은 스스로 다음과 같은 도전 과제를 정했다.

> 1. 수업에서 도약 과제를 잘 만들고 이를 여러 활동으로 위계화해서, 수준에 맞는 활동을 여러 차원으로 구성하기. 사실적 사고 수준의 활동, 추론적 사고 수준의 활동, 비판적 사고 수준의 활동 식으로 위계화해서 어떤 학생도 놀지 않는 수업으로 구성하기.
>
> 2. 학생들과 좀 더 높은 수준의 대화를 나누기. 특히 선생님이 어떤 화두를 던졌을 때 학생들의 생각을 선생님이 듣기만 하는 것이 아니라, 칠판에 그들의 생각을 잘 적고 그것을 바탕으로 새로운 의미를 발견하면서 학생들과 선생님이 서로 협력하는 수업을 만들기.

이렇게 수업 나눔을 하고 나니 최 선생님도 굉장히 힘이 되었다면서 나에게 이런 글을 보내왔다.

> 정말 유익한 경험이었습니다. 수업에 대한 고민은 계속되지만, 나를 성찰하면서 하나씩 도전 과제를 성취해 나가는 기쁨이 크네요. 무엇보다 교사의 내면이 중요한 것 같아요. 부담감으로 수업이 더 힘들었기에 우선은 수업을 즐기자는 마음을 가졌어요. 그래서 며칠 전에는 학생과의 일대일 관계보다, 학생의 질문을 공개적으로 이야기하여 공론화하고 함께 생각해 보게 하였어요. 수업이 한결 좋아지더군요. 애들의 이야기를 듣는 기쁨이 생겨요. 아주 사소한 변화인데, 우선 수업 들어가는 저의 걸음이 가벼워졌어요. 수업을 즐기고 있는 나를 봅니다. 有朋自遠方來 不亦樂乎(어떤 벗이 먼 곳으로부터 찾아오니 또한 즐겁지 아니한가). 좋은 친구와 대화를 나누고 나면 새로운 마음과 각오가 생기는 것처럼, 나의 연약한 지점을 확인해도 그것으로 좌절하기보다는 새로운 시도들을 하고 싶은 희망이 솟아나네요.

사실 '수업 친구'를 통해 수업이 획기적으로 변했다기보다는 이제 고민의 실타래를 조금씩 풀어 갈 수 있을 것 같아 기쁘다는 내용이다. 이와 같이 '수업 나눔'은 수업 개선을 위한 첫걸음을 내딛는 일이다. 이러한 첫걸음을 통해 앞으로 우리의 수업은 얼마든지 달라질 수 있다.

그런데 아직도 많은 교사들은 잔뜩 움츠린 채 수업의 고민을 혼자서만 풀려고 한다. 수업을 공개하기가 부끄럽다며 견고한 성벽으로 자신의 수업을 둘러싼다. 성벽 안에 갇힌 외로운 처지로는 절대로 수업이 개선되지 않는다. 마음 맞는 벗에게 빗장을 풀고 수업의 문을 열어야 한다. 그리고 오랫동안 수업으로 인해 타들어 가고 있는 속마음을 수업 친구에게 이야기해야 한다.

> 마음 울적할 때 저녁 강물 같은 벗 하나 있었으면
> 날이 저무는데 마음 산그리메처럼 어두워 올 때
> 내 그림자를 안고 조용히 흐르는 강물 같은 친구 하나 있었으면
>
> 울리지 않는 악기처럼 마음이 비어 있을 때
> 낮은 소리로 내게 오는 벗 하나 있었으면
> 그와 함께 노래가 되어 들에 가득 번지는 벗 하나 있었으면
>
> 오늘도 어제처럼 고개를 다 못 넘고 지쳐 있는데
> 달빛으로 다가와 등을 쓰다듬어 주는 벗 하나 있었으면
> 그와 함께라면 칠흑 속에서도 다시 먼 길 갈 수 있는 벗 하나 있었으면.
> ─「벗 하나 있었으면」, 도종환

교사는 수업을 열어야 한다. 아무에게나 여는 것이 아니라 정말 친한 동료 교사 한 명에게는 수업을 보여 주어야 한다. 그리고 진솔한 수업 나눔을 시작하면서 수업에 대한 깊은 고민과 아픔을 서로 이야기하는 시간을 가져야 한다. 이제는 좋은 연수와 자료 찾기에만 시간을 허비할 것이 아니라, 평생 나의 고민과 아픔을 나눌 수 있는 수업 친구를 찾아야 할 때다.

성찰하기

1. 수업을 서로 공유하고 이야기하는 수업 친구가 있는가? 혹시 없다면 그 이유는 무엇인가?

2. 학교 안에 당신과 함께 수업 친구가 될 만한 동료 교사가 있는가? 서로 수업 친구가 되어 줄 수 있는 동료 교사를 떠올려 보자.

3. 수업 친구 만들기를 한다고 할 때 당신에게 생기는 두려움은 무엇인가? 그것을 어떻게 극복할 수 있겠는가?

누구나 할 수 있는 수업 친구 만들기

'수업 친구'는 언제든지 만들 수 있고, 앞서 이야기한 것처럼 꼭 어떤 절차를 밟아서 수업 친구를 만들어야 하는 것도 아니다. 학교 생활을 하다 보면 수업 때문에 힘들어하는 선생님들이 눈에 들어오게 마련이다. 그 선생님들을 무관심하게 지나칠 것이 아니라, 차 한잔과 함께 "힘드시죠?"라는 위로의 말을 건네며 수업에 관한 이야기를 꺼내 보는 것이 어떨까. 그렇게 이야기를 시작해 조금씩 서로의 마음을 나누고 수업을 나누다 보면 자연스럽게 수업 친구가 생기게 되는 것이다. 제주도에서 근무하는 현승호 선생님도 이렇게 학교 안에서 수업 친구를 만났다고 한다. 얼굴이 어두운 선생님들을 그냥 지나치지 않고 몇 마디 말을 건네는 것을 시작으로 선생님들과 진한 교감을 나눌 수 있었고, 그 감격을 아래와 같이 페이스북을 통해 고스란히 전해 주었다. 현승호 선생님의 이야기를 통해, 수업 친구 만들기가 그리 어렵지만은 않음을 확인할 수 있을 것이다.

> 어제는 학교에 새로 오신 지 얼마 안 돼서인지 유독 힘겨워하시는 한 선생님과 대화를 나누었습니다. 저도 일이 많이 밀려 바쁘게 행정 업무를 처리하고 있는 중이긴 했지만, 선생님께 위로가 절실해 보여 과감히 펜을 내려놓고 "수업을 하면서 어떤 게 제일 힘드세요?"라고 운을 띄웠습니다. 뜻밖의 부드럽고 진지한 질문에 약간 당황한 선생님께서는 "학생들의 눈높이를 못 맞추겠어요."라며 자신의 이야기를 조금씩 풀어 내기 시작했습니다. 그전에는 아이들 탓만 하던 선생님이 제가 이야기를 잘 들어 드리자 스스로 자신의 속 이야기를 꺼내 놓으시면서, 자신이 '학습 수준을 너무 높이 잡은 것이 문제였다'며 다음 수업에는 '학생의 수준에서 수업을 잘 기획해 보겠다'고 이야기하셨습니다.
>
> 오늘 점심시간에는 한 선생님이 수업 시간에 있었던 어떤 아이와의 일 때문에 몹시 화를 내셨습니다. 이런 아이들을 왜 가르쳐야 하는지 모르겠고 회의감이 밀려온다

고 하시더군요. 당장 다음 시간 수업을 어떻게 해야 할지 모르겠다며 절망감을 토로하셨습니다. 저는 처음에는 '그게 의무 교육의 한계'라며 냉소적으로 말했다가, 점차 이야기를 진행하는 과정에서 선생님의 이야기에 좀 더 귀를 기울이게 되었습니다. 그랬더니 선생님은 부모만 믿고 공부하려 하지 않는 아이들에 대한 분노, 주말에 있었던 속상한 일에 대한 분노의 감정 등등을 꺼내 놓았습니다. 분노의 감정을 털어놓고 나니 한결 표정이 밝아져 있더군요. 저는 선생님의 감정을 잘 읽어 드리면서 '샘같이 바른 문제의식을 가진 사람이 공교육에 꼭 있어야 한다'며 격려했습니다. 별것 아닌 몇 마디 말에도 선생님은 새 힘을 얻으시고 밝게 웃으며 활기차게 다음 수업에 들어갔습니다. 교무실 문을 나서면서 "선생님, 정말 고마워요!"라고 하시는 그 얼굴을 보며 뿌듯함을 느꼈습니다.

어찌 보면 별것 아닌 이 일들이 제게는 참 놀라운 경험이었습니다. 예전에는 제 일만 챙기기에도 바빴는데, 수업 친구를 염두에 두고서 선생님들에게 몇 마디 말을 먼저 건네고 그들의 이야기를 들어 주니, 선생님들이 큰 힘을 얻으셨다는 겁니다. 저는 두 선생님에게 특별한 비법을 이야기한 것이 아니라 단지 그들의 감정을 읽어 주고 아픔을 들어 주었을 뿐인데, 그랬더니 선생님들의 표정이 밝아지고 수업을 계속할 수 있는 새로운 힘을 얻었다고 하십니다. '이게 바로 수업 친구의 힘이구나!' 하는 생각이 들었습니다.

수다 떨며 수업 성찰하기

이번 장에서는 '토크쇼'의 형식을 빌려 수업에 대해 이런저런 이야기를 해 보려고 한다. 수업 개선을 위한 대화는 품격 있는 장소에서 딱딱하게 나누기보다는, 수다를 떨듯이 즐겁게 나눌 수 있어야 한다. 언제 어느 곳에서나 자유롭게 쏟아져 나오는 수업적 대화를 통해, 우리는 수업을 개선하기 위한 실제적인 영감을 얻을 수 있을 것이다.

바야흐로 이야기의 시대이다. 텔레비전을 켜면 수많은 토크 프로그램이 나오고, 강연의 경우에도 강사가 일방적으로 강의를 하는 것이 아니라 청자들과 소통하며 이야기하는 방식이 유행하고 있다. 이렇듯 이야기가 넘쳐나는 시대, 학교에서 교사들도 여러 이야기를 나눈다. 그런데 교사들의 숱한 이야기 속에서 수업의 본질에 대한 것은 좀처럼 찾아보기가 어렵다. 가수라면 자신의 노래를 바탕으로 음악적 대화를 하고, 화가라면 자신의 혼이 담긴 그림으로 미술적 대화를 시도하기 마련이다. 그런데 왜 교사들은 수업에 대한 교육적 대화를 하지 못할까? 수다를 떨 듯 자연스레 수업 얘기를 할 수 있어야 하지만, 우리는 수업에 대한 이야기를 가슴속에만 꼭꼭 묻어 놓고 좀처럼 밖으로 꺼내지 못하고 있다.

그런 의미에서 이번 장에서는 수업에 대한 이야기를 마음껏 펼쳐 볼까 한다. 가상으로 수업에 관한 수다를 떨며, 앞에서 미처 다루지 못한 이야기들을 담아 내려고 한다. 인쇄물 수업과 같은 사소한 주제에서부터 평가에 대한 고찰, 수업에서의 개성 찾기 등 여러 내용들을 풀어 내 보겠다.

사실 개인적으로 작년부터 '수업 토크쇼'라는 것을 매달 진행해 왔다. 한 선생님의 수업을 촬영하고, 그 속에서 수업을 한 교사의 내면은 어떤 것이었는지를 토크쇼 형식으로 묻고 답하면서 청중들과 소통하는 방식이다. 처음에는 이 포맷이 굉장히 어색했지만, 점차 여기에 익숙해지면서 수업 토크쇼를 통해 많은 선생님들이 위로받고 수업에 대한 새로운 힘을 얻어 가시곤 했다. 수업을 보는 것이 더 이상 머리 아픈 작업이 아니라, 우리가 웃고 울고 떠들면서 이야기 나눌 수 있다는 것을 확인하는 시간이었다. 이 책에서도 이런 시도를 한번 해 볼까 한다. 가상으로 사회자를 세우고, 수업에 관한 이런저런 수다를 나누어 보았다.

교사에게 실제적인 도움을 주는 수업 성찰은 어떻게 해야 하는가?

사회자 안녕하세요, 여러분. 오늘 수업 토크쇼에 오신 여러분을 환영합니다. 오늘은 『교사, 수업에서 나를 만나다』의 저자 김태현 선생님을 모시고, 수업에 대해 이런저런 수다를 떨어 보겠습니다. 자! 김태현 선생님을 모시겠습니다.

김태현 안녕하세요. 경기도 안양시 동안구 평촌동을 기반으로 교사 활동을 하고 있는, 아름다운 영혼의 소유자, 치명적인 매력 덩어리, 김태현입니다.

사회자 선생님은 수업에 관한 여러 글들을 쓰고 강의를 해 오셨는데, 그것을 바탕으로 책을 내셨군요. 지난 책『내가, 사랑하는 수업』도 제목이 많은 울림을 주었는데, 이번 책 제목도 참 좋네요.『교사, 수업에서 나를 만나다』, 제목에 이번 책의 의도가 들어 있는 것 같은데, 이 책에서 말하고 싶은 바는 무엇인가요?

김태현 여러 가지 의미가 있는데 일단 가장 중요한 것은, 수업의 주체인 교사가 자신의 수업 속에서 자신의 정체성을 찾고 스스로 수업을 개선할 수 있다는 메시지를 주고 싶었습니다.

사회자 교사들이 수업 변화에 대한 자신감이 없고 늘 의존적으로 대하기 쉬운데, 그것으로부터 탈피하고 싶었군요.

김태현 맞습니다. 사실 현재 이루어지고 있는 수업 개선의 방향은 교사를 자꾸 의존적으로 만들어요. '이렇게 해라, 저렇게 해라' 하면서 요구는 많이 하는데, 정작 교사가 스스로 설 수 있는 기회를 주지 못하고 있죠. 수업에 관한 책들도 대부분 연구자에 의해 쓰여진 것들이라, 이론적으로는 정밀하지만 그 책을 읽고 수업을 잘해야겠다는 마음이 들게 하지는 못합니다. 한마디로 공허하지요.

 그렇다면 선생님은 그런 한계를 벗어나기 위하여 교사의 시선으로, 교사의 언어로, 교사의 방법으로 수업에 관한 책을 내신 거죠?

 맞습니다. 저는 교사들이 스스로 수업을 성찰하고 바꾸게 하는 책을 원했습니다. 그래서 가능하면 교사의 마음, 특히 교사 내면의 두려움과 공포를 파헤치고, 그것을 서로 공감하면서 수업 개선의 돌파구를 찾아보려고 했습니다.

수업에 관한 책들은 참 많습니다. 그러나 대부분의 책들은 수업 방법, 수업 기술 등을 다루는 'How'의 책들이에요. 저는 수업의 'What'과 'Why'를 다루면서, 교사가 스스로 수업을 성찰할 수 있는 지점을 만들고 싶었습니다. 가능하면 선생님들이 이 책을 자주 보고 동료 선생님들과 같이 대화하면서, 스스로 수업을 반성하고 돌이켰으면 좋겠습니다.

 그렇다면 이 책을 어떻게 활용하면 좋을까요?

 일단 개인적으로 읽으실 때는, 각각의 주제에 대해 자신의 수업을 떠올리면서 살펴보면 좋을 것 같아요. 빨리 읽기보다는 천천히 읽으면서, 자신의 수업 모습을 객관적으로 바라보는 거죠. 가능하면 책에서 던진 주제를 가지고 글을 직접 써 본다면 더 좋겠습니다. 저는 이 책이 선생님들의 수업을 비추는 거울이 되었으면 하거든요.

 이 책이 교사들의 거울이 되었으면 좋겠다는 말이 참 인상적입니다. 그런데 선생님은 좋은교사 수업코칭연구소 부소장으로, EBS 〈선생님이 달라졌어요〉의 수업 코칭 전문가로, 현장 교사들의 수업을 코칭한 경험이 많은 것으로 알고 있습니다. 이 책을 읽게 되면 자신의 수업을 성찰할 수도 있지만, 다른 사람의 수업을 코칭할 때도 참 유용할 것 같은데, 어떤가요?

맞습니다. 이 책은 교사 개인의 수업 성찰서이기도 하지만, 수업 코칭의 지침서 성격도 가지고 있지요. 수석 교사를 비롯하여 여러 선생님들이 동료 교사의 수업을 코칭할 때, 이 책이 많은 도움을 줄 것입니다.

그런데 코칭이라는 말을 쓸 때는 조금 조심스러운 지점이 있어요. 수업 성찰은 교사라면 누구나 할 수 있지만 코칭은 그렇지 않기 때문입니다. 코칭은 교사 스스로 성찰하게 하면서 수업 속 문제 상황들을 단기간에 해결해 주는 것입니다. 이것은 전문적으로 훈련 받은 코치들만이 할 수 있고요. 수업 성찰은 교사가 스스로 돌아보게 하는 시작점을 만들어 주지만, 문제를 끝까지 해결해 주는 것은 아닙니다. 긴 시간을 두고 천천히 수업 속 나의 모습을 성찰하면서 점진적으로 수업이 바뀌어 가는 것이지요. 물론 몇몇 선생님들은 수업을 성찰하는 것만으로 수업이 획기적으로 바뀌기도 합니다. 반면에 코칭은 수업 코치의 정교한 안내 속에서 교사가 자신의 문제 상황을 직면하게 하고, 그것을 스스로 해결하도록 도와줍니다. 바로 답을 주기보다는 교사 스스로 수업 개선의 실마리를 찾게 하지요. 수업 코칭은 수업 성찰보다는 좀 더 체계적이고 전문적으로 문제의 상황을 직면하게 해서, 수업 개선의 효과가 수업 성찰보다 더 빠르고 분명할 수 있습니다. 그런데 이렇게 하려면 수업 코치의 역량이 매우 중요합니다. 수업 코치들은 다양한 코칭 경험을 통해 수업에서 문제 되는 상황들을 미리 알고, 그것에 대한 나름의 해법을 가지고 있어야 합니다.

그렇다면 이 책에서 말하는 수업 친구 만들기는 수업 성찰인가요, 수업 코칭인가요? 수업 성찰과 수업 코칭의 차이가 명확히 이해되지 않습니다.

'수업 친구 만들기'는 '수업 성찰' 운동이지 '수업 코칭' 운동이라고 할 수는 없습니다. 하지만 수업 코칭의 시작점은 될 수 있어요. 수업 성찰은 일반 교사들이 동료애를 바탕으로 수업을 함께 돌아보면서 수업을 개선하는 것이라면, 수업 코칭은 코칭 전문가에 의한 좀 더 전문적이고 체계적인 코칭 프로그램을 통해 수업이 바뀌는 것을 말하지요. 저도 아직 수업 코칭 영역에 대해서는 계속 연구를 하고 있는데요, 제가 현재까지 연구한 바로는 수업 코칭에는, 교사 스스로 교사로서의 정체성을 갖게 해 주고 수업의 철학을 세우게 하는 '교사의 철학' 영역, 자신의 분노와 화를 잘 조절하거나 타인의 감정을 읽고 공감하게 하는 '교사의 내면' 영역, 교사가 자신의 수업을 분석하고 해석하게 하는 '수업 분석' 영역, 수업 내용을 교육과정에 맞게 재구성하여 매력적이고 위계 있는 내용을 만들게 하는 '수업 기획' 영역, 내용에 맞는 교수 방법을 선택하여 학생들을 자발적으로 참여하게 하는 '교수법' 영역이 있습니다. 이런 각 영역에 대해 전문가들이 교사 스스로 수업을 해결할 수 있는 통로를 만들고, 그 길을 걸어가게 해 주는 것이 수업 코칭이라 할 수 있습니다.

'수업 친구 만들기'가 수업 성찰 운동이라면 수업 코칭에 비해 제한점이 있는 것 아닌가요?

수업 성찰이 수업 코칭에 비해 수업 개선의 효과가 분명히 드러나지는 않지만, 학교를 바꾸고 교사 문화를 바꾸는 데 있어서는 수업 성찰이 훨씬 중요합니다. 이미 말씀드렸듯이 수업 코칭은 수업 코칭 훈련을 받은 전문가들만이 할 수 있어요. 이때는 수업 개선의 효과가 교사 개인에게만 미칠 뿐 그 교사가 속한 학교에는 영향을 주지 않지요. 하지만 수업 성찰은 교사라면 누구나 할 수 있는 것이어서, 학교 내에서 동료 교사와 함께 시행 가능하고 그것을 통해 교사가 속한 학교가 바뀌어 갈 수 있습니다. 저는 학교 내에서 공동체적으로 수업을 성찰하는 수업 친구 만들기가 학교 현장에서는 가장 좋은 모델이라고 생각합니다.

 그럼 수업 코칭을 전문적으로 받아야 하는 경우는 어떤 것이 있을까요?

 모든 선생님이 수업 코칭을 전문적으로 받을 필요는 없다고 생각해요. 대부분의 선생님은 수업 성찰의 시간을 통해 어느 정도 수업을 개선해 갈 수 있거든요. 하지만 수업 성찰을 통해 스스로 어떤 행동이 문제라는 것을 인지하는데도 그것이 잘 바뀌지 않을 때, 혹은 동료 교사들이 내게 어떤 지점이 문제라고 말하는데 그것이 잘 이해되지 않을 때는 코칭 전문가의 도움을 받아야 합니다.

 그렇다면 수업 성찰을 통해서 전혀 변화가 없을 때는 코칭 전문가의 도움을 받아야 하는 건가요?

 일반적으로 그렇다는 것이지 꼭 그런 것은 아닙니다. 수업 코칭을 받아야 하는지 아닌지는 본인의 선택일 뿐 그 구별점이 정확히 있는 것은 아니에요. 다만 본인이 수업 성찰을 지속적으로 하는데도 변화가 일어나지 않거나 동료 교사들의 말이 전혀 공감되지 않을 때는, 내면의 깊은 상처로 인해 왜곡된 감정을 갖고 있을 가능성이 크죠. 예를 들어 어린 시절 부모와 애착 관계가 잘 형성되지 않아 감정에 대한 이해가 다른 사람보다 부족할 수도 있고, 부모의 강한 억압 때문에 감정 표현이 서툴러 관계를 깊게 맺지 못하는 경우도 있어요. 이런 경우 수업 시간에 학생들과 활발한 상호 작용을 하고 싶어도 잘 안 되는 거죠. 이때는 코칭 전문가의 도움을 받아 더 깊이 있게 자신의 과거와 현재를 돌아보는 과정을 거쳐야 합니다. 나를 새로이 발견하고 그 수준에 맞는 도전 과제를 선정하여 자신의 모습을 바꾸어야 하는 거죠. 수업 내용을 디자인하는 것도 마찬가지입니다. 수업 내용을 새롭게 기획하고 위계 있는 수업 내용을 만들려면, 교사 안에서 상상력, 창의력, 사고력 훈련이 되어야 해요. 이런 것은 스스로 해내기가 힘든 부분이죠. 이럴 때에는 코칭 전문가의 도움을 받아 기본적인 훈련을 하고 스스로 연습을 해야 합니다.

일단은 동료 교사와 수업 친구를 맺고서 수업 성찰을 하다가, 잘 안 되는 지점이 있으면 코칭 전문가를 불러서 수업 코칭을 받으면 되겠군요.

네, 맞습니다. 처음부터 코칭 전문가의 힘을 빌리기보다는, 동료 교사와 함께 수업 성찰을 하다가 풀리지 않는 지점이 있으면 그때 전문가의 도움을 받아야 합니다.

그렇다면 우리가 동료 교사들과 수업 친구 관계를 만들고 수업 성찰을 통해 수업 개선을 하려고 할 때 어떻게 하는 것이 좋을까요? 물론 이 책에 자세히 기술되어 있지만, 다시 한 번 그 핵심을 짚어 주시죠.

핵심을 말씀드리기 전에 제가 꼭 하고 싶은 이야기는, 수업을 도와주는 것은 특별한 공부 과정을 이수한 사람만이 하는 것은 아니라는 점이에요. 교사라면 누구나 다 수업 성찰을 안내할 수 있다고 생각합니다. 수업 성찰을 할 때에는 난해한 개념이 오고 가는 것이 아니라 교사라면 다 알고 있는 경험적 지식이 이야기되거든요. 이 책을 보세요. 이해하기 어려운 깊이 있고 복잡한 내용은 들어 있지 않잖아요. 다만 수업 성찰을 안내하는 교사는 수업 친구가 성찰하지 못했던 지점을 알아차리게 해 주는 역할을 할 뿐이지요. 일반 교사들에게 이것은 어려운 일이 아닙니다. 교사라면 누구나 다 할 수 있는 일이에요. 그래서 저는 우리 교사 모두가 수업 성찰과 수업 나눔을 할 수 있다고 생각합니다.

그런데 막상 남의 수업을 도와주려고 하면, 마음만큼 그리 쉽지는 않은 것 같습니다. 실제로 해 보면 따뜻하게 위로하며 수업에 도움을 주기보다는, 차갑게 분석하고 지적하게 될 것 같아요.

좋은 말씀을 하셨습니다. 저를 포함한 많은 교사들이 수업을 볼 때, 지적질의 수업 보기를 안 하려고 해도 자꾸만 수업을 지적하고 싶어집니다. 실제로 수업 성찰 연수를 진행해 보면 선생님들도 수업에 대해 칭찬하기보다는 단점만을 자꾸 말하려고 해요. '나라면 저렇게 안 했을 텐데.'라며 수업을 평가하고 분석하려 합니다. 현장의 교사들도 평가 중심의 수업 문화에서 자유롭지 않은 것이죠.

그러면 어떻게 수업을 제대로 보고 성찰하게 할 수 있을까요?

먼저 수업 성찰의 기본은 수업을 보는 사람이 말을 많이 하기보다는 수업을 보여 준 사람의 말을 많이 듣는 것입니다. 이 책에서 계속 이야기하듯이, 교사가 어떤 고민과 아픔이 있는지를 먼저 파악해야 하죠. 성찰의 핵심은 스스로 문제를 해결할 수 있게 만드는 것이에요. 안내자가 많은 것을 이야기하고 정확하게 분석한다고 해서 수업이 바뀌는 것이 아니거든요. 가르침과 배움이 동일하지 않은 것과 같은 원리예요.

교사가 아무리 많은 정보를 정확하게 알려 줘도 학생들이 의미 있는 배움으로 나아가지 못하듯이, 수업 성찰도 안내자가 정확한 분석을 많이 해 주어도 안내를 받는 교사의 공감을 얻지 못하면 아무 짝에도 쓸모가 없습니다. 수업을 봐 주는 교사는 최대한 많이 듣고 그의 손을 잡아 주어야 합니다. 어깨를 두드려 주어야 합니다. 힘들었겠다고, 나도 많이 힘들었다고 말하면서 동료 교사의 눈물을 닦아 주어야 합니다. 참 희한한 것은 이런 따뜻한 격려와 지지만으로 교사들은 수업을 개선할 수 있는 동력을 얻게 된다는 거예요. '그래, 다시 한 번 해 보자. 나는 교사였어.'라는 내적 인식이 수업을 개선하게 하는 것이지, 정확하고 엄밀한 분석은 수업을 바꿔 주지 못합니다.

그렇다고 매일 위로와 격려만 할 수는 없지 않나요? 차근차근 변화의 지점을 만들어 가야 할 텐데요.

맞습니다. 언제까지나 위로하고 눈물만 닦아 줄 수는 없죠. 관계가 어느 정도 형성되었다면 이 책에 나와 있는 순서대로 조금 더 세밀하게 수업 나눔을 시작하면 됩니다.

일단 가장 중요한 것은 수업의 정체성을 찾게 하는 것이에요. 교사 스스로가 어떤 배움을 지향하고 있는지, 어떤 수업을 하고 싶은지를 찾게 해 줘야 합니다. 이것이 그 교사의 수업 기준점이 되지요. 이런 기준점에 대한 합의 없이 '이렇게 수업해라.'라고 하는 처방적 발언은 본질적인 변화를 일궈 내지 못합니다. 교사 스스로 수업에 대한 지향점이 없으면, 아무리 좋은 조언이 있어도 좋은 성찰이 될 수 없어요. 교사 스스로 수업을 개선할 수 있는 힘을 주려면 수업에 대한 성찰을 바탕으로 자기만의 수업 철학을 세우게 해야 합니다.

수업의 정체성을 찾게 한다고 해서 수업 개선이 성공하는 것은 아니지 않을까요? 수업의 정체성을 찾게 한 후 어떻게 해야 하나요?

그 다음은 교사가 스스로 설정한 수업의 방향대로 수업을 하지 못하는 이유에 대해 함께 찾아보아야 합니다. 거듭 말씀드리지만 수업을 못하는 이유는 수업에 대한 방법을 몰라서가 아니에요. 여전히 바뀌지 않는 교육의 구조적인 모순들, 그리고 이 속에서 바닥까지 떨어진 교사의 수업적 절망, 배움이 사라진 학교를 이탈하고 싶은 학생들, 이런 복합적인 이유들이 모여서 수업이 자꾸만 어려워지는 것이죠. 수업은 단순히 몇 가지 기술만으로 바꿀 수 있는 성질의 것이 아니기에, 수업 성찰을 할 때 의사가 환자에게 처방전을 써 주듯 해서는 안 됩니다. 성찰하는 교사의 이야기를 들으면서, 교사 스스로가 자신이 설정해 놓은 수업의 방향대로 하지 못하는 이유를 같이 찾아 줘야 합니다. 그리고 그런 자각을 바탕으로 계속해서 수업의 문제 상황에 대해서 직면하게 하고, 교사 스스로 그것을 도전하게 해야 합니다.

그렇군요. 지금 말하신 내용을 보니, 수업 기술을 전수하는 기존의 수업 개선 프로그램과는 상당히 거리가 있어 보이네요.

네, 맞아요. 그러나 그렇다고 성찰을 할 때 수업 기술에 대한 전수가 전혀 필요 없다는 것은 아닙니다. 다만 우선순위를 따지자면 수업 기술을 알려 주는 것보다는, 수업을 하고 있는 교사와 깊은 관계를 맺고 그 교사가 수업에 대해 어떤 내면의 그림을 그리고 있는지를 아는 것이 먼저라는 얘기예요. 사실 수업은 '감정 소비'가 굉장히 많은 작업이잖아요. 그런데 이러한 수업을 성찰하면서 감정을 돌아봐 주지 않는다면, 차가운 분석만 남고 교사에게 아무 도움도 주지 못할 수 있는 것이죠.

감정 소비라, 그 말이 참 와 닿네요. 교사들은 늘 수업 속에서 감정을 억눌러야 하죠. 짜증 나고 답답한 상황들을 드러내지 않으면서 수업을 이끌어야 하는데, 그런 것이 쌓이다 보면 수업에 대한 열정이 사라져요. 그런데 선생님 얘기는 수업 성찰에서 우선적으로 이런 지점을 풀어 주어야 한다는 거군요.

정확히 보고 계시네요. 교사는 수업에서 늘 수많은 딜레마를 경험합니다. 의미 있는 배움을 주고 싶은데 평가를 대비해야 하고, 학생들을 부드럽게 대하고 싶은데 버릇 없는 학생들을 강하게 지도해야 하는 등 애매한 지점을 왔다 갔다 하는 줄타기를 해야 하죠. 그래서 수업에서의 좋은 처방이라는 것은 딱 하고 떨어지는 것이 없어요. 교사 스스로 이런 딜레마의 상황을 직면하게 하고, 계속해서 양 극단의 지점을 '왔다 갔다' 하면서 본인만의 길을 찾아가게 하는 것이지요.

결국 선생님이 말하는 수업 성찰의 핵심은 수업에서의 어쩔 수 없는 상황들을 인정하고, 그 속에서 좌절하지 않고 자기만의 수업을 찾아 가게 하는 격려와 지지, 여기에 있군요. 선생님은 특히 내면 세우기를 강조하는 것이고요.

네, 내면을 돌아볼 때 너무 많은 것을 보려 하지 말고, 그때그때의 주제를 정해서 보면 좋겠어요. 책에서 제시한 대로 수업의 신념, 수업의 관계, 수업의 대화, 수업의 내용 등을 같이 이야기하는 거죠. 이 모든 것을 한 번에 다루기보다는 교사가 잘 안 되고 있는 한 주제를 같이 대화하면서 풀어 가는 식으로 수업 성찰을 해야 합니다. 사실 수업이라는 것이 한 번 수업을 봐 주고 변할 성질의 것이 아니잖아요. 꾸준하게 만나면서, 각각의 문제들을 허심탄회하게 이야기하며 수업 문제를 풀어 가야 합니다.

 들으면 다 이해되는데, 막상 하면 쉽지 않을 것 같아요. 더 간단하게 수업을 성찰할 수 있는 방법을 알려 주실 수 있을까요?

 굳이 매뉴얼을 말씀드리자면, 이 책 '수업 친구 만들기'의 '수업 나눔'에 적힌 순서대로 하시면 됩니다. 먼저 교사의 의도된 배움을 같이 찾아보고, 의도된 대로 배움이 만들어졌는지를 살펴봅니다. 그리고 이 과정 속에서 드러난 교사의 두려움을 찾고, 다음 수업에서는 어떤 도전을 할 것인지를 생각해 보면 좋겠습니다. 하지만 정해진 원칙과 방법은 없습니다. 중요한 것은 수업을 서로 성찰하는 교사의 마음이에요. 본인이 권위자이고 전문가라 생각하고 수업을 보는 것이 아니라, 같은 동료로서 따뜻한 시선으로 수업을 한 교사의 마음을 잘 읽어 주고 자신이 본 수업 장면을 구체적으로 말해 주면 됩니다. 너무 어려워하지 마시고, 교사라면 수업 성찰을 하는 것에 꼭 도전해 보세요.

성찰하기

1. 수업 장학, 수업 컨설팅, 수업 코칭, 수업 성찰의 차이는 무엇이라고 생각하는가?

2. 수업 성찰의 경험이 있는가?

3. 수업 성찰을 동료 교사와 하려고 한다면, 어떤 식으로 하고 싶은가?

수업에서 인쇄물을 어떻게 활용하는 것이 좋은가?

🧑‍🦱 수업 성찰에 대한 선생님의 시선이 상당히 좋은 것 같습니다. 자! 이제 수업에 관한 본격적인 이야기를 해 보죠. 첫 번째로 다룰 이야기는 무엇인가요?

👨 먼저 이야기하고 싶은 것은 수업 인쇄물, 일명 프린트라고 하는 것에 대한 내용입니다.

🧑‍🦱 프린트라! 수업 수다의 첫 주제로는 무게감이 조금 떨어지는 것 같은데요?

👨 아닙니다. 인쇄물은 수업을 다루는 데 있어 아주 중요한 지점이에요. 특히 한국의 수업에서는요. 초등은 조금 덜하지만, 중고등학교에서는 인쇄물 없는 수업이 거의 없습니다. 그런데 이에 대한 우리의 성찰이 많이 부족한 편이지요.

🧑‍🦱 어떤 성찰을 해야 한다는 거죠? 인쇄물을 사용하는 데도 성찰이 필요한가요?

👨 인쇄물은 한국 수업을 지배하는 중요한 요소입니다. 교사들은 인쇄물을 사용하는 데 있어 '누구를 위해', '무슨 목적으로', '왜' 사용해야 하는지를 성찰해야 하지요. 이런 성찰 없이 인쇄물을 사용하게 되면, 인쇄물은 오히려 학생들을 배움으로부터 도망가게 만듭니다. 교사들은 인쇄물을 나눠 줌에 있어서 이것이 배움에 효과가 있는지를 잘 돌

이켜 봐야 합니다.

👩 듣고 보니 선생님들이 너무 당연하게 인쇄물을 나눠 주는 것 같네요. 저도 학창 시절에 수많은 인쇄물을 정리하느라 고생한 적이 많아요. 학생들을 위해 인쇄물을 나눠 주는 것 같지만, 사실 교사가 수업을 편하게 하려고 나눠 주는 경우도 많았거든요.

👨 맞습니다. 사실 인쇄물을 사용하게 되는 이유는, 교사 스스로가 교과서만으로 수업을 하는 데 부족함을 느끼기 때문이에요. 특히 교과서의 개념 설명, 진행 방식이 교사 개인이 맞추기에는 어려운 것이 있지요. 그래서 교사들은 스스로 인쇄물을 만들어서 자기만의 수업 흐름을 정리하기도 하고, 교과서에 없는 여러 내용들을 보충 설명하기도 합니다. 그런데 이 인쇄물이 지나치게 정보지로 전락하고 있다는 것이 문제예요.

👩 정보지요?

👨 네, 대다수의 교사들은 인쇄물을 정보지로 활용합니다. 교과서에 있는 내용을 좀 더 구조화시켜서 내용을 정리할 때, 혹은 교과서에 없는 내용을 보충할 때 인쇄물이 활용되지요. 이렇게 인쇄물이 정보지로 활용된 경우, 교사는 좀 더 효율적으로 교과 지식을 전달하고 그 내용을 익히게 할 수 있습니다. 하지만 이럴 경우 수업이 정보 전달 중심으로 이루어지고 수업에 대한 흥미도는 급격히 떨어지게 마련이에요. 인쇄물에 무엇인가를 빽빽하게 받아 적지만 그 과정 속에서 배움이 사라질 때가 많습니다. 교사도 수업을 진행할 때, 인쇄물 빈칸을 메우고 문제를 풀면서 진도를 나가는 것에 만족해합니다. 학생들의 생각을 묻기보다는 잘 받아 적었는지에만 관심을 갖게 되지요. "다 적었니?" "다음으로 넘어가도 되겠니?" 이런 말들을 많이 던지고, 학생들도 이것을 적느라 많

은 시간을 소비합니다. 받아 적으면서 내용을 이해하면 좋은데, 대다수의 학생들은 기계적으로 적기만 할 뿐이죠.

 그렇다면 인쇄물을 어떻게 활용하는 것이 좋을까요?

 사실 인쇄물은 없는 것이 제일 좋아요. 필기나 인쇄물이 최소화될수록 학생들의 배움은 더 크게 일어날 확률이 높습니다. 그러나 지식을 많이 전달해야 하는 사회, 과학, 역사의 경우 그렇게 하기가 쉽지 않지요. 그래서 인쇄물을 꼭 사용해야 한다면, 양은 줄이고 내용에 있어 활동지의 형태로 구성해야 합니다.

 인쇄물이 활동지여야 한다는 것은 무슨 얘기죠?

 인쇄물에 정보를 빼곡하게 나열하는 방식이 아니라, 교사가 의도한 배움, 즉 주제의 흐름을 보여 줄 수 있는 인쇄물로 만들어야 한다는 거예요. 사실 교과서가 잘 구안되어 있으면 활동지가 필요 없죠. 그러나 교사들은 교과서의 흐름을 좋아하지 않아요. 수업의 흐름이 유기적이지 못하고 주제 없이 지식만 나열되어 있어서, 수업을 잘하려는 교사에게 교과서는 만족할 만한 결과를 주지 못하거든요. 그래서 열정 있는 교사들은 수업 흐름을 새로이 짜야 합니다. 그 전체 흐름을 인쇄물에 담아야 한다는 것이지요.

문학은 '소통'이다

(문학은 소통을 위한 문학적 장치를 사용한다!)

1. 마음 열기

　가. 질문

　　1) 『아프니까 청춘이다』의 책 표지에 담긴 의도를 생각해 보자.

2) 〈개그 콘서트〉 '비상대책위원회'에서 개그맨들이 자신의 의도를 드러내기 위해 사용한 장치들은 무엇이고, 그것이 의도한 바는 어떤 것인가?

나. 결론
　　1) 예술적 장치란?
　　　　가) 예술가들은 저마다의 메시지를 가지고 있고, 이 메시지를 잘 드러내기 위해 저마다의 '장치'를 사용한다. 무용수라면 몸짓으로, 화가라면 색과 형태로, 가수라면 목소리와 리듬으로 자신의 메시지를 표현하려고 한다. 문학도 마찬가지다. 작가들은 언어를 통해 자신의 의도를 독자들에게 효과적으로 전달하려고 한다.
　　　　나) 비록 예술가가 아니지만 각 개인도 자신의 감정, 메시지를 표현하기 위한 여러 시도들을 한다.
　　　　　　(1) 생활 속에 있는 예술적 장치의 예 : 이메일 아이디, 싸이 사진, 카톡 아이디 등

2. 생각 쌓기

가. 「용부가」에 사용된 예술(문학)적 장치는?
　　1) 「용부가」의 내용 파악하기
　　　　가) 「용부가」를 스스로 읽어 보고 내용의 흐름을 파악한다.
　　　　　　(1) 기 : '저 부인'의 시집 식구 흉보기
　　　　　　(2) 승 : '저 부인'의 행실 비판
　　　　　　(3) 전 : 뺑덕 어미의 거동 비판
　　　　　　(4) 결 : 〈　　　　　　　〉
　　2) 「용부가」에 사용된 예술적 장치 찾기
　　　　가) 「용부가」의 학습 활동 1번, 2번 풀어 보기(교과서 31쪽)
　　　　나) 「용부가」에 사용된 문학적 장치는 무엇이고 그것의 의도는 무엇인가?

앞의 인쇄물을 보면, '마음 열기 – 생각 쌓기'라는 큰 틀 속에서 작은 활동이 구성되어 있고, 반드시 알아야 할 핵심 지식이 같이 들어가 있습니다. 학생들은 이런 인쇄물을 통해 한눈에 수업의 큰 흐름을 알게 되어 좀 더 명확하게 수업에 임하게 되고, 수업 활동도 재미나게 할 수 있습니다. 예전에 어떤 국사 선생님은 소단원 중심으로 인쇄물을 나눠 주는데, '이 단원에서 배우는 키워드 – 전체적인 흐름도 – 활동1 – 활동2 – 이것만은 알아 두자 – 역사, 현재와 만나다' 이렇게 수업의 일정한 흐름을 가지고 인쇄물을 구성하고 있더군요. 그 교사만의 수업 철학과 리듬이 인쇄물에 담기는 것이지요. 이렇게 인쇄물이 정보지에서 활동지로 격상되는 순간, 수업은 좀 더 활력을 갖게 됩니다. 인쇄물을 바탕으로 학생들은 자기 생각을 펼치고 표현 활동을 자유롭게 할 수 있게 되는 것이지요.

하지만 활동지로만 인쇄물이 활용될 경우, 교과 지식들은 어떻게 정리할 수 있을까요?

필요하다면 교과서 정리를 위한 인쇄물을 별도로 나눠 주어야죠. 물론 인쇄물을 안 만드는 것이 좋지만, 교사 스스로 꼭 필요하다고 생각되면 정보지 인쇄물을 또 만들어야 합니다. 한국의 교사들은 개념적 정보를 잘 요약해야 한다는 부담을 가지고 있어요. 만약 이 작업이 잘 되지 않으면, 학생들은 학원에서 이런 정보들을 얻으려고 하죠. 활동지로만 수업을 하게 되면 상대적으로 알아야 지식에 대한 전달이 미흡할 수가 있어요. 그러므로 수업 속에서 좀 더 깊은 배움을 만들기 위해서는, 활동지와 정보지의 두 가지 형태로 수업 인쇄물을 만들 필요가 있습니다.

활동지, 정보지를 다 만들어야 한다고요?

네, 인쇄물은 앞서 말씀드린 대로 한 단원이 하나의 주제로 유기적으로 결합된 활동지여야 해요. 이렇게 수업 활동을 한눈에 알게 될 때, 학생들은 수업의 흐름을 잡을 수 있고 그 수업 속에서 교사가 원하는 배움이 무엇인지를 알게 되죠. 이런 활동지가 되려면 교사 스스로 그 단원에서 목표로 한 배움이 무엇인지를 정확하게 알고 있어야 하고, 그것을 바탕으로 활동을 위계적으로 조직해야 해요. 저는 개인적으로 '마음 열기 - 생각 쌓기 - 생각에 날개 달기 - 삶에 접속하기' 이 4단계의 틀로 수업의 흐름을 조절하는데, 인쇄물 역시 그렇게 구성합니다. 그리고 활동지 속에 필요한 지식들은 정보지 역할을 하는 인쇄물을 또 만들어서 나눠 주지요. 이때 주의할 것은 빈칸을 최소화하라는 거예요. 빈칸이 많으면 많을수록 학생들은 또다시 필기하는 데 부담을 느낍니다. 정보지는 어디까지나 부차적인 것이어야지 수업의 주가 되어서는 안 돼요. 저는 시중에 나와 있는 자습서와 문제지를 연구해서, 알아야 할 개념 지식과 수능 문제를 잘 정리해 인쇄해 줍니다. 학생들에게는 '수렴용' 인쇄물이라고 말하죠. 활동지는 '발산용' 인쇄물이고요. 수업은 일단 활동지로 하고 나서 수렴용 인쇄물로 다시 한 번 정리를 합니다.

이런 식으로 수업이 진행되려면 교사는 정보지를 바탕으로 활동할 수 있는 과제를 잘 만들어야 해요. 예를 들어 고려가요「청산별곡」을 가르친다면, 정보지로는「청산별곡」이 잘 해석된 인쇄물을 주고 활동지로는「청산별곡」을 바탕으로 고려 시대 사람들이 겪었던 아픔을 생각하는 과제를 나눠 줍니다. 수업에서는 정보지에 있는 내용을 참고로 하여 활동지에 있는 질문들에 대해서 토의하라고 하면 되죠. 이렇게 정보지와 활동지가 연결될 때 학생들은 정보를 교사가 일일이 설명하지 않아도, 정보지를 참고하여 활동지의 과제를 해결하면서 개념적 지식을 스스로 이해하고 사고하는 훈련을 하게 됩니다.

 결국 큰 그림을 활동지로 알려 주고, 정보지는 학생들 스스로 정보를 찾고 검색하는 용도로 활용하라는 말이군요.

맞습니다. 활동지가 주가 되고, 활동하는 데 필요한 정보, 개념 지식은 정보지에 넣어 주는 거예요. 그렇게 되면 학생들은 활동지를 바탕으로 전체 숲을 그리고, 과제를 수행하는 데 필요한 정보들은 정보지 속에서 스스로 찾아보고 생각을 해야 하는 거죠.

기본적으로는 인쇄물을 최소화해야 한다. 그러나 필요한 경우 정보지로만 국한하지 말고 활동지 형태로 전체 수업의 그림을 그리면서 적절한 과제를 제시해 준다. 학생들이 정보지를 참고하여 활동지의 문제를 스스로 해결하게 한다. 이렇게 정리할 수 있겠네요.

그렇습니다. 그런데 사실 지금 이야기한 것은 하나의 방법이지 본질은 아니에요. 중요한 것은 교사가 이 인쇄물을 통해 어떤 배움을 주고자 하는지를 늘 성찰하면서 수업을 해야 한다는 것입니다. 아무런 생각 없이 인쇄물을 던져 주는 수업에서 이제는 벗어나야 합니다.

성찰하기

1. 나는 인쇄물을 어떤 목적으로 나눠 주고 있는가?

2. 인쇄물을 통해 배움을 만들기 위해서는 어떤 변화가 있어야 한다고 생각하는가?

3. 나만의 수업 흐름을 만들어 활동지를 구성하려고 한다면 위계는 어떻게 세우는 것이 좋겠는가?

수행 평가와 내신 평가는
어떻게 하는 것이 좋은가?

 이제 다음 주제로 넘어가 보죠. 이번에는 어떤 주제로 이야기를 하실 건가요?

 이번에는 평가에 관한 이야기입니다.

 그러고 보니 이번 책에 평가에 대해서는 어떤 언급도 없었습니다. 특별한 이유가 있나요?

 네, 사실 평가 문제는 제 수준을 넘어선 이야기입니다. 평가 문제를 이야기하려면 우리 사회에 흐르는 경쟁 중심의 문화, 서열화를 부추기는 사회 구조 등을 다루어야 하는데, 제 선에서 감당할 문제는 아니지요. 특히 한국의 평가 상황은 대학 개혁과 관련이 있기 때문에 제가 다루기에는 벅찬 문제예요.

 그럼에도 평가에 관한 이야기를 하는 이유는 무엇인가요?

 평가 그 자체를 바꿀 수는 없어도, 적어도 교사 개인이 평가를 위해서 노력할 수 있는 부분은 있기 때문이죠.

 어떤 것이 있을까요?

 크게 두 가지예요. 먼저는 제대로 된 수행 평가를 하자는 것입니다. 수행 평가는 평가에 있어서 교사에게 자율성을 준 부분이거든요. 그런데 많은 교사들이 이 수행 평가에 대한 깊은 교육적 성찰 없이, 과제 하나 던지고 글을 써 오라고 한다거나 필독서 정해 주고 독후감을 적어 오라는 식으로 할 때가 많아요.

 그렇다면 이런 우를 범하지 않기 위해서 우리는 어떻게 해야 할까요?

 교사는 평가를 통해 학생들에게 어떤 배움이 있을 것인지를 명확하게 성찰해야 합니다. 막연하게 '글을 쓰면 좋겠지.' 이런 생각으로 글쓰기 평가를 한다면, 학생들은 글을 쓰는 것이 아니라 억지로 글을 짓게 됩니다. 평가 역시 글을 소비하고 마는 평가가 되고 말지요. 그래서 평가의 목적을 명확히 하고, 그것에 대한 의미 부여를 학생들과 함께 해야 합니다.

한 수학 선생님은 '삶에서 수학 찾기'라는 주제로 '딱딱한' 수학이 아니라 '친밀한' 수학을 체험하게 해 주기 위해 학생들에게 수학이 사용된 영화 〈다빈치 코드〉, 〈21〉, 〈큐브〉 등을 골라 주고서, 이 속에 나타난 수학적 현상을 찾아 정리하고 자신의 삶 속에서 그런 수학적 현상이 어떻게 적용될 수 있는지를 적어 보게 했습니다. 그러자 학생들은 의욕적으로 영화를 보고 삶과 수학을 연결시키는 사고를 했지요.

한 사회 선생님은 학생들과 신문 읽기를 제대로 해 봐야겠다면서, 책 『신문 읽기의 혁명』, 영화 〈트루먼 쇼〉, 〈왝더독〉에 나타난 미디어 언론의 문제점을 밝히고, 이런 사실들을 뒷받침해 줄 수 있는 사건을 인터넷에서 찾아 구체적으로 서술하라는 과제를 냈어요. 역시 학생들은 흥미를 가지고 미디어 언론에 대한 의미 있는 생각을 하게 되었지요.

한 역사 선생님은 5.18 광주민주화운동에 대해 학생들이 더 깊이 깨달아야 한다면서, 영화 〈화려한 휴가〉, 〈박하사탕〉, 만화 〈26년〉에 나타나는 '5.18 광주민주화운동'의 관점 차이를 비교하여 서술하라는 과제를 내더군요. 학생들은 조금 힘들어했지만, 만화와 영화를 비판적으로 분석하면서 '5.18 광주민주화운동'에 대해 확실하게 깨닫는 시간을 가졌습니다. 이상의 교사들은 모두 평가의 목적을 분명히 해서, 인터넷 자료를 퍼 오는 것만으로는 해결할 수 없는 과제를 냈습니다. 게다가 학생들이 좋아할 만한 영화, 만화, 책들을 잘 사용하여, 숙제를 한다기보다는 교양을 쌓는다는 느낌으로 과제를 수행하게 했어요. 이것은 모두 교사 스스로 학생들에게 주고자 하는 배움이 명확했기에 가능한 일이었습니다.

결국 교사가 무슨 생각으로 평가를 하느냐, 평가를 위한 평가를 하느냐 배움을 위한 평가를 하느냐, 이 차이가 과제물의 차이로 연결되는 것 같습니다.

맞습니다. 아주 좋은 지점을 말씀하셨어요. 사실 교사들은 바쁩니다. 수행 평가만 하는 것이 아니라 여러 가지 행정 업무와 담임 일, 그리고 수업 준비 등등 하루에도 여러 가지 일을 해야 하기에 수행 평가 과제를 만들 때도 채점하기 쉽고 편한 것으로 내게 되지요. 하지만 학생의 관점에서 조금만 더 생각해 보면, 조금 수고스럽더라도 학생들에게 의미를 줄 수 있는 과제를 만들 수 있을 것입니다. 교사는 늘 학생들에게 깨어 있어야 해요. 그리고 수행 평가를 통해서 그들의 부족한 점을 적절한 평가로 메워 주어야 합니다. 그것이 수행 평가의 취지거든요. 수업 시간에 하지 못했던 깊이 있는 성찰의 기회를 학생들에게 줄 수 있도록, 교사는 언제나 노력해야 합니다.

지금까지 수행 평가에 대해서 성찰을 해 보았는데요. 평가에 있어서 어떤 문제를 또 성찰해야 하나요?

교사는 수행 평가뿐 아니라 내신 평가 문제를 내는 데도 신중을 기해야 합니다. 사실 교사들이 가장 힘들어하는 것 중에 하나가 시험 문제 내는 일이지요. 그렇지만 동시에 가장 신경을 안 쓰는 것이 시험 문제 출제일 수도 있고요.

 그렇군요.

 일단 결론적으로 말씀드리면, 시험 문제를 낼 때 가능하면 개념적 지식을 묻는 문제보다는 종합적 사고를 묻는 문제를 내는 것이 좋아요. 더 현실적으로 말씀드리면 학원에서 공부한 애들이 잘 풀 수 있는 문제보다는, 자기 주도적으로 공부한 학생들, 특히 수업 시간에 집중한 학생들이 높은 점수를 받을 수 있는 시험 문제를 내야 하죠.
참 안타깝고 어이없는 것이, 시험 문제 출제자는 학교 선생님인데 학생들은 출제자의 수업보다 그 시험을 잘 준비해 주는 학원 강의를 열심히 듣는다는 거예요. 수업이 출제자 직강인데 말이에요. 수업 시간에 학생들은 잘 들으려 하지 않습니다. 오히려 학원에서 만들어 준 기출 문제집을 더 풀려고 하죠.

 왜 이런 현상이 벌어지는 것이죠?

 학생들이 무지해서이기도 하지만 교사들의 책임이 더 크죠. 학원 기출 문제지에서 벗어난 문제를 내야 하는데 그렇게 하지 못하기 때문이에요. 사실 학원 문제라는 것은 얄팍한 지식을 묻는 문제들이 많아요. 비슷한 지식, 비슷한 유형의 문제가 한 단원에도 수백 개씩 구성되어 있지요. 그런데 학교 교사들이 이런 수준의 문제를 중간고사 기말고사에 출제한다는 거예요.

 교사들이 좀 더 시간을 내서 좋은 문제를 만들면 되지 않을까요?
그런데 의외로 그것이 쉽지 않아요. 좋은 문제를 내려면 교사들

이 그만한 노력을 해야 하는데, 시험 기간에 임박해 문제를 내다 보면 빨리 끝내 버리는 데 급급할 뿐 좋은 문제를 만들려는 노력을 좀처럼 하지 않죠. 그리고 한 학년에 여러 선생님들이 들어가는 경우, 다른 반에서 가르치지 않은 문제를 내면 안 되기 때문에 누구나 다 중요하다고 생각하는 문제만을 내게 됩니다. 그래야 말썽이 없거든요. 그러다 보면 학원에서 가르치는 기출 문제처럼, 이미 냈던 문제에서 조금만 변형해서 문제를 낼 수밖에 없습니다. 그리고 무엇보다 새로운 문제를 내게 되면 오류가 있기 마련이거든요. 그러면 여러 선생님들과 상의해서 고쳐야 하는데, 그 과정이 교사들에게는 부담스러워요.

흐음, 좋은 문제를 낸다는 것이 그리 쉬운 일은 아니군요. 그럼 어떻게 해야 하죠?

제가 평가 전문가가 아니기 때문에 문제를 이렇게 출제하라고 구체적인 방법을 말씀드릴 수는 없습니다. 그러나 분명한 건 내 수업에 충실한 학생들이 좋은 성적을 얻도록 해야 한다는 거예요. 이를 위해서는 먼저 동료 선생님들과 잘 협의해야 하죠. 일단 정보지 성격의 인쇄물은 학년 공통 인쇄물로 돌려야 합니다. 저 같은 경우는 한 학년에 네 명의 선생님이 들어가는데, 우리 넷은 시중에 나와 있는 참고서와 문제지를 바탕으로 핵심 내용과 좋은 문제들을 잘 추려서 정보지 인쇄물로 함께 나눠 줍니다. 그리고 시험의 60퍼센트 정도를 이 인쇄물에서 그대로 냅니다. 개념을 묻는 문제나 가장 기초적이고 핵심적인 문제는 이 인쇄물에서 내는 것이지요. 그렇게 하면 굳이 학원에 비싼 돈을 줄 필요도 없고, 거기서 나눠 주는 수백 수천의 문제를 풀 필요도 없어요. 학생들의 부담이 많이 줄어들지요. 암기해서 풀 수 있는 지식은 정보지 인쇄물만 공부하면 되거든요.

그리고 나머지 40퍼센트는 수능형 문제로 냅니다. 수능형 문제를 낸다는 것은, 교과서 지문과 교과서 외의 글을 결합하여 종합적 사고력을 묻는 거예요. 이것은 교사가 100퍼센트 창작해야 해요. 그래야 공부를 열심히 한 학생과 그렇지 않은 학생이 이런 문제를 통해서 가려지게 되거든요. 평소에 활동지를 통해 수업을 재구성해 온 교사라면 이런 문제를 내기가 쉽습니다. 수업 시간에 한 활동들을 문제로 낼 수 있으니까요. 물론 다른 선생님들과 이런 활동들에 대해서 미리 협의를 해야 하지요. 일례로 저는 남북 분단의 아픔을 다루는 소설을 가르치기 전에, 이런 내용을 다룬 한국 영화들을 활동지를 통해 비교 분석했습니다. 동료 선생님들과 자료를 공유하고 활동지도 함께 활용했지요. 그리고 시험에는 영화 시나리오와 교과서를 비교하고 분석하는 문제를 냈습니다. 학원에서는 이런 문제를 절대 찍어 줄 수가 없어요. 수업 시간에 충실한 학생만 이 문제를 잘 풀 수 있는 거죠. 고전 시가 같은 경우에는, 수업 시간에 대중가요와 비교하면서 시적 화자의 태도를 분석했습니다. 노래도 들어 보고 가사를 분석해 봤지요. 그런 다음 시험에는 대중가요와 고전 시가를 연결해 문제를 냈습니다. 그림을 통해 수업을 했다면 그 그림과 유사한 그림으로 시험 문제를 낼 수 있겠죠. 수업 시간에 활동한 학생 결과물 중에 잘된 것이 있다면 그것을 개작해서 시험 문제로 낼 수도 있고요. 학생들이 쓴 글, 그림, 시, 신문, 드라마 시나리오, 가상 소설 등, 이런 모든 것들을 교과서의 내용과 결합하여 시험 문제로 만들어 낼 수 있는 것이죠. 이런 식의 시험 문제에 잘 대응하려면 암기식 공부만 해서는 안 되고, 평소에 수업을 잘 들으면서 원리를 깊이 깨닫고 종합적으로 사고하는 훈련을 충실히 해야 합니다. 시험 문제를 꾸준히 이렇게 출제하면 학생들 사이에 '우리 학교 내신은 학원에 가는 것보다 선생님이 가르쳐 주고 나눠 준 것만 충실히 따르면 된다'는 인식이 생깁니다. 그리고 수업 활동을 할 때도 이런 활동들이 내신 문제에 나온다는 확신이 생겨, 더 열심히 수업에 임하게 되지요.

 결국 좋은 수업을 하고 그것을 가지고 시험 문제를 낸다면, 수업 시간에 충실한 학생이 점수를 잘 받을 수 있는 거군요.

 맞습니다. 좋은 수업이 좋은 평가를 만드는 거예요. 학원에서 내준 문제와 다른 문제를 내려면 그것을 벗어난 창의적인 수업을 해야 하는 거죠. 그간 학원식 강의와 동일한 내용의 수업을 했다면 좋은 문제를 만들 수가 없습니다. 그리고 또한 중요한 것은, 교사들 간에 좋은 관계를 유지하고 있어야 한다는 거예요. 후배 교사는 선배 교사를 잘 따라야 하고, 선배 교사는 후배 교사를 잘 섬겨 주어야 해요. 이런 관계들이 잘 형성되지 않아 상호 간에 협의 없이 개별적으로 문제를 내게 되면, 서로가 가르치지 않은 부분은 제외하느라 결국 학원식 문제밖에는 낼 수가 없어요. 그런 의미에서 교사 간 의사소통이 매우 중요합니다. 교사의 편의만을 생각하기보다는 학생들 편에 서서 어떤 것이 학생들에게 도움이 되는가를 늘 생각하고 같이 고민해야 합니다. 교사들이 모여 시험 범위만 서로 합의하는 것이 아니라, 처음부터 가르칠 내용에 대해서 함께 고민하고 자료를 공유해야 하는 거죠. 교사들이 그렇게만 해 준다면, 학생들이 학원에서 내신 공부를 하지 않고 학교 수업만으로도 내신 준비를 충분히 할 수 있을 것입니다.

 선생님 말대로 수행 평가에서는 배움이 명확한 과제를 내고, 내신 평가에서도 수업에 집중한 학생들이 잘 치를 수 있는 과제를 낸다면 좋은 수업을 하는 데 많은 도움이 되겠네요.

 맞아요. 교사가 조금만 신경을 쓴다면 학생들이 사교육 없이도 행복하게 공부할 수 있습니다. 그 지점을 교사가 만들어 주어야지요.

성찰하기

1. 수행 평가가 단순한 숙제가 아니라 학생들에게 참된 배움을 주도록 하기 위해서는 어떤 변화를 주어야 하는가?

2. 시험 문제를 출제할 때 어떤 마음으로 문제를 내는가? 수업에 충실한 학생이 더 좋은 성적을 올릴 수 있도록 출제하고 있는가?

3. 평가에 있어 내가 지금 당장 바꿔야 할 것이 있다면 어떤 것인가?

배움에서 소외되는 학생을
어떻게 배움으로 초대할 수 있는가?

 이번에는 어떤 이야기를 하면 좋을까요?

 현재 한국 교실에서 제일 심각한 문제 중 하나가 '배움의 소외'입니다.

 네, 그런 이야기 많이 들어 봤습니다. 모든 학생들에게 배움이 일어나야 하는데, 배움이 전체적으로 확산되지 않고 몇몇 학생들에게만 한정된다는 이야기죠. 그런데 아직까지도 그 개념이 명확하게 느껴지지는 않습니다. 좀 더 자세히 설명해 주세요.

 소외라는 말은 개인이 사회로부터 감정적 단절을 경험할 때 사용되는 말이에요. 그렇다면 배움에서의 소외라는 것은, 수업이라는 공간 속에서 학생들이 배움에 들어오지 못하고 단절된 상황이 벌어지는 것을 말합니다. 배움에서 지속적으로 소외되면 그 학생은 수업 시간에 무기력함, 고립, 자아 소외 등을 경험하게 되고, 이것이 반복되면 수업을 잘 들으려 하지 않고 멍하니 앞만 바라보게 되죠. 그리고 점차 학교에 나오는 즐거움을 잃어버리고 목적 없이 학교 생활을 하게 됩니다. 이렇게 되는 것을 '배움 혹은 학습에 소외가 일어났다.'라고 말할 수 있겠지요.

 그렇다면 사실 모든 교실에서 배움의 소외 현상이 늘 일어나지 않나요? 30~40명의 모든 학생들을 동시에 몰입시킨다는 것은 불가능한 일인 것 같아요. 몇몇 학생들이 소외되는 건 언제나 어느 교실에나 있는 어쩔 수 없는 문제라고 생각해요.

맞습니다. 사실 모든 학생이 몰입하는 수업을 만들기는 정말 어렵습니다. 특히나 지금처럼 교사 개인이 30~40명의 다인수 학급을 맡고 있는 경우, 학생들의 개별적 상황을 고려해 가면서 학생들이 배움에서 소외되지 않게 하는 것은 너무 힘든 일이에요. 그런데 그런 현실적인 어려움은 인정하지만, 교사들이 이런 배움에의 소외 문제를 어쩔 수 없는 일이라 생각하고서 방치하고 있는 것은 분명한 문제입니다.

하지만 가뜩이나 교사들은 바쁘고 힘든데 이런 배움의 소외 문제를 스스로 해결할 수 있을까요? 아무리 노력해도 해결될 수 있는 문제가 아닌 것 같아요.

맞습니다. 교사 개인이 이 문제를 해결하기는 정말 어려워요. 그러나 그렇다고 이 문제를 교사가 포기하고, 배움에서 소외되는 학생을 그대로 두어서는 안 되지요. 이를 해결하기 위해 교사는 일단 소외가 어디서부터 시작되는지를 깊이 봐야 합니다. 크게 두 가지 정도로 생각해 볼 수 있는데요. 첫째는 사회 구조적인 측면에서 발생하는 경우입니다. 대다수 학생들의 문제가 여기에 속하지요. 배움의 기쁨을 주지 못하고 경쟁 위주로 흘러가는 교육의 문화가 학생들을 수업 속에 들어오지 못하게 하는 것이지요. 우리의 교육 문화가 줄 세우기 문화이기 때문에 누군가는 뒤처질 수밖에 없고, 뒤처진 학생들은 계속해서 배움에서 소외될 수밖에 없습니다. '해도 안 된다'는 자괴감을 학생 스스로 갖게 되고, 이런 학생들은 점차 평균 수준의 학력을 거두지 못하고 심각한 학습 부진을 보이게 됩니다. 이렇게 학력이 저하된 상태에서 새로운 학년에 올라가고, 이런 학생을 맡게 되는 교사는 다인수 학급에서 이 학생만을 위한 가르침을 줄 수 없습니다. 그러면 자연스레 학습 결손이 누적되고, 단위 학교에서는 감당하기 힘든 상태로까지 가게 되지요. 이렇게 되면 배움의 소외 문제를 교사 개인이 해결하기가 더욱 어려워집니다. 학교 차원에서 함께 머리를 맞대고 해결해야 할 문제인 것이지요.

👩 그렇죠. 그것은 문화의 문제이기 때문에 교사 개인이 어찌할 수 없는 문제예요. 우리 모두가 관심을 가져야 할 텐데, 이런 논의조차 제대로 못하고 있는 현실이 무겁게만 느껴집니다. 배움에 소외가 일어나는 두 번째 이유는 무엇이죠?

👨 사회 전체의 문제가 아닌 교사의 무관심으로 인해 소외가 발생하는 경우가 있습니다. 교사가 만든 배움의 소외라는 것은, 교사가 모든 학생들에게 관심을 쏟지 못할 때 일어납니다. 수업 속 관심이 특정한 몇 명에게만 집중되는 경우이지요.

👩 그렇다면 이 문제를 해결하기 위해서는 어떻게 해야 하나요?

👨 가장 중요한 건 교사가 최대한 많은 학생들에게 관심을 가져야 한다는 거예요. 수업을 하는 교사는 예상외로 많은 학생을 보지 않고 있습니다. 눈길이 가는 인원은 많아야 20명 정도예요. 10명 정도는 가만히 있으면 교사에게 이름 한 번 불리지 않고 눈 한 번 맞추지 못한 채 수업이 끝납니다. 존재감이 전혀 없는 것이지요.

수업에서 소외되는 학생이 없으려면, 교사가 수업 속에서 최대한 많은 학생을 넓게 보려고 노력해야 합니다. 앞과 뒤, 양옆으로 시선을 돌리면서 학생들이 무슨 생각을 하고 있는지를 잘 살펴야 해요. 그런데 이것이 결코 쉽지가 않습니다. 수업을 이끌어 가는 것만으로도 바쁜데, 이런 것까지 늘 의식하기란 정말 힘든 일이거든요. 그리고 교사들은 저마다의 습관이 있는데, 대개 시선이 한쪽으로 쏠려 있는 경우가 많지요. 하지만 의식적으로 노력을 해야 합니다.

이름을 부르는 것도 마찬가지예요. 가능하면 교사는 배움에 소외되지 않도록 최대한 많은 학생의 이름을 불러 주고 대화를 해야 합니다. 교사와 눈이 맞춰지고 자신의 이름이 불리는 것만으로도 학생들은 충분히 배움으로 들어올 수 있어요. 학생들은 관심을 받을 때 수업을 듣게 되거든요. 조금 더 신경을 쓴다면, 학생 이름 앞에 학생의 생활이나 특징과 관계된 수식구를 붙여 보는 것도 좋습니다. "병오 대답해 봐."보다는 "오늘 머리 멋있게 자른 병오 해 봐."라고 말해 주는 것. 어찌 보면 참 작은 관심과 배려인데, 학생들은 이런 배려에 감동을 받고 배움으로 들어오게 됩니다. 이를 위해서는 교사가 진심으로 학생들을 지켜보고 있어야 하겠지요. 학생의 눈빛과 몸짓 속에 담긴 여러 의미들을 스스로 파헤치면서, 수업을 진행하는 한편으로 학생들의 상황을 머릿속에서 늘 생각하는 연습을 해야 합니다. 기타를 치려면 코드를 잡는 손과 기타 줄을 치는 손이 따로 놀아야 하듯이, 겉으로는 수업을 진행하면서도 머릿속으로는 학생에 대한 개별적 관찰이 계속 이루어져야 하는 것이지요.

교사가 전체를 상대로 잘 가르치는 동시에 학생의 개별적 상태를 잘 살펴야 한다는 것이군요. 쉽지는 않은 일이네요. 그래서 그런지 요즈음 많은 선생님들이 협동 학습을 활용하면서 구조적으로 배움의 소외 현상을 없애려고 하는데, 이에 대해 어떻게 생각하시나요?

배움의 소외를 없애기 위해서 협동 학습은 효과적인 방법입니다. 협동 학습이란 기존의 모둠식 수업보다 조금 더 정교하게 구조화가 된 수업으로, 모둠원 각 개인별로 역할을 주고 그 역할을 통해 서로 협동할 수 있게 만든 수업 구조예요. 그래서 기존 모둠 수업에서 발생했던 배움의 소외 현상을 줄일 수 있지요. 구조적으로 한 학생이 과제를 수행하지 않으면 모둠 활동이 제대로 안 이루어지게끔 되어 있거든요. 그런데 협동 학습을 활용한다고 해서 배움의 소외가 사라지는 것은 아닙니다. 겉으로는 무엇인가를 열심히 하는 것처럼 보이지만, 사실은 배움에서 소외될 수도 있다는 거예요. 협동 학습에서 학생들이 역할 분담을 할 때 가장 인기 있는 것이 지킴이(성실이)입니다. 가끔 나가서 선생님이 주는 인쇄물을 가져오면 되는 역할이거든요. 그 다음으로는 그냥 기록만 하면 되는 기록이를 선호하고요. 그러니까 자기 생각을 하지 않아도 되는 편한 역할을 주로 맡고 싶어 한다는 거죠. 이렇듯 겉으로는 무언가를 하는 것처럼 보여도 수동적인 태도에 머물러 있는 학생들이 많습니다. 협동 학습을 제대로 활용하지 못하면, 겉모습만을 보고서 학생들이 동시다발적으로 상호 작용을 하고 있다고 생각하기 쉬워요. 이럴 때는 수업의 겉만 볼 것이 아니라, 학생의 관점에서 이 학생이 지금 어떤 학습을 경험하고 있는지를 잘 살펴야 합니다. 활동적인 겉모습만을 보고, 지금 수업이 잘 되고 있으며 배움에 소외되는 학생이 없다고 판단해서는 안 되죠. 그렇다고 협동 학습이 무용하다고 말하는 것은 아닙니다. 협동 학습은 단시간 내에 최대한 빨리 수업 분위기를 바꿀 수 있는 효과적인 방법이에요. 하지만 여기에만 머물러서는 안 됩니다. 교사는 정말 배움이 일어나고 있는지를 살피면서, 수업의 구조만을 바꾸는 것이 아니라 수업 속 교사와 학생, 학생과 학생이 서로 들어 주는 관계, 협력적인 관계를 만들기 위해서 노력해야 합니다. 이를 위해 교사가 학생들의 이름을 자주 불러 주고 그들의 생각을 잘 들어 주어야 해요. 그리고 학생과 학생 간에도 이런 훈련을 시켜야 하고요. 이를 위해서는 교사가 끊임없이 관심을 갖고 먼저 모범을 보여야 합니다.

그리고 교사는 수업 내용을 구성함에 있어서도 배움에 소외가 일어나지 않도록 해야 합니다. 이것은 이 책에도 설명되어 있는데, 지식적인 것만을 묻고 그것을 확인하는 수업으로는 배움에서 소외가 일어날 수밖에 없거든요. 학원에 다녀온 학생들은 존재감을 드러내기 위해서 계속 대답을 할 것이고, 그렇지 않은 학생은 위축되어 배움에 동참하지 못하게 될 거예요. 이를 막기 위해 교사는 선행 학습이 된 학생만 참여할 수 있는 질문이 아닌, 상식 수준에서 창의적으로 답할 수 있는 질문을 던져야 하죠. 그래야 선행 학습이 되지 않은 아이도 자기 생각을 말할 수 있고 수업으로 들어오게 될 것입니다.

또한 표현 활동에 있어서도 글쓰기와 말하기 말고도 그림 그리기, 만화 그리기 등 다양한 재능을 활용할 수 있도록 해야 합니다. A라는 과제에 대해 글을 써라, 글이 힘들면 말을 할 수 있는 개요 작성을 해라, 그림으로 그려라, 다른 사물로 상징화해라 등 하나의 활동에 여러 표현 활동을 제시하고 적성에 따라 골라 활동할 수 있게 하는 것이 좋습니다.

결국 배움의 소외를 없애기 위해서는 최대한 교사가 학생들에게 개별적 관심을 가지고, 모두 다 참여할 수 있는 과제를 만들라는 것으로 요약할 수 있겠군요.

맞습니다. 그리고 다시 한 번 말씀드리지만, 무엇보다 중요한 것이 교사의 관심입니다. 계속해서 배움에 들어오는 학생과 그렇지 않은 학생을 의식하며 살피고, 학생 모두를 내 수업 속에 데려가야겠다는 의지를 가져야 하지요. 이런 의지가 없으면 수업 시간에 모든 학생들을 살피며 나아가는 수업을 해낼 수 없습니다.

성찰하기

1. 내 수업 속에서 배움의 소외가 일어나지는 않는가? 소외가 일어나고 있다면 그 원인은 무엇인가?

2. 내 수업에서 협력적 배움이 일어나기 위해서는 어떤 노력을 기울여야 할 것인가?

3. 배움에서 지속적으로 소외되는 학생들을 위한 프로그램이 학교 내에 있는가? 학교에서 이들을 어떻게 돌봐야 할 것인가?

수업에서 교사의 '자기다움'은
어떻게 찾을 수 있는가?

 자! 다음은 어떤 주제로 이야기를 할까요?

 수업 속에서 '교사의 개성을 어떻게 발휘할 것인가'에 관해 이야기해 보고 싶습니다.

 조금 막연한데요. 교사의 개성이라, 이 주제가 왜 중요한 거죠?

 교사의 개성은 굉장히 중요한 주제예요. 수업 속에서 교사는 '자기다움'을 발견해야 합니다. 그렇지 않다면 수업은 교사에게 육체 노동만큼이나 힘들고 고된 일이 되고, 그렇게 되면 자신의 수업을 사랑할 수 없게 됩니다.

 수업 속에서 자기다움을 발견할 수 없다! 그래서 교사들이 수업 속에서 자존감이 상당히 낮은 것이군요.

 네, 맞습니다. 교사가 수업 속 나를 사랑하지 않는 거예요. 이것은 수업 속에서 자신만의 개성이 잘 발휘되지 않기 때문입니다. 수업은 행정 문서를 처리하는 일과 다릅니다. 행정 문서는 그 틀에 맞춰서 하면 그만이지만, 수업은 학생들과 관계를 맺고 새로운 것을 창조해 내는 예술적 성격을 지니기 때문에, 수업 속에서 나다움을 발견하지 못하면 수업하는 것이 힘들고 그것은 학생들에게도 악영향을 끼칩니다. 수업을 통해서 '나다움'을 스스로 발견하고 만족해야 하는데, 그러질 못하고 있는 것이지요.

👩 수업을 통해서 '나'를 발견한다! 굉장히 실존적인 화두인데요. 그렇다면 수업 속에서 나다움을 어떻게 발견할 수 있는 것이죠? 나만의 개성을 어떻게 표현할 수 있는 걸까요?

👨 수업 속에서 나다움을 발견하라고 해서 특별한 수업을 하라는 것은 아닙니다. 개성이라는 말을 튀는 수업이나 창의적인 수업으로 생각해서는 안 돼요. 중요한 것은 '내가 만족하는 수업이 무엇이냐'를 질문하면서 나다움을 찾아가야 한다는 것입니다.

교사들은 대체로 모범적인 성향을 지니고 있어서, 자신이 원하는 것보다는 주위 시선을 고려해 남이 바라보기에 좋은 모습을 보일 때가 많습니다. 이런 성향은 수업에서도 그대로 드러나곤 하는데요. 교사 스스로가 생각하는 수업상이 어렴풋이 있는데도, 그것을 접어 두고 남의 기준에 내 수업을 맞추려고 합니다. 이렇듯 '마음속에 있는 나'와 '보여지는 나'가 달라질 때 사람은 행복할 수가 없어요. '내가 정말 하고 싶은 수업'과 '실제 구현되는 수업' 사이에 괴리가 커질수록, 교사는 자신의 수업에 만족하지 못하고 스스로를 수업 못하는 교사로 생각하게 되는 것입니다.

👩 그렇다면 수업 속에서 교사 스스로 만족하고 자신감을 회복하려면 어떻게 해야 할까요?

👨 결론적으로 말해, 우리는 수업 속에서 나를 찾아야 합니다. 수업 속에 있는 나를 알아야 하는 것이지요. 교사 스스로 만족하고 자신감을 회복하려면 이 책에서 계속 이야기하고 있는 것처럼, 교사 내면이 견고하게 서 있어야 해요. 교사는 끊임없이 질문을 해야 합니다. '내가 하고 싶은 수업은 무엇인가'로부터 시작해서 '교사는 어떤 존재여야 하는가', '내가 가르치는 학생은 누구인가', '내가 가르치는 교과 지식은 무엇

인가', '학교는 무엇이어야 하는가', '나는 왜 교사가 되었는가' 등 기본적이고 실존적인 질문을 던지면서, 교사인 나의 모습을 찾아가야 합니다. 이런 치열한 내면적 탐색 없이는 수업 속에서 나다움을 찾을 수가 없어요. 개성을 갖지 못하는 것이지요. 그저 좋은 직업으로서의 교사에만 만족하고서 자신의 내면에 대한 탐색을 게을리한다면, 나의 수업은 아무런 배움도, 아무런 빛깔도 없는 수업으로 전락하고 말 것입니다.

개성, 즉 나다움은 내가 나를 알고 탐색하는 것으로부터 시작합니다. 인상파 화가 모네는 남들이 말하는 아름다움을 아름답지 않다고 느꼈어요. 남들이 그려 놓은 정물화와 풍경화에서 단조로움과 지루함만을 느꼈을 뿐 자신이 생각하는 아름다움을 찾지 못했지요. 그래서 그는 '내가 생각하는 아름다움은 무엇일까'를 고민하며 야외로 나갔습니다. 자신의 눈으로 직접 세계를 봤습니다. 시시각각 달라지는 빛의 아름다움을 보았습니다. 그리고 그는 실내가 아닌 실외에서 그림을 그리기 시작했습니다. 형태를 자세하게 사실적으로 그리기보다는, 빛의 느낌을 표현하기 위해서 붓으로 색을 살짝 덧칠했지요. 이 그림을 보고 사람들은 '이것이 그림이냐, 미완성의 작품이 아니냐'며 비난을 했습니다. 그래도 그는 흔들리지 않았습니다. 그것이 자신이 생각하는 아름다움이라는 신념이 있었기 때문이에요. 결국 그는 개성적인 인상파 화풍을 완성하고, 후대 화가들에 큰 영향을 미칩니다. 모네뿐 아니라 이름난 숱한 화가들 모두 자신만의 철학과 정체성, 즉 나다움을 예술 작품으로 증명했지요. 교사도 마찬가지입니다. 스스로 내면 속에서 '나는 누구인가', '내가 생각하는 배움은 무엇인가'를 질문하며 끊임없이 구도자의 길을 걸어야 합니다.

 교사들을 유명 예술가들과 비교하는 것은 무리가 아닐까요? 예술가들은 특별한 재능을 지닌 사람들이고, 그 재능을 통해 성취한 예술적 성과를 교사들이 얻을 수는 없을 텐데요.

물론 교사들이 그들이 성취한 예술적 성과에 다가갈 수는 없어요. 그러나 교사인 우리의 수준에서 얼마든지 수업의 예술적 성취를 이룰 수 있습니다. 요리를 처음 배울 때는 요리법 그대로 요리를 하지만, 점차 익숙해지면 요리를 먹는 사람의 상황, 자신의 건강과 지식 등 여러 가지가 결합되어 처음과는 다른 요리를 하게 됩니다. 요리를 통해서도 자신을 드러내는 것이지요. 내 일상의 모든 영역도 마찬가지예요. 옷을 입을 때, 글씨를 쓸 때, 집안을 꾸밀 때, 컴퓨터 아이디를 만들 때 등등 매 순간 우리는 저마다의 느낌을 가지고 자기를 표현하려고 합니다. 이것은 인간이기 때문에 가지는 본능이에요. 이러한 자기 표현을 이제는 수업에서도 적극적으로 해야 한다는 것입니다. 그 시작은 '나는 누구인가', '나는 왜 교사를 하려고 하는가', '나는 교사로서 어떤 꿈을 가지고 있는가', '내게 학생은 누구인가' 등의 철학적 질문을 통해서 이루어질 수 있습니다.

듣고 보니 그렇군요. 선생님 얘기는 교사들이 자아를 찾지 못한 채 관행대로 수업을 하다 보니, 수업은 망가지고 교사 스스로도 만족할 수 있는 수업을 하지 못한다는 것이군요.

맞습니다. 힘이 들더라도 교사는 교육적 화두를 계속 던지면서 교사의 실존을 늘 고민해야 해요. 이런 고민을 놓치는 순간, 자존감 따위는 없는 그저 그런 교사가 되고 말 것입니다.

그런데 내면적 탐색만으로 자기만의 개성이 생기나요? 앞서 말했듯 모네와 같은 작가들은 철학과 함께 그것을 구현할 수 있는 재능, 즉 표현 기술을 가지고 있었잖아요. 교사 역시 철학을 구현하는 수업 기술을 가지고 있어야 이 모든 얘기가 가능한 것 아닐까요?

아주 좋은 지적을 하셨습니다. 철학이 있다고 해서 수업이 바뀌는 건 아니죠. 그러므로 철학을 어떻게 구현할 것인가를 고민해야 합니다. 그런데 수업에서 말하는 기술이라는 것은 미술, 음악의 기술과는 다른 측면이 있어요. 미술과 음악은 타고난 재능이 있어야 하지만, 수업은 그렇지 않거든요. 수업을 진행하는 말하기, 관계 맺기, 수업 지식 등은 후천적으로 얼마든지 보완이 가능하지요. 그런 만큼 교직 경력이 쌓일수록 숙련된 기술은 체득되기 마련이에요. 물론 개인의 차이는 조금씩 있겠죠. 하지만 중요한 것은, 수업 속에서 나를 찾고 그 속에서 끊임없이 성찰하며 흔들리지 않는다면 수업 기술은 저절로 따라온다는 사실입니다. 수업 기술을 습득하기 위해 안달하기보다는, '수업 속에서 나는 누구인가'라는 질문에 대해 끊임없이 고민해야 하는 것이죠.

수업 방법 역시 이를 바탕으로 내가 좋아하는 것, 나에게 맞는 것을 찾아야 해요. 그렇지 않으면 또다시 내가 아닌 것으로 자꾸만 수업을 치장하려 하겠지요. 아무리 많은 선생님들이 협동 학습이나 프로젝트 학습이 훌륭하다고 해도, 나에게는 그것이 맞지 않을 수 있어요. 조용히 강의식으로 수업을 진행하는 것이 훨씬 맞는 선생님도 분명 계실 거예요. 강의식 수업이라고 해서 절대 폄하해서는 안 됩니다. 최근에 한 선생님의 수업을 봤는데 특별한 영상이나 교수 방법 없이도, 학생들을 환대하고 배려하고 생각의 시간을 주면서 좋은 수업을 이끌어 가시더군요. 그분은 그렇게 하는 것이 본인이 편하기도 하고 '이것이 내가 원하는 수업'이라는 확신을 가지고 있었어요. 이렇듯 수업 방법에 있어 꼭 남의 방법을 억지로 따라갈 필요는 없는 것입니다.

 결국 교사가 나를 바로 세운다면 방법이나 기술은 저절로 따라온 다는 거군요. 교사로서 나라는 존재가 누구인지를 발견하고 그 속에서 흔들리지 말아야 수업 속에서 '자기다움'을 찾을 수 있다. 그렇게 될 때 '수업 속의 나'와 '자연인으로서의 나'가 분리되지 않아 내가 만족하는 수업을 할 수 있다. 이렇게 정리해 볼 수 있겠네요.

성찰하기

1. 내 수업에는 나만의 개성이 잘 드러나고 있는가? 그렇지 않다면 그 이유는 무엇인가?

2. 나만의 개성이 잘 드러나는 수업을 하기 위해서 어떤 노력을 기울여야 할까?

3. 수업 방법, 수업 기술만을 습득하려고 한 적은 없었는가? 그렇게 했던 이유는 무엇인가?

수업에서 교사는
어떻게 성장할 수 있는가?

 이번에는 어떤 내용으로 대화를 하면 좋을까요?

🧑 수업에서 교사는 무엇으로 성장할 수 있느냐에 대해 이야기해 볼까 합니다.

 정말 중요한 주제인 것 같습니다. 교사가 나름대로 전문직이라고 생각하는데, 사실 학교를 둘러보면 교사들이 정체돼 있다는 느낌을 많이 받는 게 사실이에요.

🧑 그렇죠. 교사는 수업을 하면서 왜 성장하지 못하는가? 이것이 저의 오래된 고민이었어요. 교사가 성장하기 위해서는 앞서 말씀드린 것처럼 일단 자기를 발견하고 성찰해야 합니다. 더불어 더 나은 나를 위해 한 발짝 내딛기 위한 조건들이 몇 가지 있는데요, 이 자리에서는 크게 세 가지만 말씀드리고 싶어요. 첫째는 학생에 대한 공감 능력 키우기, 둘째는 세계에 대한 민감성 키우기, 셋째는 공동체에 속하기입니다.

👩 세 가지나 있군요. 먼저 학생에 대한 공감 능력에 대해 말해 보죠. 수업 능력을 향상시키는 것과 학생에 대한 공감 능력을 키우는 것은 어떤 관계가 있는 거죠?

 상당히 큰 관계가 있지요. 수업이 잘 안 되는 경우를 보면, 대개 교사들이 학생에 대한 상황 인식이 잘 안 되는 경우가 많아요.

 상황 인식이 안 된다는 것이 무슨 말이죠?

🧑 학생들이 어떤 감정과 생각을 가지고 있는지를 교사가 잘 모른다는 거죠. 현재 학생들은 수업에서 매우 지루해하고 있는데, 그것을 교사들이 알아차리지 못할 때가 많아요. 혹은 학생은 지금 수업 속에 동참해서 선생님께 인정받고 싶은데, 교사는 그것을 알아차리지 못할 때도 많고요.

👩 결국 수업을 잘하려면 학생들의 생각과 느낌을 잘 읽어 내는 능력이 필요하다는 거군요.

🧑 네, 맞습니다. 수업 코칭을 하면서 느끼는 것은, 교사들이 학생의 마음을 잘 몰라준다는 거예요. 예를 들어 학생은 지금 친근함의 표시로 선생님에게 다가서면서 손을 흔들고 있는데, 선생님은 그것을 '버릇없다'고 생각하는 거죠. 또는 학생이 손을 흔들고 '저요, 저요.' 하는데 교사는 '쟤가 괜히 까불고 있다'고 생각하는 겁니다. 이런 경우가 참 많아요. 학생의 의도와 교사의 해석이 다른 경우가요. 이런 일이 자주 발생하게 되면, 관계가 무너지고 수업이 잘 되지 않을 수 있습니다. 그리고 무엇보다 교사가 학생의 상황을 제대로 파악하지 못하니 수업에서도 학생들의 필요를 잘 채워 주지 못하겠지요.

👩 학생에 대한 공감 능력이 중요하다는 것을 알겠는데 이것을 어떻게 키울 수가 있는 거죠? 교사 스스로 학생에 대한 공감 능력을 키워 간다는 것이 쉬운 일은 아닌 것 같은데요.

🧑 학생에 대한 공감 능력은 개인 삶의 여정과도 관계가 있기 때문에 후천적으로 이를 기른다는 것은 쉬운 일이 아니에요. 그래도 교사는 학생들을 늘 상대하기 때문에 어느 정도 경력이 쌓이면, 여러 시행착오를 거쳐 학생들의 마음을 이해하고 그들의 필요를 채워 줄 수 있

게 돼요. 하지만 한계가 있기 마련이지요. 그래서 이를 더 집중적으로 키우려면 집단 상담, 감정 코칭의 과정을 교사가 경험할 필요가 있습니다. 저도 집단 상담의 과정을 거치면서 상대방의 감정, 느낌, 생각을 알아차리는 데 많은 도움을 받았어요. 늘 바쁘게 이성적으로만 살다 보니 소위 '감정의 촉수'가 짧아져 있더군요. 내 감정과 욕구도 제대로 알지 못하고, 상대방의 생각도 전혀 읽지 못하더라고요. 다른 교사들도 마찬가지예요. 정신없이 하루하루를 살아가고, 업무와 가정에 치여서 내 감정과 상대방의 감정을 읽어 내는 데 익숙하지가 않습니다.

그러나 여러 사람들과 내면의 이야기를 계속 하니 감정을 읽어 내는 데 많은 도움이 되더군요. 그리고 무엇보다 내 감정을 상대방에게 정확하게 표현하는 방법도 익히게 되고, 상대방의 감정을 정확하게 읽어 내기 위한 대화도 시도하게 되었어요. "너는 이래."라고 단정하는 말보다는 "너는 이때 어땠어? 어떤 느낌이었니?"라고 질문하게 되었죠.

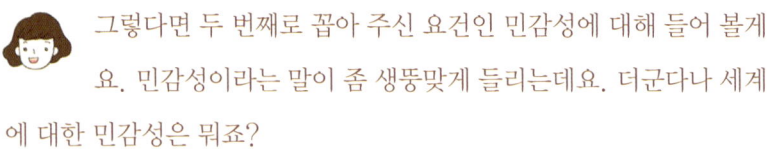 그렇다면 두 번째로 꼽아 주신 요건인 민감성에 대해 들어 볼게요. 민감성이라는 말이 좀 생뚱맞게 들리는데요. 더군다나 세계에 대한 민감성은 뭐죠?

하하, 그렇죠. 세계에 대한 민감성이라는 것은, 지금 서 있는 이곳에서 벌어지고 있는 수많은 것들에 공감하는 능력을 말합니다. 한 소설가가 그러더군요. 내 삶에서 나를 울게 했던 세 가지의 사건을 기억하고 있으면, 당신은 여전히 살아 있다는 것이라고. 그런데 문제는 그런 세 가지의 사건조차 댈 수 없는 사람들이 너무 많다는 거죠. 그만큼 우리가 삶 속에서 둔감해진 거예요. 삶의 민감성을 가지라는 것은, 이렇듯 이 세상을 나의 이야기로 받아들이고서 애착을 갖고, 관찰하고,

사색하고, 묵상하라는 것입니다. 그러면서 세상에 대한 분노, 긍휼, 경탄, 연민 등의 감정을 풍부하게 느끼자는 것이지요. 이 세상을 이야기하고 가르치는 교사가 세상에 대해 별다른 감정을 갖고 있지 않다면, 수업은 죽은 지식을 전달하는 장소가 되어 버리지 않을까요?

조금 생뚱맞은 질문인데요, 사회자께서는 쌀 한 톨의 무게가 얼마나 된다고 생각하세요?

 갑자기 왜 그런 걸 물어보시는지 모르겠지만, 아무튼 뭐 무척 가벼운 무게가 아닐까요?

 역시 사회자께서도 세계에 대한 민감성이 그리 높지는 않군요. 하하하~.

 쌀 한 톨의 무게를 아는 것이 세계에 대한 민감성하고 무슨 관련이 있는 거죠?

 사실 〈쌀 한 톨의 무게〉라는 노래가 있어요. 잠시 제가 가사를 알려 드리죠.

쌀 한 톨의 무게는 얼마나 될까
내 손바닥에 올려놓고 무게를 잰다
바람과 천둥과 비와 햇살과
외로운 별빛도 그 안에 스몄네
농부의 새벽도 그 안에 숨었네
나락 한 알 속에 우주가 들었네
버려진 쌀 한 톨 우주의 무게를
쌀 한 톨의 무게를 재어 본다

세상의 노래가 그 안에 울리네

쌀 한 톨의 무게는 생명의 무게

쌀 한 톨의 무게는 평화의 무게

쌀 한 톨의 무게는 농부의 무게

쌀 한 톨의 무게는 세월의 무게

쌀 한 톨의 무게는 우주의 무게

홍순관이라는 가수가 부른 이 노래의 가사를 보면, 별거 아닌 쌀 한 톨을 가지고 정말 깊은 이야기를 하고 있습니다. 민감하게 쌀 한 톨을 보고 있는 것이죠. 그 민감성 때문에 우리는 노래에 집중하게 됩니다. 그리고 새롭게 쌀 한 톨을 보게 되는 거예요.

 가사를 듣는 순간, 쌀 한 톨의 무게를 가볍다고 이야기한 제 자신이 부끄러워지는군요.

 저도 마찬가지니까 너무 그러실 필요는 없어요. 그렇다면 이번엔 또 다른 질문, 연탄 한 장에는 어떤 의미가 있을까요?

 갑자기 어려운 질문들만 던지시는군요.

 하하하, 죄송합니다. 역시 「연탄 한 장」도 안도현의 시로 되새겨 볼 수 있습니다.

또 다른 말도 많고 많지만

삶이란

나 아닌 그 누구에게

기꺼이 연탄 한 장 되는 것

방구들 선득선득해지는 날부터 이듬해 봄까지

조선 팔도 거리에서 제일 아름다운 것은

연탄차가 부릉부릉

힘쓰며 언덕길 오르는 거라네

해야 할 일이 무엇인가를 알고 있다는 듯이

연탄은, 일단 제 몸에 불이 옮겨 붙었다 하면

하염없이 뜨거워지는 것

매일 따스한 밥과 국물 퍼먹으면서도 몰랐네

온몸으로 사랑하고 나면

한 덩이 재로 쓸쓸하게 남는 게 두려워

여태껏 나는 그 누구에게 연탄 한 장도 되지 못하였네

생각하면

삶이란

나를 산산이 으깨는 일

눈 내려 세상이 미끄러운 어느 이른 아침에

나 아닌 그 누가 마음 놓고 걸어갈

그 길을 만들 줄도 몰랐었네, 나는

이 시도 마찬가지입니다. 일반적으로 연탄은 연탄일 뿐입니다. 그러나 이 시를 통해, 연탄은 열정을 가지고 뜨겁게 일하는 자, 산산히 자신을 으깨면서 남을 위해 희생하는 자로 묘사되고 있습니다. 연탄이 거룩한 의인으로 재탄생하고 있는 거죠. 안도현이라는 시인의 민감성 때문에 우리는 연탄을 새롭게 보고, 우리 삶을 성찰하게 되는 겁니다.

교사는 이 세계에 대해서 가르치는 사람들입니다. 나, 너, 우리가 모여 있는 이 세상의 이야기들을 교사는 수업을 통해 가르치고 있습니다. 자연, 역사, 철학, 과학 등 이 모든 것이 지금 우리가 인식하고 있는 세계이지요. 그런데 그 세계를 가르치고 비평하고 느끼도록 해야 할 사람이 세상에 대한 민감성을 가지고 있지 않다면, 그 교사는 무감각하고 기계적으로 세상을 이야기할 수밖에 없을 거예요.

이 세계는 우리의 스승입니다. 교사는 다양한 관점과 감정을 가지고 이 세상을 느껴야 하죠. 그 속에서 수업의 상상력이 시작되고, 교과 수업에서 전달할 풍성한 이야기가 나오는 것입니다. 예를 들어 과학에서 사람의 눈에 대해 가르친다고 할 때, 세계에 대한 민감성이 없으면 단순히 눈의 기능, 눈의 구조 등을 지식적으로 나열하겠지요. 그런데 교사가 눈이 가지는 정밀함에 대해 조금 더 연구하고 그 과정에서 한 번쯤 경탄하게 된다면, 수업은 완전히 달라질 것입니다. 사실 과학적으로 이 세계를 관찰했을 때, 이 세계가 얼마나 질서정연하고 조화롭습니까? 이런 민감성을 느끼고 있는 자와 그렇지 않은 자는 가르침에서 있어서 큰 차이를 보일 수밖에 없어요. 그런데 우리는 바쁜 시간을 살아가느라 세상에서 무슨 일이 일어나는지, 계절이 어떻게 변하는지, 어떤 사람들이 고통받고 있는지도 모른 채 하루하루를 보내고, 내 수업도 그렇게 무미건조하게 흘러갑니다. 결국 교사는 정체될 수밖에 없는 것이지요.

 그렇다면 세계에 대한 민감성을 어떻게 키울 수 있나요?

 세계에 대한 민감성은 그냥 길러지는 것이 아닙니다. 특히나 소란스럽기만 한 대중 문화 속에서는 조용히 나를 발견하고 세계를 발견하는 시간을 갖기가 어렵지요. 텔레비전 속에 나오는 감각적인 콘텐츠들은 나를 풍요롭게 해 주지 못합니다. 인터넷에 있는 기사들을 읽다 보면 순간 머리가 멍해질 때가 있어요. 이런 모든 것들은 오히려 우리를 세계로부터 분리시키고 단절시킬 뿐이에요. 그래서 우리는 예술을 사랑해야 합니다. 예술을 통해 세계에 대한 민감성을 키워야 하는 것입니다.

사실 '예술을 사랑하라'는 말이 굉장히 사치스럽게 들리는데, 절대 그렇지 않습니다. 좋은 예술 작품을 감상하고 즐기는 것이야말로 교사인 우리를 성장시키고 우리 내면을 풍요롭게 만들어, 더 많은 상상력을 가지고 수업을 할 수 있게 합니다. 짧은 시간에 우리가 예술을 즐길 수 있는 방법은 시, 그림, 음악, 사진, 영화 등이 있습니다.

먼저 시를 한 편 살펴볼까요? 도종환 시인의 「흔들리며 피는 꽃」입니다.

> 흔들리지 않고 피는 꽃이 어디 있으랴
> 이 세상 그 어떤 아름다운 꽃들도
> 다 흔들리면서 피었나니
> 흔들리면서 줄기를 곧게 세웠나니
> 흔들리지 않고 가는 사랑이 어디 있으랴
>
> 젖지 않고 피는 꽃이 어디 있으랴
> 이 세상 그 어떤 빛나는 꽃들도
> 다 젖으며 젖으며 피었나니
> 바람과 비에 젖으며 꽃잎 따뜻하게 피웠나니

젖지 않고 가는 삶이 어디 있으랴

시인은 일상적인 꽃을 보면서 삶을 달관하고 있습니다. 모든 삶이 흔들리고 젖을 수밖에 없음을 꽃을 보고 깨닫고 있습니다. 이런 시를 읽다 보면 내 삶을 저절로 묵상하게 됩니다. 바람에 흔들리며 피는 꽃이 새롭게 보입니다. 하나의 짧은 시가 내 삶에 대한 새로운 감성을 일깨워 준 것이지요.

모네의 그림입니다. 아련한 첫사랑의 그리움이 떠오르지 않나요? 여인은 누구를 기다리고 있는 것일까요? 누구를 기다리기에 바람 부는 언덕에 올라 하염없이 무언가를 보고 있는 것일까요? 이런 질문을 던지다 보면, 굳었던 내 마음이 다시 움직입니다. 내 삶에 그리움이 있었던가를 돌이켜 보게 되고, 이런 감성이 수업으로 연결됩니다.

마그리트의 그림도 한번 보시지요. 바위 위에 있는 성이 홀로 떨어져 있습니다. 떨어질까 봐 두렵기도 합니다. 이 속에서 우리는 각박하게 살아가고 있는 현대인의 모습을 봅니다. 고독, 소외, 고립, 단절의 이미지가 그림 속에서 보입니다.

이와 같이 예술을 통해서 우리의 숨겨진 감성이 살아나고, 우리는 그것을 통해 현실을 보게 됩니다. 그 속에서 나를 보게 되고, 우리의 세계를 이해하게 됩니다. 이런 것들을 가능하게 해 주는 것이 예술이에요.

그런데 교사들은 이런 예술을 잘 즐기려 하지 않아요. 바쁘다는 핑계로 드라마나 예능 프로그램만을 보고 있지요. 물론 그것을 본다고 해서 문제가 되는 것은 아니지만, 누적되는 감각적 자극 속에서는 세계에 대한 민감성을 잃어버릴 수밖에 없습니다. 세상은 불의하고 부조리한데, 이것을 일시적인 즐거움으로 지워 버리려 합니다. 망각하려 합니다.

세계에 대한 민감성이 다시 살아날 때, 교사는 스스로 성장하게 됩니다. 그리고 이런 민감성은 수업에서도 발현되게 되어 있습니다. 실제로 저는 제가 감흥을 느꼈던 수많은 시, 그림, 영화, 수필, 사진, 노래 등을 활용해서 수업을 하는데, 내가 느낀 감정으로 이야기를 풀어 가면 학생들의 몰입도도 훨씬 커진답니다.

결국 수업이라는 것은 삶을 말하는 것인데, 삶을 즐기고 사색하고 묵상할 수 없으니 수업을 잘하지 못했던 거군요. 교사 개인이 예술을 통해 삶을 더 깊이 이해할 때 수업도 잘할 수 있겠다는 생각이 듭니다. 마지막으로 교사가 성장하기 위해서 필요한 한 가지는 무엇이었지요?

그것은 단연코 공동체입니다. 제가 굳이 '단연코'라는 말을 쓰는 이유는, 공동체에 속하지 않는 교사는 절대 성장할 수 없기 때문이에요. 사실 교사는 별도의 공동체에 속할 필요가 없지요. 학교 자체가 공동체성을 가지고 있으니까요. 그런데 문제는 학교가 공동체로서의 기능을 제대로 하지 못하는 경우가 많다는 것입니다. 관리자의 잘못으로, 혹은 학교 문화의 부재로 인해 공동체성을 갖지 못하는 학교들이 무척 많아요. '공동체(Community)'라는 말은 'Com(함께)'과 'Munus(선물 주다, 나누다)'가 결합된 것으로, '서로 가진 것을 나누고 분배하다'는 뜻에서 나온 말입니다. 즉 공동체가 되려면 서로의 생각, 물질들을 나눌 수 있는 관계여야 하죠. 그런데 학교에서 이런 관계가 형성되는 경우는 무척 드물어요. 선배 교사들은 후배 교사들을 버릇없다며 나무라고, 후배 교사들은 선배 교사들의 권위 의식을 기피합니다. 수업이나 생활 지도에 대한 깊이 있는 논의를 함께하기보다는, 피상적인 대화만 나누며 지낼 때가 많습니다. 공동체 형성이 힘든 것이지요. 같이 식사를 하고 여가 생활을 보내지만, 교육에 대해 깊이 있는 이야기를 하기란 참으로 어렵습니다.

 그렇다면 공동체를 찾기 위해 밖으로 나가야 한다는 것인데요.

 그렇지요. 의욕과 열정이 있는 교사들은 학교 밖 연수를 듣고 그것을 통해 알게 된 여러 모임들에 참여하는데, 사실 그런 교사는 단위 학교당 10퍼센트도 되지 않습니다. 나머지 90퍼센트의 교사는 일정한 공동체 없이 힘들게 살고 있다는 거예요. 저는 다행히 초년 교사 시절에 '좋은교사'의 '행복한수업만들기'라는 공동체를 만났습니다. 어떻게 수업을 해야 할 것인지 전혀 알지 못할 때, 여러 선생님들의 도움으로 수업에 대한 본질적인 고민을 하게 되었고, 그 덕분에 내 수업이 성장할 수 있었습니다.

 다른 선생님들은 어떤 공동체에 들어가면 좋을까요?

 가장 좋은 것은 학교 내에서 선생님들과 공동체를 만드는 것입니다. 선생님들 두세 명이 모여서 자신의 수업을 공개하고 이 책에 나온 대로 '수업 친구 만들기'를 하면, 교사 간에 동료애도 생기고 수업이 점진적으로 달라질 거예요. 일단 학교 내에서 서로 수업을 공개하고 이야기할 수 있는 선생님을 찾고, 꾸준히 모임을 가지세요. 적어도 2주에 한 번 정도는 모여서 서로의 수업을 이야기하는 시간을 가져야 합니다. 저도 처음에는 학교 내에서 수업 공동체를 만드는 데 주저했어요. 괜히 나섰다가 여러 사람들에게 욕을 먹을까 봐 두려웠거든요. 그런데 평소 친하게 지내던 두 명의 선생님과 문학 수업을 같이 가르치게 되면서, 자연스럽게 '우리 이번에는 교과서를 내던지는 문학 수업을 해 보자.' 하고 의기투합을 했어요. 그 결과 일주일에 한 번은 등나무 의자에 앉아 수업을 같이 재구성하기에 이르렀고, 그러다가 이런 모임을 우리만 할 것이 아니라 다른 교과 선생님들과도 같이 하자고 해서 예닐곱의 선생님이 더 모이게 되었습니다. 처음에는 차를 마시면서 각자가 가진 아픔들을 이야기하자고 했더니, 정말 봇물처럼 수업에 대한 고민과 아픔이 터져 나오더군요. 그래서 결국 우리는 서로의 수업을 공개하고 촬영하는 수업 동아리를 만들었고, 이것은 우리의 수업을 획기적으로 바꾸게 했습니다. 학생들과 대화가 전혀 없던 선생님이 자연스럽게 학생들과 대화하는 수업을 하기에 이르렀고, 교사 주도의 일방적인 강의 수업만 하던 선생님이 학생들의 생각을 자유롭게 표현하도록 하는 수업을 해내기도 하셨지요. 자신의 수업을 살펴보며 저절로 성찰이 일어나게 되었던 것입니다. 이렇게 수업 동아리가 견고해지니 자연스럽게 학교 혁신에 대한 관심을 가지게 되더군요. 그리고 여기서 논의된 내용을 학년 부장에게 건의하면서 학교를 조금씩 변화시켜 나가고 있습니다. 그래서 지금은 수업 친구가 되어 서로의 수업을 봐 줄 뿐만 아니라, 학교 전반의 교육 프로그램들을 함께 고민하고 기획하는, 혁신 공동체에까지 이르렀습니다.

🧑‍🦰 와우! 세 명의 수업 친구가 예닐곱의 수업 동아리로 확대되고, 이것이 학교를 변화시키는 혁신 공동체가 되었군요. 그렇지만 모든 선생님들이 김 선생님처럼 할 수는 없을 것 같은데요.

🧑 그렇죠. 아직까지 학교 내에서 공동체를 만들기란 쉽지 않은 일이니, 앞서 이야기했듯이 학교 밖 수업 공동체를 찾아봐야 하는데요. 주위를 조금만 돌아보면 교사가 성장할 수 있는 여러 공동체를 만날 수 있습니다. 개인적으로는 제가 속한 '좋은교사'를 추천하고 싶어요. 좋은교사는 기독 교사들의 모임으로 약 3천 명의 정회원들이 있습니다. 특별히 수업에 대해서 같이 고민할 수 있는 공동체를 찾고자 한다면 세 군데 정도를 추천해 드릴 수 있겠는데요. 선생님들의 관심과 필요에 따라 선택하시면 될 것 같아요.

일단 기본적으로 '좋은교사'의 '행복한수업만들기'와 동역하신다면 참 좋겠습니다. '행복한수업만들기' 운동은 2008년부터 시작해서 지금까지 오고 있는데요. 2012년 7월 현재 초등, 국어, 수학, 과학, 음악, 한문, 사회, 역사 교과가 만들어져 있습니다. 자세한 내용은 카페 자료실 cafe.daum.net/happy-teaching에 들어와 확인하시면 됩니다.

미디어 수업은 '깨끗한 미디어를 위한 교사 운동'에서 연구할 수 있습니다. 일명 '깨미동'(cafe.daum.net/cleanmedia)이라고 하는데요. 이 공동체에서는 청소년 문화를 연구하고, 청소년과 소통할 수 있는 좋은 영상들을 많이 가지고 있습니다.

한편 교수 방법은 한국협동학습연구회(www.cooper.or.kr)에서 많은 영감을 얻을 수 있습니다. 협동학습연구회에서는 협동 학습에 관한 기본 세미나, 심화 세미나 등을 열고 있으니, 수준에 맞춰 모임을 참석하게 되면 수업 방법에 대한 많은 아이디어를 얻을 수 있을 거예요.

 선생님은 좋은교사 내에서 수업코칭연구소 부소장으로 계시지 않나요?

 아차, 제가 수업코칭연구소를 소개하지 않았군요. 수업코칭연구소는 2012년 2월에 창설되어 현재 수업 코칭 전문가 33인을 양성하고 있습니다. 이 책에서 언급한 대로 수업의 기술뿐만 아니라 교사의 내면을 세워 주는 수업 코치를 양성하는 것을 목적으로 하고 있습니다. 앞으로 수업 코칭을 받고 싶으신 분들은 cafe.daum.net/happy-teaching에 들어오시면 여러 연수와 모임을 소개 받을 수 있습니다.

성찰하기

1. 학생에 대한 공감 능력을 키우기 위해서 어떤 노력을 기울여야 한다고 생각하는가?

2. 세계에 대한 민감성을 키우기 위해서 어떤 노력을 기울여야 한다고 생각하는가?

3. 학교 내에서 수업 친구나 수업 동아리를 만들 수 있다고 생각하는가? 학교 내 공동체를 만들기 위해서는 어떤 노력을 기울여야 할까?

수업 변화를 위해서
교육청, 연수원, 학교 관리자, 교사가
해야 할 일은 무엇인가?

 자! 이제 마칠 시간이 되었군요. 끝으로 이 책을 읽은 선생님들에게 하고 싶은 이야기를 전해 주시죠.

 선생님들에게 하고 싶은 말 이전에, 조금은 주제넘지만 수업 혁신을 담당하는 교육청과 연수원 관계자분들, 그리고 학교 관리자께 한 말씀 드리고 싶어요.

 그렇죠. 교사들만 변한다고 해서 교육이 바뀌는 것은 아니니까요. 그분들에게 현장 교사로서 하고 싶은 말이 있으면 한번 해 보세요.

 수업 혁신을 위해 교육청과 연수원에서 열심히 교사들을 지원하는 것을 알고 있습니다. 하지만 이상하게도 외부 기관의 도움을 통해 자신의 수업이 변화했다고 말하는 교사는 정말 적습니다. 교사들의 태도도 문제이겠지만, 근본적으로 교육청과 연수원에서 교사의 수업을 개선하는 방식에 대해서도 다시 한 번 생각해 보았으면 해요. 조금 죄송한 말이지만, 사실 교육청에서 무엇을 한다고 하면 반감부터 가지는 교사들이 많습니다. 이를 극복하기 위해서라도, 교육청에서는 스스로 이미지 개선에 힘을 쓰고 형식적인 자료집 편찬이나 연수 진행은 지양해야 합니다. 그리고 장학사 중심의 수업 장학도 사라져야 하고요. '지적' 중심의 수업 장학은 교사들에게 수업 공개에 대한 두려움만 키워 줄 뿐이에요. 교사들이 지금 필요로 하는 것은 수업에 대한 '상담'이지 수업을 '난도질'하는 것이 아니거든요. 대신 수업 대화를 잘 열고 풀어 갈 수 있는 '수석 교사' 혹은 '수업 코칭 교사'를 꾸준히 길러 내야 합니다. 수업 컨설팅과 수업 장학을 장학사들에게만 맡길 것이 아니라, 현장 교사들을 중심으로 운영해야 해요. 가능하면 1년 혹은 그 이상의 시간 동안 이런 사역을 할 수 있도록 교사들에게 '연구년'을 주고, 전문적으로 이 일에만 몰두할 수 있도록 해 주어야 합니다. 그래서 수업 상담, 코칭, 장학을 한 번만 하고 끝낼 것이 아니라, 지속적으로 대화할 수 있도록 시스템을 만드는 것이지요. 그리고 여기서 다뤄진 다양한 '수업 나눔'을 책으로 엮어서 현장에서 힘들어하는 교사들의 어려움을 실제적으로 해결해 주었으면 합니다.

또한 교육청에서는 교사들만을 위한 상담 센터를 만들었으면 좋겠어요. 이즈음의 학교 분위기를 살펴보면, 교사들만을 너무 다그치고 있는 것 같아요. 정작 교사들 입장에서는 구조적인 변화 없이 선생님만 달라지면 모든 것이 다 해결된다는 듯한 외부의 시선에 강한 반감을 가지고 있지요. 그 속에서 교사들은 수많은 상처와 아픔을 겪고 있는데, 이를 어디에도 하소연하지 못합니다. 학생들을 위한 프로그램과 상담 센터는 있지만 교사들의 마음을 다독여 줄 곳은 어디에도 없거든요. 교사들의 내면을 상담할 수 있는 상담 센터 등을 개설해 현장 교사의 마음을 어루만져 주는 작업을 교육청에서 기획하시면 좋을 것 같습니다.

한편 연수원에서는 '수업 비평', '아이의 눈으로 수업 보기', '수업 친구 만들기' 등에 대한 연수를 상시적으로 열어서 교사가 수업을 볼 수 있는 안목을 길러 주어야 합니다. 수업 기술(技術) 연마에 머물렀던 수업 연수에서 더 나아가, 수업을 질적으로 보고 해석할 수 있는 안목을 길러 주는 것이지요. 더 이상 체크리스트를 통해 수업을 보는 것이 아니라, 수업의 전문가다운 내공을 갖게 해 주어야 합니다. 또한 집단 상담, 애니어그램, 교사 역할 훈련, 감정 코칭 등 교사의 내면을 살필 수 있는 연수를 열어서 교사 스스로 자신의 삶과 내면을 성찰할 수 있는 기회를 많이 제공해 주었으면 합니다. 사실 이런 상담과 내면 성찰, 관계 회복에 대한 연수는 교사들에게 상당히 인기가 많습니다. 그런데 교사 개인이 이런 연수를 들으려면 많은 비용을 지불해야 하지요. 그러니 연수원 차원에서 이런 양질의 강의를 개설해 주면, 교사들은 무척 기뻐하면서 연수에 참여할 것입니다.

교육청과 연수원은 교사의 실제적인 필요를 채워 주지 못하는 연수나 교재 편찬은 그만두고, 교사의 내면을 다독여 주고 수업을 지원하는 시스템을 구축하라는 말이군요. 그렇다면 단위 학교에서는 어떻게 교사의 수업을 도와줄 수 있을까요?

학교 차원에서는 먼저 연구 수업을 폐지해야 합니다. 연구 수업은 수업을 개선하는 데 어떤 도움도 주지 못하거든요. 기본적으로 학교 관리자분들은 이 책에서 제안하고 있는 '수업 친구 만들기'에 힘써 주시면 좋겠습니다. 다만 강제적으로 '수업 친구'를 맺게 하기보다는 동료 교사들이 서로 대화하고 이야기할 수 있는 문화를 만들어 주는 것이 중요하겠지요. 그리고 '수업 친구 만들기'가 '수업 동아리'로 확장된다면, 이곳에 아낌없는 지원을 해 주세요. 잘 먹고 잘 이야기하도록 재정적으로 후원해 주시면 좋겠습니다.

그리고 무엇보다 중요한 것은 관리자분들의 시선 전환인데요. 좋은 학교는 '건물 꾸미기'와 '문서'로 만들어지는 것이 아니라, 교사 공동체를 잘 꾸리는 것을 통해 이루어진다는 사실을 인식해야 합니다. 교사 문화가 관계 중심으로 흘러갈 수 있도록 인격적으로 교사들을 대하고, 일방적으로 쏟아붓는 직원 회의가 아니라 편안한 분위기 속에서 학교의 본질과 정체성을 논할 수 있는 장을 열어 주어야 합니다. 그리고 몇몇 교사들이 학교 내에서 '수업 친구'를 맺었다면, 서로의 수업을 볼 수 있도록 시간을 안배해 주고, 적절한 장소에서 이에 대해 대화하고 나눌 수 있도록 환경을 만들어 주세요. 수업을 촬영할 수 있는 기자재를 넉넉히 구비하여 수업을 보고 대화할 수 있는 환경을 만들어 주는 것도 필요하겠습니다.

관리자분들이 교사의 수업을 보실 때는 이런저런 충고를 하기보다는, 따뜻한 차 한잔을 대접하면서 교사들의 이야기를 들어 주셨으면 합니다. 교사들에게 필요한 것은 공감이랍니다. 아픔에 대한 공감! 그런 공감을 교장 선생님과 교감 선생님들이 해 주시면, 교사들은 분명 큰 힘을 얻게 될 것입니다.

그렇군요. 교장 선생님과 교감 선생님이 교사들과 하나가 되어 좋은 학교를 만들 수 있다면, 분명 학생들과 학부모에게 큰 힘이 될 텐데요. 그렇지 못하는 상황이 참 안타깝기만 합니다. 끝으로 교사들에게도 한 말씀 해 주시죠.

우리 선생님들은 주변의 상황을 탓하는 모습에서 이제 그만 벗어나야 해요. 물론 우리가 악조건에서 고군분투하고 있다는 것은 분명합니다. 그런데 그렇다고 교사들이 모든 것을 포기해서는 안 됩니다. 현 상황에서 교육을 바꿀 수 있는 주체는 교사예요. 교육 관료도 아니고 학부모와 학생도 아닙니다. 교사들이 먼저 일어서야 다른 사람들도 변할 수 있습니다. 그들이 변하지 않는다고 우리가 계속 움츠려 있으면, 어떤 영향력도 발휘하기 어렵고 결국 아무런 변화도 생기지 않겠지요. 최근에 일어나고 있는 혁신학교 운동, 배움의 공동체 운동, 수업 친구 만들기 운동, 회복적 생활 지도 운동 등을 통해, 교육에 전반적인 변화의 바람이 불고 있습니다. 외부 상황을 너무 비관적으로 보지 말고 우리 능력 안에서 할 수 있는 방안을 모색해야 합니다.

이를 위해서는 교사들이 수업 변화에 있어 누군가에게 의존하기보다는 스스로 홀로서기를 하면 좋겠다는 생각을 해 봅니다. 이미 우리 안에는 수업을 변화시킬 수 있는 능력이 있습니다. 하지만 거듭되는 실패와 악조건 속에서 그 자신감을 상실해 버렸지요. 이제 동료 교사와 손을 잡고 수업에 대한 고민을 이야기하면서, 스스로 수업을 개선할 수 있는 동력을 만들어야 합니다. 그 과정 속에서 아프고 힘들겠지만, 우리를 '선생님!'이라고 불러 주는 학생들을 기억하며 힘을 내야 합니다.

 감사합니다. 이 책이 교사들에게 선한 영향력을 주어서 한국의 수업이 바뀔 수 있다면 좋겠네요.

 네, 저도 그렇게 되길 소망합니다. 끝으로 박노해의 「굽이 돌아가는 길」을 묵상하면서 다같이 힘을 냈으면 좋겠습니다. 좋은 수업을 만들어 내는 일이 비록 힘들고 어렵지만 포기하지 않고 굽이굽이 돌아가다 보면, 어느덧 우리의 수업을 통해 학생들이 웃고 우리 자신도 행복해지는 그런 시간이 다가오리라 생각합니다.

올곧게 뻗은 나무들보다는
휘어 자란 소나무가 더 멋있습니다.
똑바로 흘러가는 물줄기보다는

휘청 굽이친 강줄기가 더 정답습니다.
일직선으로 뚫린 빠른 길보다는
산 따라 물 따라 가는 길이 더 아름답습니다.

곧은 길 끊어져 길이 없다고
주저앉지 마십시오
돌아서지 마십시오
삶은 가는 것입니다
그래도 가는 것입니다
우리가 살아 있다는 건
아직도 가야 할 길이 있다는 것

곧은 길만이 길이 아닙니다
빛나는 길만이 길이 아닙니다
굽이 돌아가는 길이 멀고 쓰라릴지라도
그래서 더 깊어지고 환해져 오는 길
서둘지 말고 가는 것입니다
서로가 길이 되어 가는 것입니다
생을 두고 끝까지 가는 것입니다

감사의 말

휴우~ 드디어 책이 끝났다. 지난 몇 년 동안 잡고 있었던 문제를 책으로 털어 내니 기분이 정말 좋다. 사실 처음엔 이 책을 '좋은교사'에서 출판할 계획이 아니었다. '좋은교사'는 '기독 교사 운동' 단체이지 '출판'을 전문으로 하는 곳이 아니기에 '좋은교사'가 아닌 다른 곳에서 책을 내고 싶었다. 게다가 '좋은교사'의 정병오 대표는, 책을 낼 경우 저자 인세는 주지 않을 것이고 책을 쓰는 것뿐 아니라 출판에 관한 모든 작업을 나 보고 맡아서 하라고 했다. 몇몇 다른 출판사에서 출판 제의도 있던 터라 이래저래 마음이 흔들릴 수밖에 없었다. 하지만 나는 보다시피 '좋은교사'에서 이 책을 펴냈다. 그리고 정 대표의 말대로 책을 쓰는 것은 물론, 편집과 디자인 등 출판에 관한 업무를 직접 관리했다. 원고를 집필하던 때부터 인쇄를 앞두고 있는 지금 이 순간까지, 숱한 시간과 노력을 쏟아 부었지만 이에 대한 물질적인 보상은 하나도 없다. 누군가는 이런 나를 보고 이해가 안 된다고, 정말 바보 같은 짓이라고 했다. 그렇다. 어찌 보면 나는 참 바보 같은 짓을 했다.

그런데 이상하게도 기분은 하나도 나쁘지 않다. 기분이 나쁘기는커녕 좋은교사 공동체를 위해 내가 바보가 되었다고 생각하면 오히려 자랑스럽기까지 하다. 왜일까? 무엇 때문에 나는 이렇게 선뜻 바보가 될 수 있었을까? 아마도 그건 내가 좋은교사의 '바보' 선배들로부터 그동안 엄청난 빚을 졌기 때문일 것이다. 길이 끝난 곳에 길이 되어 간 바보 선배들! 자신보다는 동료 교사들을 위해 수많은 땀과 눈물을 흘린 바보 선배들! 그분들이 계셨기에 지금 내가 이곳에서 이만큼이라도 교사 생활을 할 수 있었다. 겉으로는 이런저런 불평을 늘어놓곤 하지만, 내 안에 그분들을 향한 존경과 애정은 결코 숨길 수가 없다.

이 자리를 빌려 자랑스러운 나의 선배들의 이름을 불러 보고 싶다. 내게 이런 선배 교사가 있어서 행복하다고 세상 모든 사람들에게 외치고 싶다.

제일 먼저 좋은교사의 대표인 정병오 선생님. 경상도 촌놈으로 감정 표현이 서툴고 세심하게 사람을 챙겨 주는 맛이 전혀 없지만 나는 이분을 사랑한다. 늘 변함없이 성실하게, 검소하게, 지혜롭게 자신의 일을 하시는 모습을 보면 '존경'이라는 두 글자가 가슴속에서 터져 나온다. 대표라는 직책은 각 단체 리더들의 이야기를 잘 들어 주고 각각의 의견들을 조율해 내야 하는 어려운 자리인데, 정병오 대표는 이 일을 기가 막히게 잘해 주신다. 이것은 정병오 대표가 수십 년 동안 기도하면서 쌓아 온 신앙의 인격 때문일 것이다. 앞으로도 우리 교육을 위해 더 많이 헌신해 주시기를 바랄 뿐이다.

다음은 수업코칭연구소의 소장으로 섬기신 이규철 선생님. 직설적인 성격으로 특히 친한 선배 교사에게 말을 함부로 하는 나의 투박함을 다 받아 주시고 적절한 격려로 여기까지 인도해 주신 분이 이규철 선생님이다. 이규철 선생님이 계셔서 '수업 성찰', '수업 코칭', '수업 친구' 등이 책에 담긴 수많은 용어들을 정확하게 정의할 수 있었다. 모임이 끝난 후에 늘 둘이서 이런저런 토의를 하고는 했는데, 규철 선생님과 가졌던 이런 시간들 덕분에 이 책이 잘 나올 수 있었다.

그리고 언제나 든든한 멘토로서 나를 아껴 주시는 김재균 선생님, 변함없는 열정으로 나에게 도전을 주시는 김성천 선생님, 섬세한 섬김으로 큰 힘을 주시는 임종화 선생님, 아줌마와 같은 입담으로 늘 나를 기쁘게 환대해 주시는 홍인기 선생님, 날카로운 직언으로 나를 움찔거리게 하는 김중훈 선생님, 부끄러움을 무릅쓰고 나에게 수업을 공개하며 제1호 수업 친구가 되어 주신 우미아 선생님, 정년이 얼마 남지 않았음에도 끊임없이 수업 변화에 도전하시는 박혜경 선생님, 후배 교사들을 찬찬히 챙기며 학교를 바꿔 가려 애쓰고 있는 최한성 선생님, 변함없는 애정으로 후배들을 섬기시는 최순용 선생님, 냉철한 이성과 뜨거운 가슴으로 후배들을 이끌고 있는 안준길 선생님, 잠시도 쉬지 않고 새로운 도전으로 후배들에게 새 길을 만들어 주시는 김현섭 선생님, 자신의 모든 역량을 아낌없이 나눠 주며 후배들을 챙기는 강정훈 선생님, 학교 혁신의 본을 실질적으로 보여 주신 김영식 선생님, 냉철한 비판력으로 나의 지성을 일깨워 주었던 김진우 선생님 등 지난 수년 동안 만난 좋은교사의 선배 교사들 속에서 나는 작은 예수의 모습을 보았다. 이분들을 통해 내가 교사가 되었음을 자랑스러워하게 되었고, 우리의 교육이 살아 있음을 깨닫게 되었다. 이런 바보 선배들이 내 앞에 계시지 않았다면 교사 김태현도 없었을 것이고, 이 책의 출판은 생각할 수도 없는 일이었을 것이다. 모쪼록 앞으로도 우리 후배들 앞에 든든하게 서 계시면서 후배들을 이끌어 주시기를 바랄 뿐이다.

또한 이 책을 쓰면서 좋은교사의 후배 교사들에게도 많은 빚을 졌다. 늘 꼼꼼하게 학문적인 조언을 하며 나를 챙겨 주는 김효수, 책의 전체적인 분위기와 활용도를 진지하게 고민해 주었던 현승호, '수업 친구 만들기' 운동에 대한 가능성을 확신하게 해 주었던 류한나, 여러 가지 책 제목을 만들어 주며 나를 실질적으로 도왔던 손현탁, 수업 친구 만들기를 대전에 뿌리내리게 하며 힘을 주었던 박윤환 등 많은 후배 교사들이 이 책의 집필에 관심을 가지며 격려해 주었다. 일일이 열거하지 못하지만 나에게 여러 모양으로 힘을 주신 후배 교사들에게 참으로 감사하다.

이번 책을 내는 과정은 예전과 달리 무척이나 힘들었다. 앞서 이야기했지만 예전에는 출판사에 글만 써 주면 모든 것이 끝났는데, 이번에는 편집, 디자인 등 책 출판 전체 작업을 내가 주관해야 했기 때문이다. 하지만 정말 좋은 분들을 만났기에 이 모든 일이 순적하게 이뤄질 수 있었다.

먼저 김희진 편집자님에게 진심으로 감사하게 생각한다. 원고의 문제점들을 날카롭게 지적해 주시고 나의 거친 문장을 보기 좋게 바꿔 주셔서 책이 한결 매끄러워질 수 있었다. 바쁜 육아 생활 속에서도 침착하고 꼼꼼하게 모든 업무를 관리해 주셔서 너무 감사하다.

'디자인 집'의 나동훈 팀장님, 박윤홍 과장님, 홍가순 실장님에게도 감사를 표하지 않을 수 없다. 책 디자인에 대한 전체적인 느낌은 가지고 있었지만, 그것을 구체화시키는 데는 많은 어려움이 있었다. 그러나 '디자인 집'의 탁월함 덕분에 좋은 느낌의 책이 나올 수 있었다. 표지 디자인, 내지 디자인, 일러스트 작가 섭외 등 디자인과 인쇄에 관한 모든 일정을 잘 조율해 주시고 내 무리한 부탁을 잘 들어주셔서 좋은 결과를 거두게 되었다.

　일러스트를 담당한 조선진 작가에게도 감사를 드린다. 나는 책을 푸근한 다이어리 느낌으로 만들고 싶어서 그런 느낌을 잘 표현해 주시는 조 작가님을 섭외하였고, 수많은 토의 속에 지금과 같은 그림들이 나올 수 있었다. 처음에 작가님과 그림 콘셉트를 의논하면서 나는 이렇게 부탁을 했다. "작가님! 교사들이 수업에 대해 가지는 쓸쓸하고 황량한 느낌, 그러면서도 작은 희망과 구원이 있는, 세련된 느낌을 사물로 표현해 주세요." 이 얼마나 무책임하고 애매모호한 얘기란 말인가. 하지만 조 작가님은 내가 이야기한 것 이상으로 멋진 그림을 보여 주셨다. 앞으로 조 작가님의 그림을 통해 더 많은 사람들이 내면의 힘을 얻고 위로를 얻었으면 좋겠다.

　EBS〈선생님이 달라졌어요〉시즌1 제작팀에게도 감사를 전해야겠다. 교사 한 분 한 분을 진심으로 가슴에 품고 밤을 새워 가며 토의하고 전국을 뛰어다니는 제작진들의 열정과 수고가 있었기에 우리 사회에 선한 영향을 끼치는 프로그램이 나올 수 있었다. 나는 수업 코칭 전문가로 이 훌륭한 제작팀과 함께한 덕분에, 이 책의 가장 중요한 흐름인 '수업 성찰'에 대해 깊이 있는 글을 쓸 수 있었다. 모든 프로그램을 총괄 기획하신 정성욱 PD님, 그리고 최영기 PD님, 이창준 PD님, 최홍석 PD님, 손승원 PD님, 임정화 작가님, 김미지 작가님, 이민정 작가님, 최애진 작가님께 감사의 인사를 드린다.

　아울러 코칭 전문가팀의 수장으로 수업 코칭에 대해 주옥같은 말씀을 해 주신 서길원 교장 선생님, 95학번 동기로 나보다 늘 앞서 걸어가고 있는 정유진 선생님, 깊이 있는 연구로 나를 일깨워 주신 이나현 교수님, 신을진 교수님께도 감사의 말씀을 올린다.

특히 신을진 교수님께는 다시 한 번 감사의 인사를 전하고 싶다. 좋은교사 수업코칭연구소를 만들고서 교수님을 직접 모셔 32명의 선생님과 일 년간 집단 상담의 과정을 가졌는데, 나를 깊이 알아 가는 알찬 시간이 되었다. 교수님 덕분에 타인의 내면을 볼 수 있는 눈을 조금 키우고 수업 성찰에 대한 의미를 더 깊이 깨달을 수 있었다.

무엇보다 감사를 드려야 할 분들은 나와 수업 친구를 해 주셨던 전국의 수많은 선생님들이다. 다른 사람에게 수업을 공개한다는 것이 정말 어려운 일인데, 기꺼이 수업을 열어 주시고 깊은 대화까지 나눠 주셔서 그 사례들이 이 책에 고스란히 수록되었다. 선생님들의 수업 공개가 없었다면 이 책은 시작도 할 수 없었을 것이다. 일일이 이름을 열거하지는 못하지만 정말 진심으로 감사드린다.

그리고 백영의 선생님들에게도 감사의 인사를 전한다. 특히 2학년 실 선생님들에게 정말 고맙다. 키보드 두드리는 소리가 매우 컸음에도 묵묵히 참아 주신 백영고 2학년 부장 김준 선생님, 상조회장 김덕수 선생님, 책의 많은 부분을 꼼꼼히 점검하고 조언해 준 조종연, 소정섭, 노윤희, 김인경 선생님에게 감사의 인사를 전한다.

마지막으로 사랑하는 우리 가족들. 두 딸 제슬이, 제린이는 늘 아빠랑 놀고 싶어 하는데, 아빠가 원고 쓴다고 하면 군소리 없이 제슬이가 제린이를 데리고 자기들끼리 놀곤 했다. 그 모습이 어찌나 대견하던지! 두 딸들이 잠들 때마다 아빠를 위해 기도해 준 덕분에 많은 어려움 속에서도 이 책을 잘 펴낼 수 있었다. 그리고 현숙한 아내 혜경 자매! '저자의 아내'는 늘 힘들다고 장난삼아 이야기했는데, 실제로도 정말 힘들었을 것이다. 집안일도 잘 도와주지 못하면서 책 쓴다고 온갖 투정만 부렸는데, 아내는 그것을 묵묵히 다 받아 주었다. 더구나 매일 밤 나를 대신해서 가정 예배까지 인도했으니, 이제 아내가 우리 가정의 실질적인 가장이 되었다. 이런 내조가 있었기에 이 책이 무사히 나올 수 있었다.

이제 정말 마지막 문장을 쓴다. 역시나 이번에도 하나님께 감사의 말씀을 올린다. 책을 쓸 때마다 하나님께서 적절한 사람을 보내 주시고 상황을 잘 만들어 주셔서 좋은 책이 나올 수 있었다. 이 책을 쓰는 데 아낌없는 지원을 해 주신, 하늘의 아버지께 진심으로 감사드린다. 무엇보다 나를 교사로 불러 주셔서 감사할 따름이다.

P.S. 내가 가르쳤던 모든 제자들에게 고마움을 전한다. 나를 교사로 인정해 주었기에 여기까지 올 수 있었다. 백영의 제자들이여! 정말 고맙다. 특히 선생님이 책 낸다고 사진 찍으러 와 준 한성아, 고맙다.

| 주석 |

수업 성찰을 시작하며
___

1 수업 성찰의 중요성은 이미 듀이(Dewy)의 반성적 사고, 션(Schön)의 성찰적 실천, 아이즈너(Eisner)의 교육 비평이라는 용어로 언급되었다. 자세한 내용은 임현정의『한 초등 교사의 자기 수업 성찰에 대한 실행 연구』(한국교원대학교 석사 논문, 2011)와 백진나의『초등 교사의 자기 성찰을 통한 초등 과학 수업 개선』(청주교육대학교 석사 논문, 2011)을 참고하라.

2 수업 장학에 대한 기본서로는 변영계, 김경현의『수업 장학과 수업 분석』(학지사, 2008)이 있다. 수업을 양적으로 분석하는 여러 방법들이 자세히 나와 있다. 양적 분석은 수업을 계량화하는 등 단점도 많지만, 적절하게 사용되면 수업 상황을 객관적으로 분석하는 데 도움을 준다.

3 수업 컨설팅에 대해 이해하려면 정석기, 조미희의『수업 컨설팅의 이해와 적용』(원미사, 2011)을 읽어 볼 만하다. 하지만 원론적인 기술이라 크게 와 닿지 않을 수도 있다. 조벽의『조벽 교수의 수업 컨설팅』(해냄, 2012)은 컨설팅 이론을 엄밀하게 적용하여 기술한 책은 아니지만, 저자의 경험적 지식이 잘 녹아 들어 있어 교사들이 수업에 적용하기가 더 편할 것이다.

4 수업 멘토링에 대해서는 권영순의「수업 전문성 제고를 위한 멘토링 체제 연구 : 국어, 사회, 과학 교과를 중심으로」(한국교육과정평가원, 2009)가 있다. 교육과정평가원 교육 자료실에서 다운 받아 볼 수 있다.

5 수업 코칭에 관한 책으로는 김창범, 선종욱의『코칭의 힘』(글로리아, 2006), 이희경의『코칭 입문』(교보문고, 2005)을 읽으면 좋다. 코칭의 개념과 기술에 대한 전반적인 이해를 할 수 있다. 수업과 코칭이 결합된 내용을 파악하려면 이재덕의 논문「수업 컨설팅을 위한 코칭 기법의 특징과 활용 방안」(초등교육연구, 2008)을 참고하라.

01 수업을 보며 성찰하기
___

6 '수업 비평'이라는 용어를 더 잘 이해하기 위해서는 이혁규의『수업, 비평을 만나다』(우리교육, 2007),『수업, 비평의 눈으로 읽다』(우리교육, 2008)를 읽으면 된다. 이 책에서도 수업 비평에 관한 내용은 이혁규 교수의 저작물을 많이 참고했다. 추천 논문으로는 류현종의『사회과 수업 비평 : 예술 비평적 접근』(한국교원대학교 박사 논문, 2006)이 있다. 현장 교사가 쓴 논문이라 교사들에게 시사하는 바가 크다.

7 '아이의 눈으로 수업 보기'는 서근원 교수가 제안한 용어다. 이 책에서 언급되는 '아이의 눈으로 수업 보기'에 관한 내용은 전적으로 서 교수의 연구에 의존했다. 이것에 대해서 더 많은 자료를 얻고 싶다면,「수업 개선의 대안적 방안 탐색 : 교육인류학의 수업 대화」(아시아교육연구 제9권 제1호, 2008),「아이 눈으로 수업 보기 : 교육적 실천으로서의 교육인류학의 수업 이해」(청주교육대학교 교육연구원, 2009),

『교육인류학의 수업 이해 과정과 그 의의에 관한 질적 사례 기술 연구』(교육인류학연구 제14권 제1호, 2011)를 참고하기 바란다. 그리고 네이버 카페 '하심정진(下心精進)-아이랑 수업이랑'에서 '아이의 눈으로 수업 보기'의 실제적인 자료를 엿볼 수 있다.

8   사토 마나부의 '배움의 공동체' 철학을 이해하려면 『배움으로부터 도주하는 아이들』(북코리아, 2003), 『수업이 바뀌면 학교가 바뀐다』(에듀니티, 2011), 『아이들을 어떻게 가르칠 것인가?』(살림터, 2011)를 참고하면 좋다. 논문으로는 김효수의 『'배움의 공동체' 학교의 사회과 수업 실천 사례 비교』(한국교원대학교 석사 논문, 2012)가 있다. 김효수 선생님은 좋은교사의 수업코칭연구소 선임연구원으로, '배움의 공동체'가 한국에 어떻게 이식되고 있는지를 교사의 관점에서 상세히 알려 주고 있다.

9   '좋은교사'는 기독 교사들이 자발적으로 만든 교사 연합 단체로 현재 3000여 명의 회원들이 월 1만 원 이상 회비를 내면서 적극적으로 활동하고 있다. 자세한 내용은 www.goodteacher.org를 방문해 살펴보시길 바란다.

10   '좋은교사'의 '수업 친구 만들기' 운동은 비평적인 관점으로 수업 보기, 배움을 중심으로 수업 보기, 교사의 내면을 중심으로 수업 보기를 통해 수업을 종합적으로 이해하고, 이를 바탕으로 동료 교사와 수업에 대한 성찰적 대화를 나눔으로써 교사 스스로 수업을 개선해 보자고 하는 움직임이다. 자세한 내용은 이 책의 1장과 6장을 참고하길 바란다.

11   이런 체크리스트가 쓸모없다고 말하려는 것은 아니다. 수업을 객관적으로 가장 빨리 분석하기 위해서는 체크리스트가 필요하다. 다만 이런 체크리스트가 우리의 수업을 계량화, 획일화하지 않도록 조심해야 한다. 이 체크리스트는 변영계, 김경현의 『수업 장학과 수업 분석』(학지사, 2008)에서 인용했다.

12   자기 수업을 직접 보는 것을 통해 수업이 변한 예는 EBS 다큐멘터리 〈학교란 무엇인가〉 5부 '선생님이 달라졌어요'(2010)에 잘 나타나 있다. 5명의 선생님이 수업 코칭을 받으러 나오는데, 이 중에 분당 늘푸른중학교 심유미 선생님의 수업 변화를 유심히 보기 바란다. 심 선생님은 일반적으로 볼 때 수업을 잘하는 교사였다. 하지만 그가 수업 시간에 던지는 언어들이 학생들의 마음에 상처를 입게 했다. 선생님은 장난으로 하는 말들이지만, 학생들에게는 깊은 상처로 다가왔던 것이다. 심 선생님은 이에 대해 모르고 있다가, 자신의 수업 장면을 보고 깨닫게 된다. 영상 속에 담긴 학생들의 모습을 보면서 놀라워하는 심 선생님의 얼굴 표정이 인상적이다. (자료는 EBS 홈페이지에서 무료로 볼 수 있다.)

13   비평적으로 수업 보기가 가능하려면 내 수업 자체가 예술적 요소를 가지고 있어야 하고, 그러기 위해 교사는 나만의 수업 철학을 세워야 한다. 그리고 그 철학이 내 수업 속에서 어떤 방식으로 구현되고 있는지에 관심을 기울여야 한다. 만약 이런 구심점이 없다면 수업을 보는 것은 별로 의미가 없다. 우리는 어린아이가 그린 그림을 예술의 대상으로 보지 않는다. 그 속에 어떤 정신이 구현되어 있다고 보기는 어렵기 때문이다. 하지만 피카소가 그린 그림은 아이의 그림과는 분명 다르다. 단순히 그리기 실력의 문제가 아니라 메시지의 문제이다. 거장들은 자신만의 철학과 느낌을 그림 속에 투여한다. 그리고 우리는 그것을 찾고 그 의미에 대해 묵상한다. 이와 같이 예술이라는 것은 언어, 색채, 음악 등을 매개로 하여 작가의 정신을 구현하는 것을 말한다. 수업이 예술적 요소를 지니려면, 수업 속에 교사의 분명한 메시지와 이를 구현하려는 노력이 들어 있어야 한다. 그것이 없다면 예술적인 관점에서 수업을 볼 수가 없다. 교사가 수업 속에서 의도한 주제가 없다면 수업은 목적도 없이 이곳저곳을 헤매게 되고, 그렇게 되

면 비평적으로 수업을 보기가 매우 힘들어진다.

14 혼자 힘으로는 수업 속 배움을 관찰하기가 어려운 만큼, 동료 교사들이 집단적으로 내 수업을 관찰하게 하는 것이 좋다. 이때 두 가지 방법을 참고할 수 있는데, 서근원 교수가 제안한 '아이의 눈으로 수업 보기'와 사토 마나부 교수의 '배움의 공동체 식 수업 보기'가 그것이다. 먼저 서근원 교수는 동료 교사들에게 특정 학생을 유심히 관찰하라고 말한다. 교사의 가르침과 그 학생의 반응을 실시간으로 기록하면서, 그 학생이 지금 어떤 생각을 하고 있는지를 추론해 보라는 것이다. 이를 토대로 학생이 어떤 경우에 배움 속으로 들어오는지 혹은 나가는지를 살펴보면서, 수업의 상황을 종합적으로 이해하라고 한다. 반면 사토 마나부 교수는 여러 교사들이 각각의 모둠 속으로 들어가 수업을 관찰할 것을 주문하고 있다. 특히 각 모둠 속에서 어떤 대화가 오고 가는지, 누구의 도움에 의해 배움으로 도약하는지를 살펴보라고 한다. 그래서 나중에 함께 수업 연구회를 하면서 각 모둠 속에 어떤 배움이 있었는지를 이야기하고 전체 수업의 맥락을 이해하라고 한다. 그리고 수업 연구회 때는 한 교사가 발언권을 독점하는 것이 아니라 모든 교사가 이 수업을 통해 배운 점과 배움이 언제 사라지고 만들어지는지를 말하게 하면서, 수업의 공동체를 만들 것을 이야기하고 있다. 자세한 내용은 이 책 6장을 참고하면 된다.

15 예상외로 많은 교사들이 자기 수업에서 배움을 정의하는 것에 어려움을 느낀다. 상황이 이렇다 보니 자신의 수업 속에서 배움을 어떻게 만들어야 하는지에 대해, 그리고 수업 속에서 배움의 상황을 보는 것에 대해서도 많은 어려움을 느끼고 있다.

16 모든 수업이 비판적 사고, 창의적 사고, 성찰적 사고로까지 나아가야 할 필요는 없다. 학년에 따라, 단원에 따라 사실적 사고 수준에 수업이 머무를 수도 있다. 하지만 입시 위주의 교육 환경 때문에, 학생들이 더 높은 수준의 사고를 할 수 있는 내용에 대해서도 정보를 저장하는 사실적 사고 수준에 머무르고 마는 것은 교사들이 반드시 성찰해야 할 지점이다. 또한 학생들의 사고가 꼭 '사실적 사고-추론적 사고-비판적 사고-창의적 사고-성찰적 사고'로 발전하는 것은 아니다. 사고라는 것은 순간적인 것이라 사실적 사고에서 바로 창의적 사고, 성찰적 사고로 넘어갈 수 있다. 그럼에도 굳이 이렇게 학생들의 배움을 사고의 수준으로 이해하는 이유는, 배움의 상황을 용이하게 판단할 수 있고 수업 내용을 디자인하는 데 많은 도움이 되기 때문이다. 더 자세한 내용은 이 책 5장을 참고하거나 졸저 『큐티, 공부와 만나다』(성서유니온, 2010)를 살펴보기 바란다. 이 책에서는 성경을 통해 각 사고의 훈련을 학생들에게 어떻게 시켜야 하는지를 자세하게 적고 있다.

17 조선 정조 시대 문장가 유한준(兪漢雋, 1732~1811)의 글이다. 유홍준 전 문화재청장의 『나의 문화유산 답사기』(창비, 1993)를 통해 세간에 많이 알려지고 회자된 글귀다.

18 많은 교사들이 읽는 필독서 중에 파커 J. 파머의 『가르칠 수 있는 용기』(한문화, 2008)가 있다. 이 책이 다소 추상적으로 기술되었음에도 많은 교사들에게 인기가 있는 이유는, 교사의 내면을 깊이 다루었기 때문이다. 파커 J. 파머의 다른 책으로는 『가르침과 배움의 영성』(IVP, 2006)이 있다. 이 책에서 저자는 영성으로의 교육을 강조하고 있는데, 관심 있는 분은 꼭 읽어 보기를 바란다.

19 비평적인 관점으로 수업 보기, 배움을 중심으로 수업 보기, 교사의 내면을 중심으로 수업 보기의 예는 에듀니티 직무 연수 강좌 '교사의 내면을 세우는 수업 성찰'(30학점)에 잘 담겨 있다. 관심 있는 분은 에듀니티 행복한연수원(happy.eduniety.net)을 방문해 온라인 직무 연수 강의를 들어 보시길 바란다.

20 자신의 수업을 같이 봐 주고 성찰해 주는 동료 교사가 수업 친구다. 이에 대해서는 이 책 6장에서 자세히 담을 예정이다.

21 개인적으로는 이런 틀이 있으면 수업 보기가 획일화될 수 있어 어떤 틀로 수업을 보는 것을 그다지 선호하지 않는 편이다. 그러므로 이대로 따라 하기보다는 각자 개인의 특성에 맞는 수업 보기 틀을 만드는 것이 좋겠다. 다만 처음 수업 보기를 하는 교사들의 막막함을 덜기 위해 최소한의 목록을 제시한 것이니, 처음에는 이 틀을 활용하다가 시간이 지나면서 각자 특성에 맞는 항목을 만들어 사용하면 될 것이다.

02 수업 속 신념을 살피며 성찰하기

22 수업에서 교사의 딜레마를 잘 파악한 글로는 서근원의「교사의 딜레마와 수업의 의미」(아시아교육연구 6권 2호, 2005)가 있다. 이 글에 의하면, 교사는 학교 수업의 상황에 따라 기능적 딜레마, 구조적 딜레마, 인식론적 딜레마, 존재론적 딜레마를 경험한다고 한다.

23 『수업이 바뀌면 학교가 바뀐다』(에듀니티, 2011)

24 자세한 내용은 졸저 『내가, 사랑하는 수업』(좋은씨앗, 2010)에 담겨 있다. 이 책에는 수업 내용을 어떻게 디자인하는지, 그 실제적인 사례가 많이 실려 있어서 수업 내용을 고민하는 교사들에게 도움이 될 것이다.

25 EBS 다큐멘터리 〈선생님이 달라졌어요〉(2011) 2부, 분당 서현고등학교 정승재 선생님 편을 살펴보길 바란다. 입시 수업에서 문학 수업으로 가는 동안 선생님이 흘렸던 눈물과 노력을 보면, 교사가 어떤 수업을 해야 하는지를 잘 알 수 있을 것이다. 영화 〈프리덤 라이터스(Freedom Writers)〉도 함께 추천한다. 독서와 글쓰기 수업을 통해 학생들의 삶을 변화시키는 에린 그루웰 선생님의 모습을 통해, 우리 수업의 정체성이 어디에 있어야 하는지를 잘 알 수 있다.

26 그림 자료는 놀이미디어센터(www.gamemedia.or.kr)에서 가져왔다. 이곳은 게임 중독에 빠진 여러 학생들을 돕는 사역을 하는 곳이다. 학생들 중 게임 중독에 빠진 아이가 있다면, 이곳에서 여는 연수에 꼭 참여하게 하자.

27 실용주의 함정에 빠진 교육에 대해서 성찰하려면 닐 포스트먼의 『교육의 종말』(문예출판사, 1999)을 읽어 보자. 이 책에서 저자는 학교가 교육의 본질에 맞지 않는 수업을 계속한다면 학교 교육의 종말이 올 것임을 강하게 주장하고 있다.

28 삶을 가꾸는 교육으로는 이오덕 선생님의 글쓰기 교육을 빼놓을 수 없다. 관심이 있는 분들은 이오덕의 『삶을 가꾸는 글쓰기 교육』(보리, 2004)을 읽어 보기 바란다. 이오덕 선생님은 학생들에게 자신의 삶을 있는 그대로 솔직하게 표현할 것을 가르쳤는데, 그의 글쓰기 교육은 우리 수업에 시사하는 바가 크다.

29 사교육 불안에 대해 잘 다룬 책으로는 '사교육걱정없는세상'에서 쓴 『굿바이 사교육』(참언론시사인북, 2010)이 있다. 이 책을 읽어 보면 사교육이 학생들의 자기 주도 학습 능력과 실제적인 학력을 신장시

키는 데 큰 효과가 없다는 것을 알 수 있다.

30 자기 주도 학습 능력에 관한 책과 문건은 수없이 많다. 하지만 대다수의 것들은 주관적인 견해들로 채워져 있고, 이 가운데 가장 체계적으로 연구한 문건은 「중·고등학생들의 자기 주도 학습 능력 향상 연구」(한국교육과정평가원, 2009)를 꼽을 수 있다. 한국교육과정평가원 교육 자료실에서 다운 받을 수 있다.

31 '초인지'란 개인의 인지와 인지적 활동의 조절에 관한 지식, 알기 및 알아 가는 방법에 관한 지식을 말한다. 초인지 능력이 뛰어난 학생은 스스로 자신의 학습 상황을 확인하고 조절하여, 자기 주도적 학습 능력을 갖게 된다. 그러나 어려서부터 부모와 학원에 의해 의존적인 학습을 한 학생은 초인지 능력이 없어서, 스스로 학습 계획을 짜고 수정하는 능력을 갖지 못한다.

32 개인적으로 교사가 학생들을 잘 가르치기 위해서는 미래 사회에 대한 예측력이 뛰어나야 한다고 생각한다. 다가올 미래를 바라보며 학생들을 미래 지향적으로 교육해야 하기 때문이다. 이에 대한 책으로 박영숙의 『미래 교육 보고서』(경향미디어, 2010), 돈 탭스콧의 『디지털 네이티브』(비즈니스북스, 2009)를 추천한다.

33 박영숙은 『유엔 미래 보고서2』(교보문고, 2009)에서, 미국의 교육 재단(Education Future Foundation)에서 발표한 「교육의 미래 2020 보고서 – 미래 학습의 창조」를 바탕으로, 2020년이 되면 기존의 교육 환경과는 180도 다른 세상이 올 것으로 예측하고 있다. 학교 교육은 온라인 교육으로 대체되고, 지식의 전달은 위키피디아와 같은 교육 포털이 대신할 것이라고 말한다. 이에 따라 교사 자격증도 무용지물이 될 것이라고 이야기한다.

34 이 예시는 좋은교사 수업코칭연구소 연구원인 현승호 선생님(제주 상대초)이 개발하였다.

03 수업 속 관계를 살피며 성찰하기

35 수업에서 적절한 경계를 세우고 학생들을 존중하기 위해서는 하임 G. 기너트의 『교사와 학생 사이』(양철북, 2003), 토마스 고든의 『교사 역할 훈련』(양철북, 2003)이 많은 도움이 될 것이다. 이 책을 통해, 물리적 폭력을 사용하지 않고 인격적인 대화로 학생들과 갈등을 해결하는 실제적인 방법에 대해서 많은 도움을 받을 수 있다.

36 좋은교사 수업코칭연구소에서는 게슈탈트 심리학을 바탕으로 교사의 수업 상황을 알아차리는 훈련을 하고 있다. 자세한 내용은 'cafe.daum.net/happy-teaching'을 참고하기 바란다.

37 네이버 지식 사전에서 퍼 왔다.

38 방임의 수업에서 경계가 있는 수업으로 바꾸어 가는 예로는, 좋은교사 수업코칭연구소(cafe.daum.net/happy-teaching) 수업톡 게시판의 우미아 선생님과 김영식 선생님 수업 영상을 참고하면 좋겠다. 두 분 모두 적절한 경계를 세워 가면서 수업을 바꿔 가고 있어, 수업의 경계가 무너진 교사들에게 많은 도움이 될 것이다.

39 덕양중학교에 대한 자세한 이야기는 『덕양중학교 혁신학교 도전기』(맘에드림, 2012)로 출간되었다. 교사들이 교사 공동체를 잘 세우고 학생들과 호흡해 나가는 실제적인 이야기가 책 속에 감동적으로 담겨 있다. 결국 수업 속 공동체를 세우기 위해서는 교사 공동체가 살아 있어야 하는 것이다. 이에 대한 영감을 얻으려면 김성천의 『혁신학교란 무엇인가』(맘에드림, 2011)를 권한다. 저자가 발로 뛰면서 각 혁신학교를 조사해, 혁신학교의 원리를 제대로 밝히고 있다. 조현초등학교의 이야기를 담은 이중현의 『학교가 달라졌다』(우리교육, 2011)도 함께 읽어 볼만하다. 조현초 교장이었던 저자가 살아 있는 체험으로 교사들에게 도전 의식을 던져 준다.

40 EBS 다큐멘터리 〈선생님이 달라졌어요〉(2011) 2부 박소향 선생님과 5부 배갑기 선생님 영상을 참고하면 좋다. 두 분 모두 통제적인 수업에서 학생들을 존중하는 수업으로 바꿔 가는데, 그 노력들이 참 감동적으로 다가온다.

41 원래 나는 학생들의 감정을 잘 읽어 주는 사람이 아니었다. A와 이렇듯 감정 교류를 할 수 있었던 것은, 좋은교사 수업코칭연구소에서 신을진 교수(숭실사이버대학교 상담심리학과)와 함께 집단 상담과 감정 코칭 훈련을 받았기에 가능한 일이었다.

04 수업 속 대화를 살피며 성찰하기

42 수업 속 대화를 살피고 있는 책으로는 경인교대 교수진들이 만든 『수업을 살리는 교사 화법』(즐거운학교, 2010)이 있다. 이론과 실제 사례가 잘 정리되어 있어서 교사들에게 유용하다. 그러나 수업 속 대화는 아무리 좋은 책을 읽는다 하더라도 교사가 실제로 훈련하고 연습하지 않으면 소용이 없다.

43 옛 그림을 보노라면 선조들의 지혜에 감탄을 금할 수 없다. 옛 그림을 통해 수업에 대한 영감을 얻고 싶은 사람에게는 오주석의 『옛 그림 읽기의 즐거움』(솔, 1999), 『한국의 미 특강』(솔, 2003)을 추천한다.

44 EBS 다큐멘터리 〈선생님이 달라졌어요〉(2011) 3부, 박상민 선생님 수업을 보면 침묵의 수업에서 대화 있는 수업으로 바뀌는 장면이 잘 나와 있다. 학생들에게 질문을 던지고 공감적으로 경청해 주니 학생들이 수업에 동참하는 모습을 확인할 수 있다. 영화 〈클래스〉에서도, 난장판 같은 수업임에도 학생들을 존중하면서 끝까지 수업을 하는 프랑수아 선생님을 통해 대화 있는 수업의 모범을 볼 수 있다. 좋은교사 수업코칭연구소 카페 cafe.daum.net/happy-teaching의 수업톡 게시판 가운데 김영식 선생님과 문경민 선생님의 수업 속에서는 대화를 만들어 가는 수업에 대한 실제적인 영감을 얻을 수 있다.

05 수업 속 내용을 살피며 성찰하기

45 수업에 사용할 풍부한 이야기를 찾고 모으기 위해서는 교사 개인이 인터넷 카페를 이용한 수업 자료실을 운영하는 것이 좋다. 나 역시 개인적으로 카페를 만들어 수업 자료와 수업 동영상을 올리고 있다. 관

심 있는 분들은 cafe.daum.net/happy-teaching에 방문해 '알짜, 수업 자료'를 확인해 보시기 바란다.

46 창의성이라는 개념은 여러 가지로 이야기되는데, 여기서는 길포드(Guilford, J.P.)의 이론에 따라 창의적 사고 능력이라는 개념에 주목하였다. 길포드는 창의적 사고란 주어진 정보에서 새로운 다른 정보를 산출하는 것이라고 말했다. 그는 이러한 확산적 재생산을 잘하기 위해 사고의 유창성, 융통성, 독창성, 정교성을 강조했다. 자세한 내용은 한국방송통신대학교에서 나온 『인지와 창의성 교육』(2003)을 참고하라.

47 내가 했던 수업 자료들은 졸저 『내가, 사랑하는 수업』(좋은씨앗, 2010)에 많이 실려 있다. 5장에서 언급하는 수업 자료는 이 책에서 다시 옮겨 적었다.

48 언뜻 보기에 주어진 그림과 제목들이 쉽게 연결되지는 않는다. 발표한 학생들의 설명을 들어 보면, 그림 속의 여자가 젊은 청년이라 보았고 그 청년이 사회에 나가려고 하는데 어두운 현실에 맞닥뜨리게 되어 '88만원 세대'라는 제목을 붙였다고 한다. '사춘기'라고 대답한 학생은 여자를 사춘기의 소녀라고 보았고 그 소녀가 계속해서 "싫어!"라고 말하며 반항을 하고 있는 것으로 보인다고 했다. '그리움'이라고 말한 학생은 소녀가 누군가를 그리워하며 돌아보는 것 같다고 이야기했다. 이렇듯 학생들은 창의적인 생각으로 그림에 저마다의 제목을 붙이고 있었다.

49 독서 모임에서 읽을 책으로는 혁신적인 삶을 살았던 스티브 잡스나 백남준의 글을 추천한다. 스티브 잡스의 자서전 『스티브 잡스』(민음사, 2011)를 일독하면서 잡스의 혁신적인 사상이 어디서부터 왔는지를 생각해 보면 좋겠다. 그리고 미디어 아트를 열어젖힌 백남준의 작품과 삶을 알아 가는 것도 창의력을 넓히는 데 많은 도움을 준다. 그의 아내 구보타 시게토가 쓴 『나의 사랑, 백남준』(이순, 2010)의 일독을 권한다. 시간이 나면 경기도 용인에 있는 백남준 아트센터를 방문해 보는 것도 좋다. 그 밖에 『생각의 탄생』(에코의서재, 2007)도 창의력을 기르는 데 많은 도움이 된다. 하지만 조금은 장황한 설명이 내용의 몰입을 방해할 수도 있다. 진중권, 정재승의 『크로스』(웅진지식하우스, 2009)도 창의적이면서 통합적 사고를 하는 데 많은 도움을 줄 것이다.

50 교사 개인이 경험한 모든 것을 글로 남기는 것이 좋다. 개인적으로 나는 홈페이지에, 텔레비전을 보다가 느꼈던 것, 영화 감상기, 독후 감상기, 내가 좋아하는 음악, 그림 등을 모아 놓는다. 수업을 준비할 때면, 내가 올렸던 글을 한 번 훑어보고 그중에 연결되는 지점이 있으면 수업 자료로 활용한다. 창의적인 수업을 위해서는 그때그때 즐기는 대중 문화 콘텐츠를 자료로 잘 보관해 둘 필요가 있다.

51 『페다고지』(그린비, 2009). 다소 선동적인 어투가 거슬릴 수도 있겠지만, 교육의 본질을 다루는 책 중에 이만한 책도 없다. 1968년에 출판되었지만, 지금의 교육 상황에서도 여전히 그의 메시지는 유효하다.

06 수업 친구와 수업 성찰하기

52 수업 비평에 대해서는 『수업, 비평을 만나다』(우리교육, 2007), 『수업, 비평의 눈으로 읽다』(우리교육, 2008)를 참고하면 된다.

53 서근원 교수의 『수업을 왜 하지?』(우리교육, 2007), 『수업에서의 소외와 실존』(교육과학사, 2009)을

읽으면 그의 수업관을 더 잘 이해할 수 있다.

54 서근원 교수의 학회지 논문 「수업 개선의 대안적 방안 탐색 : 교육인류학의 수업 대화」(아시아교육연구, 2008)에서 인용했다. 특히 이 논문에는 서 교수가 삼우초등학교 교사들과 수업 대화를 하면서 만든 삼우 모형이 소개되어 있다. 삼우 모형은 '자기 문제의식의 확인 - 수업 상황 파악 - 수업 관찰 기록 - 수업 구조 분석(1차) - 공통 수업 과정 구성 - 수업 구조 분석(2차) - 주제 선정 토론 - 대화 결과 교환'으로 되어 있다. 연구자의 관점에서 꼼꼼하게 수업을 관찰하고 분석하는 것은 매우 의미가 있는데, 단위 학교에서 서 교수와 같은 연구자 없이 삼우 모형이 적용되기는 힘들 것 같다.

55 배움의 공동체에 대해서는 『배움으로부터 도주하는 아이들』(북코리아, 2003), 『수업이 바뀌면 학교가 바뀐다』(에듀니티, 2011), 『교육 개혁을 디자인하다』(학이시습, 2009)를 참고하면 된다.

56 배움의 공동체 운동을 하는 학교에서 자주 사용하는 수업 참관록으로, 사토 마나부 교수의 제자인 손우정 박사가 한국적인 상황에 맞추어 만든 틀로 추정된다. 학교마다 조금씩 다르게 내용을 바꿔서 사용하고 있다.

57 현재 나는 춘천, 대전, 제주, 전주에도 수업 친구가 있다. 그들의 수업 동영상을 보고 전화로 수업 친구 만들기 운동을 하고 있다. 직접 수업을 보는 것보다는 효과가 조금 떨어질 수 있지만, 전화를 통해서도 수업 성찰이 충분히 가능하고, 이를 통해 선생님들의 수업이 조금씩 변화하고 있다.

58 게슈탈트 상담에 대해서는 책으로 익히는 것보다 전문가에게 직접 상담을 받아 보는 것이 좋다. 나는 좋은교사 수업코칭연구소에서 신을진 교수(숭실사이버대학교 상담심리학과)를 모시고 일 년 동안 집단 상담의 과정을 거침으로써 게슈탈트 상담을 조금 맛보았다. 깊게 공부하지는 않았지만, 내 상황에 대한 정확한 알아차림이 교사들에게 상당한 효과가 있음을 알게 되었다.

〈수록 작품 출전〉
「어머니의 그릇」 - 『마당으로 출근하는 시인』(정일근, 문학사상사) 31쪽
「화가」 - 「소를 웃긴 꽃」(윤희상, 문학동네)
「굽이 돌아가는 길」 - 『사람만이 희망이다』(박노해, 느린걸음)